Investments Analysis
& Application

投資學

第三版

分析與應用 ●武志亮 著 金彝獎傑出企業領導人

五南圖書出版公司 印行

序言

在資本市場服務的十幾年中，也一直兼任投資學、衍生性金融商品的教學工作，實務界鮮活的例子與學理應用的技巧，是授課時取材說明的寶庫；校園裡理論的推演與新知的吸取，是在紛雜的市場上保持思維清明的良方。

做為一個專業經理人，我已百戰沙場，跨越了事業的頂峰，在個人生涯規劃中，以多年執教的課程講義為綱本，整理成這部專書，是我長久以來的心願。理論與實務相結合是本書的期許；大道理與小技巧並重，盼能成為本書的特色。

投資學是財務金融理論中重要的一環，有其自成一格的完整架構，但亦植基於法律規範、會計原理與經濟思維之上，本書在這三方面著墨頗多，一則強調本立道生的邏輯；再則可以節省讀者回顧搜尋的時間。至於投資學本身發展而成的理論體系，諸如風險管理、資產評價，當與數理統計息息相關，本書對其導證過程力求詳審，期使讀者知其然亦知其所以然，但重點是導證結論的應用與生活上的實踐。　國父說：「先知先覺者為發明家，後知後覺者為宣傳家。」對於那些高山仰止的先驅者、發明家，諸如馬可維茲（Harry Markowitz）、布萊克（Fischer Black）、道氏（Charles H. Dow）等，我懷有無比的崇敬，但也自許要善盡後知後覺的宣傳家職責，希望能為資本市場增添更多不知不覺的實行家。

本書另一與眾不同之處，就是廣泛蒐集研究所、專業證照的考題，有系統地編入各篇章之後，方便讀者自學進修，檢視對於各主題的瞭解，是否尚有未通與不足之處，算是本書的「附加價值」。其實，這是為了印證我常對學生們說的：「不是我難婆，實在都會考。」「孩子們！走出校園時，希望你比別人強！」

　　投資學領域既博且精，個人不揣譾陋，疏忽錯誤之處在所難免，尚祈讀者先進不吝批評與指正。

武志亮　民國九十一年七月
　　　　謹識於實踐大學

作者簡介

武志亮

學歷：國立臺灣大學商學系法學士
　　　美國加州大學聖塔克魯茲分校（University of California, Santa
　　　Cruz）應用經濟研究所碩士

現職：實踐大學　　　　財務金融學系　　　　講師
　　　中國文化大學　　經濟學系　　　　　　兼任講師

經歷：美國加州大學　　經濟系　　　　　　　助教
　　　美商信孚銀行　　　　　　　　　　　　Economist
　　　　　　　　　　　　　　　　　　　　　Assistant Manager

　　　天仁證券　　　　自營部　　　　　　　副理
　　　太平洋建設　　　總經理室　　　　　　特別助理
　　　台育證券　　　　國外暨研發部　　　　副理、經理
　　　　　　　　　　　承銷部　　　　　　　經理
　　　統一證券　　　　自營暨經研部　　　　協理兼發言人
　　　日盛證券　　　　自營處　　　　　　　副總經理
　　　　　　　　　　　承銷處　　　　　　　副總經理
　　　日盛投信　　　　　　　　　　　　　　總經理
　　　華宇證券　　　　　　　　　　　　　　總經理
　　　太平洋證券　　　　　　　　　　　　　總經理

獲獎：1998 年第三屆證券暨期貨金彝獎傑出企業領導人

目錄

第伍篇　固定收益證券投資分析／349

第壹篇　　投資導論

第 *1* 章　緒　論

第一節　有價證券

　　投資的意涵是「投入資金，承擔期間風險，以期獲取未來的報酬」。一般人觀念中的投資多指實體投資（Physical Investment），亦稱直接投資（Direct Investment），諸如興建廠房，購置機器設備，從事生產活動；又如承租店舖，販售商品，從事商業活動。本書將探討的投資，則為證券交易法所規範的有價證券投資，亦稱間接投資（Indirect Investment）。

　　廣義的有價證券分為三類，其意涵及證券種類如下：

1. 商品證券：持有人憑券可提領一定之商品，如提單、倉單等。

2. 貨幣證券：持有人憑券可取得一定之金錢，如本票、支票、匯票等。

3. 資本證券：持有人憑券得向發行人繼續要求分派股息或支付債息，如股票、債券等。

商品證券係商業行為中貨物兌領的憑據，與同為財產請求權憑證

的貨幣證券及資本證券明顯不同。然而，貨幣證券與資本證券亦應有所區別，前者是貨幣的替代物，作為銀行信用的媒介，主要受票據法、銀行法的規範；後者是債權或股權的表彰，屬於資本信用，主要受證券交易法、公司法的規範。

證券交易法第6條：「本法所稱有價證券，謂政府債券及依本法公開募集、發行之公司股票、公司債券及經政府核准之其他有價證券。新股認購權利證書，及前項各種證券之價款繳納憑證，視為有價證券。」準此，證券交易法規定之有價證券皆屬資本證券，並明定為以下五類：

1. 政府債券。
2. 公司股票。
3. 公司債券。
4. 經財政部核定之其他有價證券，諸如共同基金受益憑證、存託憑證等。
5. 其他視為有價證券則有：
(1)新股認購權利證書。
(2)新股權利證書。
(3)各項有價證券之價款繳納憑證或表明其權利之證書，亦即期貨（Future）、選擇權（Option）、認購（售）權證（Warrant）等衍生性證券（Derivative Securities）。
(4)未印製表示其權利之實體有價證券，亦即無實體有價證券，例如中央登錄公債。

第二節　資本證券化

十八世紀工業革命之前，企業生產規模尚小，直接投資或許可以

與證券完全無關，一人獨力開創並經營企業，完全不考慮使用他人資本，因此不必作利潤分配，也不考慮轉手變現，只知父死子繼，代代相傳，一旦大環境不佳或本身營運不善，則化為烏有，不知所終。

工業革命之後，機器生產逐漸取代手工生產，企業必須集合龐大的資本，才能購置大量生產的設備及技術，從事大量製造與大量銷售，資本證券化於焉興起，直接投資便需要仰賴間接投資來完成，也就是說，企業的創設與擴大，不能僅靠個人、家族或者朋友等特定人的出資，而是必須把社會不特定大眾的遊資集合起來，因而產生股份有限公司制度。

公司法第 156 條 註1 規定：「股份有限公司之資本應分為股份，每股金額應歸一律，一部分得為特別股，其種類由章程定之。」股份是資本的最小單位，因其可產生收益，所以本身蘊涵價值；又因方便流通，價值可轉換成市場價格。於是，在募集或交易時，股份展現了分散性的優點；在使用時，它又發揮了集中性的效果，同時滿足資金供給者（投資人）的短期變現需要，以及資金需求者（企業）的長期使用期望。

所以，可分割的有價證券投資，其重要性逐漸超越不可分割的實體投資。實體投資著眼於生產流程的效率化，追求生產效益的極大值；有價證券投資則探討資產價值的評定，及其反映在市場上的價格，指導資金等重要社會資源做有效率的配置。「資本證券化，證券大眾化」實為時代的潮流所趨。

第三節　總體面與個體面的投資

一、總體面觀點(1)：投資相當於儲蓄

從產出面衡量，經濟社會在一段期間內，所生產的財貨或提供的勞務，不是供消費所需，就是從事投資之用，亦即

$$Y \equiv C + I \qquad (1\text{-}1)$$

其中　　Y 表國民所得
　　　　C 表消費
　　　　I 表投資

另從支出面觀察，所得不是用來消費，就是用來儲蓄，亦即

$$Y \equiv C + S \qquad (1\text{-}2)$$

其中　　S 表儲蓄

因此　　$C + I \equiv C + S$ 　　　　$(1\text{-}3)$

導出　　$I \equiv S$ 　　　　$(1\text{-}4)$

由此可見，國民所得達到總體的均衡水準，必須以投資相當於儲蓄為條件。當然，上述投資係指實體投資而言。

二、總體面觀點⑵：投資提高社會生產力

投資不僅構成了對總合產出的需要，從供給面來看，還增加之經濟社會的生產力，使其在未來能產出更多的產量，這就是投資與消費最重要的不同之處。

由英國經濟學者哈羅德（Roy F. Harrod）和美國經濟學者多瑪（Evsey D. Domar）不約而同所提出的經濟成長理論，通稱哈羅德－多瑪成長模型（Harrod-Domar Growth Model）正足以說明投資造成生產力增加的過程，以及經濟成長形成的原因。該模型假設實質產出Y等於資本量K乘以產出／資本率q（q＝Y/K，為一固定係數），因此

$$Y = qK \qquad (1\text{-}5)$$

若第一期的實質產出為Y_1，資本量為K_1；等二期的實質產出為Y_2，資本量為K_2；則第二期的實質產出增加為$\triangle Y = Y_2 - Y_1$，資本量增加為$\triangle K = K_2 - K_1$，$\triangle K$ 就是第二期的投資 I，在這兩期裡假設資本／產出率 q 維持不變：

$$Y_1 = qK_1 \qquad (1\text{-}6)$$

$$Y_2 = qK_2 \qquad (1\text{-}7)$$

（1-7）等號兩邊減（1-6）得

$$Y_2 - Y_1 = q\,(K_2 - K_1)$$

即 $\qquad \triangle Y = q\triangle K = qI \qquad (1\text{-}8)$

在全面均衡時，投資相當於儲蓄（S），而儲蓄又是所得的函數（S＝sY），其中s為平均儲蓄傾向（Average Propensity to Save），也就是儲蓄率，因此

$$qI = qS = qsY \qquad (1\text{-}9)$$

由（1-8）和（1-9）可知

$$\triangle Y = qsY \qquad (1\text{-}10)$$

若經濟成長率等於△ Y/Y，（1-10）等號兩邊同除以 Y 可得

$$\triangle Y/Y = qs \qquad (1\text{-}11)$$

由上可知，經濟成長率與儲蓄率及產出／資本率 註2 皆呈正向關係，也就是說，減少消費，增加儲蓄，並直接或間接地用於投資，可促進經濟成長。

三、個體面觀點：投資是節約目前消費，藉以換取收益，用來增加未來消費

從消費者選擇的角度來看，消費者目前選擇不消費，有可能是可支配所得太高，目前消費不完；也有可能是有計畫的節約，保留部分所得，做為未來消費之用。不論是哪一種原因，他都要面對投資的問題（儲蓄是投資選擇中的一種，相當於購買存單或存摺之類的貨幣性間接證券）。

投資的考量不外有二：投資報酬（Return）與投資風險（Risk），但是這裡以分析消費或投資的選擇為主，暫不考慮投資風險的問題；

而且為了適用平面分析，這裡只考量兩期的情形，事實上，第二期的可支配所得如不限定全部用於消費，如同第一期一般，可選擇消費或投資，則可以如法泡製地向第三期、第四期……無限地延伸討論。

假設消費者第一期所得為 A_1，第二期所得為 A_2；期間投資報酬率為 r。我們以橫軸表示第一期消費，縱軸表示第二期消費，便可以在這個平面上畫出消費機會線（Consumption Opportunity Line），線上任何一點皆表示，在所得及投資報酬率的限制條件之下，兩期的消費組合。

消費機會線一定通過 B 點（A_1, A_2），該點表示第一期所得恰等於第一期消費，因此沒有投資，在沒有投資收益的狀況下，第二期的消費自然完全來自於第二期所得。一個很極端的狀況，假使第一期完全沒有消費支出（你可以假設某人出差一個月，食宿及所有花費皆由公司提供），第一期所得及其投資收益 $A_1 + A_1 r$，連同第二期所得 A_2 皆可供第二期消費之用，因此，消費機會線通過 F 點（$O, A_1 + A_2 + A_1 r$），因而可解出直線方程式

消費機會線：$Y = -(1+r)X + (A_1 + A_2 + A_1 r)$　　（*1-12*）

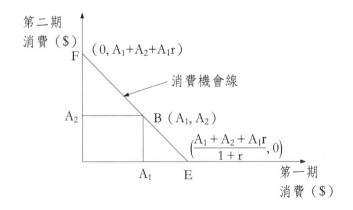

圖 1-A　消費機會線

　　E 點（$\frac{A_1 + A_2 + A_1 r}{1 + r}$, 0）代表另一個極端的狀況，亦即以投資報酬率 r 為利率向他人（多指銀行）借錢，連同第一期所得，全都在第一期消費，而第二期所得剛好夠付借款的本息之和，所以第二期消費為零。

　　投資報酬率改變，就表示消費機會線的斜率 −（1+r）發生變化。投資報酬率變大，消費選擇線變陡；投資報酬率變小，消費機會線變平，但仍都通過 B（A_1, A_2），除非兩期的所得有改變。

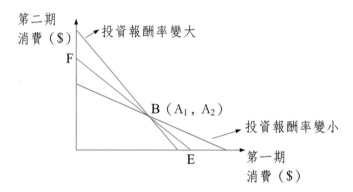

　　🖋 圖 1-B　不同投資報酬率的消費機會線

　　投資報酬率變大，對傾向節約目前消費的人有利，因為期間收益增大，使未來消費能力更形增加，但不利於傾向預支未來所得用做目前消費者，因為借貸的利率提高了，也可以說，選擇目前消費而不選擇未來消費的人，他的機會成本提高了。

註釋

註1：公司法第 156 條

I.股份有限公司之資本，應分為股份，每股金額應歸一律，一部分得為特別股；其種類由章程定之。

II.前項股份總數，得分次發行。但第一次應發行之股份，不得少於股份總數四分之一。

III.股份有限公司之最低資本總額，得由主管機關分別性質，斟酌情形，以命令定之。

IV.公司資本額達中央主管機關所定一定數額以上者，除經目的事業中央主管機關專案核定者外，其股票應公開發行。但公營事業股票之公開發行，應由該公營事業之主管機關專案核定之。

V.股東之出資，除發起人之出資及本法另有規定外，以現金為限。

VI.同次發行之股份，其發行條件相同者，價格應歸一律。

註2：產出／資本率的倒數為資本／產出率，又稱資本係數（Capital Coefficient），資本係數愈高，表示愈工業化，或者，重工業國家的資本係數較輕工業國家高。但是資本係數與經濟成長率為反向關係，這也就是為什麼開發中國家在發展經濟時，通常都從輕工業著手，而且經濟成長率普遍高於已開發國家。

考題集錦

一、選擇題

_____1. 我國證券交易法上所稱之公司，係指依公司法組織之：

(A) 有限公司　(B)股份有限公司　(C)無限公司　(D)兩合公司

【90.4 券商業務員】

_____2. 證券交易法之立法目的為？

(A)發展國民經濟並保障投資　(B)促進資本形成及提升金融市場發展　(C)提倡全民投資　(D)以上皆是　【90.4 券商業務員】

_____3. 證券交易法之規範範疇，下列何者為非？

(A) 有價證券之募集　(B)有價證券之發行　(C)有價證券之買賣

(D)貨幣市場之票券交易　【90.2 券商高業】

_____4. 關於有價證券之定義，下列敘述何者錯誤？

(A)政府發行之公債，經財政部核准上市後，始得交易買賣

(B)新股認購權利證書、新股權利證書均屬有價證券的一種

(C)有價證券未印製表示其權利之實體有價證券者，不視為有價證券

(D)有價證券包含有價證券之價款繳納憑證　【90.1 券商高業】

_____5. 下列何者將有助於一國長期每人實質國民所得水準的提升？

(A) 技術進步　(B)長期寬鬆貨幣政策　(C)儲蓄率提高　(D)以上皆是　(E)只有(A)與(C)正確　【91.1 分析人員】

_____6. 下列證券，何者非為證券交易法上之有價證券？

(A) 政府債券　(B)公司股票、公司債券　(C)受益憑證　(D)金融債券

【90.4 分析人員】

二、問答題

1. 現在景氣不好，央行採取降低利率的措施，請分析其效果。並在平面

上兩軸分別為現在消費及未來消費的圖形上分析其對消費的影響。

【90.4 分析人員】

2. 試分析一國儲蓄率增加對其短期與長期實質 GDP 水準的影響。

【91.1 分析人員】

第2章　金融市場與證券特性

第一節　金融市場

　　金融市場（Financial Market）就字面意義解釋，「金」係指資金，「融」則表示融通周轉的行為。任何一種市場的形成，必須存在商品的需求者（亦即資金的供給者）、商品的供給者（亦即資金的需求者）及商品價格三要素，然後資金與對價商品（或勞務）呈現反向運動，也就是交易。

　　金融市場中的交易商品是作為財產權證明的有價證券，也可以稱為金融商品（Financial Product）或金融工具（Financial Instrument）。與一般商品不同的是，購買一般商品的目的為消耗使用，而購買金融商品的目的則是期望增值或收益——雖然有時這個目的不能達成而成為虧損。此外，一般商品市場的主角當然是商品本身，金融市場則對資金與金融商品賦予同等重要的地位，所以才稱為資金融通的市場！

一、直接金融與間接金融

　　資金需求者（一般為企業）發行直接證券（Direct Securities)直接售予資金供給者（又稱投資人）以取得資金，這種方式稱為**直接金融，直接證券包括股票、債券等資本市場上的金融工具，以及商業本票、承兌匯票、可轉讓定期存單、國庫券等貨幣市場上的金融工具。**但是直接證券須要用專業技能去分析它的未來增值可能或收益大小，而且還存在虧損的風險，並不是所有投資人都具備這些專業技能，也不是所有投資人都有承受風險的意願，因此產生銀行、保險公司、基金公司等**金融中介機構**，他們用間接證券為憑證吸納資金供給者的資金，再轉而貸放給資金需求者，或購買直接證券做為投資，這種方式稱為**間接金融，間接證券則包括存摺、存單、保險單、共同基金受益憑證等**。金融市場的大致架構如圖 2-A 所示。

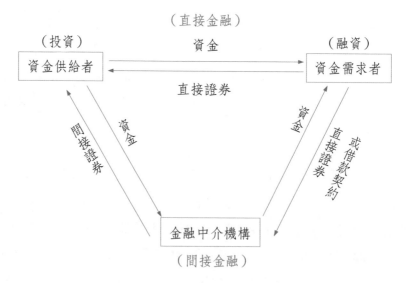

🖱 圖 2-A　金融市場：直接金融與間接金融

二、貨幣市場與資本市場

金融市場通常又以有價證券的存續期限長短作區隔，**到期日在一年以下者為貨幣市場**（Money Market），這類有價證券有商業本票、承兌匯票、國庫券等短期票券。然而貨幣市場的功能在於調劑經濟單位資金收付的短期失衡，著重於融通與周轉，而不能稱為投資，公司法第 14 條（2001.10.25 已刪除）規定：「公司因擴充生產設備而增加固定資產，其所需資金，不得以短期債款支應。」正說明了公司經營不得「以短支長」的精神意涵，以及投資與融通的明確分際。

因此中長期投資理應由中長期資金支應，有價證券**到期日在一年以上者劃歸資本市場**（Capital Market），這類證券以股票與債券為兩大主幹，也是投資學探討的重點所在。

用長、短期證券劃分，除了很明顯的指出投資學的領域在資本市場，而且這種劃分與銀行信用的劃分完全吻合，有助於一般人對相同期限但不同籌資方式的比較，諸如利率、風險的相互比較。銀行長、短期授信的區別，規定於銀行法第 5 條：「銀行依本法辦理授信，其期限在一年以內者，為短期信用；超過一年而在七年以內者，為中期信用；超過七年者，為長期信用。」

三、集中交易市場與櫃檯買賣市場

金融商品的交易，若有標準化的交易程序及質量規格，則可透過交易所（Exchange）大量而且效率地進行交易，便形成集中交易市場，交易方式多採用公開競價，例如上市股票的交易與期貨交易。另一種由買賣雙方約定交易細節及商品質量，大多靠證券自營商造市或證券經紀商居間媒合，便形成櫃檯買賣市場（Over the Counter Market, OTC Market），又稱為店頭市場或證券商營業處所買賣，交易方式則採議價（Negotiation），例如上櫃股票的交易與公債交易。

四、金融體系

綜合以上描述，金融業可概分為：(1)證券業；(2)銀行業；(3)票券業；(4)保險業。投資學研究的領域為直接金融，與證券業的關係直接而密切。

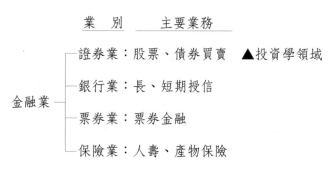

業　別　　　主要業務

證券業：股票、債券買賣　▲投資學領域

金融業 ─ 銀行業：長、短期授信

票券業：票券金融

保險業：人壽、產物保險

圖 2-B　金融業及主要業務

金融市場則概分為：(1)資本市場，與(2)貨幣市場。資本市場又包含：（1A）股票市場，與（1B）債券市場。投資學研究的領域為資本市場。

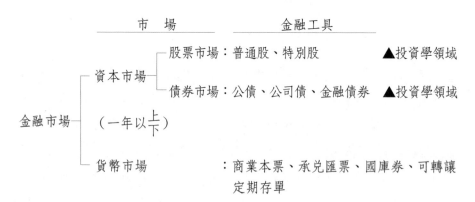

市　　場　　　　　金融工具

股票市場：普通股、特別股　　　▲投資學領域

資本市場

債券市場：公債、公司債、金融債券　▲投資學領域

金融市場 （一年以上下）

貨幣市場　　　　　：商業本票、承兌匯票、國庫券、可轉讓定期存單

圖 2-C　金融市場與金融工具

五、企業與證券

　　間接投資以有價證券為標的，探討有價證券就不能不瞭解它的主體——企業（尤指發行公司）。首先我們從企業資產的來源剖析不同證券所扮演的角色，資產負債表的結構適足以說明一切：

　　　資產負債表：資產總額＝負債＋股東權益　　　　　($2-1$)
　　　　　　　　　　　　（債權）（股權）

　　會計學強調資產與負債、股東權益之和的恆等關係。投資學則應視等號左邊為公司資產的用途或配置（Allocation)；等號右邊為公司資產的來源。也就是說，公司資產的來源有兩類；(1)經由借貸關係而來的，因而產生債權，公司為債務人；(2)經由投資與被投資關係而來的，因而產生股權（或稱所有權），公司為被投資法人。

　　表彰債權的證券是債券，流通交易的市場是債券市場；表彰股權的證券是股票，流通交易的市場是股票市場，二者合起來便是資本市場。

　　公司資產的來源既已明確，營運利潤的分配與一旦解散清算時的財產歸屬必須與之相稱。營運利潤分配給債權人的是債息，分配給股東的是股利。然而債權人承擔的風險小，所以債息報酬較固定，公司解散清算時，財產歸屬次序較優先；股東承擔的風險大，所以股利報酬非固定，公司解散清算時，財產歸屬次序也最落後。

　　金融體系廣大，金融工具種類繁多，以上闡述在於敘明投資學涵蓋的範圍是資本市場，以及資本市場在金融市場中的定位，並論及其服務企業的功能。為避免歧路亡羊，本章以下數節，僅就股票、債券兩大類證券做論析。至於從屬於它們的理財工具，如共同基金；衍生自它們的金融商品，如期貨、選擇權，後有專章介紹，此時亦不贅

述，以收由簡入繁，循循善誘之效。

第二節　普通股

　　股票代表股份，是表彰股東權利的書面憑證，根據公司法156條，分為普通股（Common Stock）和特別股（Preferred Stock）兩種，本節介紹前者，後者留待第四節介紹。

一、普通股的法定權利

1. 表決權

　　普通股股東具有參加股東會，並行使表決權的權利，由於股東會是公司經營權力的來源，股東常會每年至少召集一次 註1，普通股股東就可以經由股東會表決權的行使，間接影響公司的經營，諸如：

　　⑴選舉董事、監察人

　　公司法第 195 條、第 217 條分別規定，董事、監察人任期不得逾三年，但得連選連任，因此都要經由股東會定期改選。董事是法定的股份有限公司負責人，負有直接經營公司的權力，所以董事改選年的股東會前，若有人有意角逐董事介入經營權，就必須大量買進普通股或徵求委託書，往往造成股價上揚，或私下讓渡出席委託的誘因（金錢、紀念品等，但為法律所禁止）增強。

　　⑵查核財務報表

　　公司法第 184 條：「股東會得查核董事會造具之表冊、監察人之報告，並決議盈餘分派或虧損撥補。」因此股東常會的例行要務就是

要查核前一年度的財務報告，表決通過始能承認並定案。

(3)公司重大行為之特別決議

公司法第 185 條規定，如有以下情形發生：(a)締約、變更或終止關於出租全部營業、委託經營或與他人經常共同經營之契約；(b)讓與全部或主要部分之營業或財產；(c)受讓他人全部營業或財產，對公司營運有重大影響者；必須經發行股份總數三分之二以上股東出席，過半數表決通過才能生效，這就是股東會特別決議，出席門檻比普通決議 註 2 為高。例如 1998～1999 年國內證券公司展開合併熱潮，一個合併案中，不論存續或消滅的公司都要經股東會特別決議通過才能進行。

2.盈餘分派權

盈餘分配案由董事會提出，尚須經股東會決議始能發放股利（Dividend），這點與美國的董事會逕行決定不太一樣。公司稅後盈餘應先提撥公司法第 112 條規定的法定盈餘公積（通常為 10%），以及公司章程規定或股東全體同意的特別盈餘公積 註 3 之後，再按持股比例分配股利給股東。但公司法第 63 條亦有規定：「公司非彌補虧損後，不得分派盈餘。」

3.新股優先認購權

公司發行新股，藉以募集資金，增加資本，亦稱現金增資時，除了：(1)依照公司法第 267 條 註 4，保留新股總額的 10%至 15%由員工承購；(2)若為上市上櫃公司，依照「發行人募集與發行有價證券處理準則」第 16 條 註 5，提撥新股總額的 10%對外公開發行之外；其餘部分由原有股東按持股比例優先認購，目的在於避免原有股東對公司的所有權比例被過度的稀釋（Dilute）。然而，若原有股東逾期未認購新股，則視同放棄其權利，得經公開發行或洽由特定人認購之。

發行新股時保留部分比例給員工承購，以及上市上櫃公司又多提撥10%供社會大眾申購，乃因公司的發展、壯大與員工息息相關，員工入股可使勞資關係和諧，進而共創互利雙贏；而公司從草創成長到股票可以上市或上櫃買賣的階段，絕非單憑股東之力所能達成，國家社會有形或無形的助力實所造就焉，基於「取之於社會，回饋於社會」的精神，讓社會大眾有機會參與公司未來的發展，分享未來的經營成果，未嘗不是一椿美事！

4.剩餘財產分配權

若公司經營不善，因解散而進行清算時，應當依序優先清償債權人、特別股股東之後，有剩餘的資產方得按股權比例，分配給各普通股股東，這項權利見於公司法第330條。可是公司清算又優先償還其他人債務後，往往所剩資產無幾，所以與其說是權利，毋寧是一種責任，畢竟普通股股東是公司經營風險的最終承擔者。

二、普通股價值的各種意涵

普通股所表彰的股東權利，既然是有價值的東西，就一定可以轉化成以貨幣金額作衡量的意涵。又由於普通股每股的權利相等，只要將貨幣價值除以發行股數，就是每股的貨幣價值。任何一位股東，只要將他持有的股數乘以每股貨幣價值，就是他在這家公司股東權利的市值金額總計。

1.股本（Capital）

股票上所載每股金額為面額（Par Value)，法律並未規定面額的大小，而是由公司章程自行訂定，上市公司從民國 70 年起，將面額統一定為 10 元，以方便集中市場交易。面額乘以股數就是股本，又稱**資本額**，係公司成立時，股東繳足並向主管機關辦理登記的**法定資本**。

公司成立後如欲發行新股以增加資本（現金增資），若仍以面額為發行價格，稱為**面額發行**；然當發行價格高於面額時，稱為**溢價發行**，超出面額的部分不計在股本中，而是計入股東權益的另一科目——資本公積中；當發行價格低於面額時，稱為**折價發行**，我國過去禁止折價發行新股，現已放寬准許，以利低股價公司對外募集資金，但以不使資本公積和保留盈餘等科目折損至負值為限。

2.淨值（Book Value）

淨值係指資產總額減去負債總額後的淨資產，亦即股東權益的帳面價值，公司若未發行特別股，則全歸普通股股東所有。「財務會計準則公報」第 1 號說明股東權益包含股本、資本公積與保留盈餘三大類，股本與保留盈餘的概念較能望文生義，故不贅述，資本公積的產生，根據公司法第 238 條 註6 規定，共有五種來源，分別是：(1)發行股票溢價；(2)資產重估增值；(3)處分資產獲利；(4)因合併而產生獲利；(5)受領贈與。

淨值除以股數為每股淨值，亦稱每股帳面價值，如果資產負債表能夠允當表示公司的財產現況，公司前景的預測也不悲觀（損益表結算不為負數），股票買賣時，可以把每股淨值視為交易價格的底線。

3.市值（Market Value）

每股市價（Market Price）是股票的市場交易價格，它是由市場需求（買進）與市場供給（賣出）所決定的，上市上櫃公司的市價，在交易時間內幾乎每一瞬間都在變化，而且透過電子資訊系統揭示。**每股市價乘以股數為總市值**（Market Value），它代表公司股票經市場評定的市價總值，也就是全體股東因持有公司股票而產生的財富總計。比爾‧蓋茲（Bill Gates）之所以成為全球首富，並不是因為他擁有最多的銀行存款，主要是計算他持有的微軟（Microsoft）公司股票市值。

三、股利、除息（權）

公司發放股利給股東，通常以現金或股票或二者兼有的方式為之，**現金股利**（Cash Dividend）**又稱為股息**，必須來自於保留盈餘，也就是說，公司必須經營獲利才能發放現金股利。**股票股利**（Stock Dividend）**又稱股權**，來源可能是保留盈餘或資本公積，來自於前者為盈餘配股，來自於後為公積配股；又由於配發股票股利會增加公司資本額，故亦以盈餘轉增資及資本公積轉增資稱之。

1. 除　息

發放現金股利的過程稱為除息，這是因為自從公司宣布將發放該項股利起，該股票交易市價中即包含股息價值，故稱含息股，除息日之後便稱除息股。除息的過程包括宣布、確認股東名簿、發放等三大步驟，上市上櫃公司由於市場交易頻繁，確定股東名簿尤為重要。

(1)宣布日

股東會決定發放股利之後，由董事會宣布發放日期。

(2)基準日

股票在市場上交易換手，因而不斷有前手股東和後手股東，為確定哪一位股東有權取得股利，乃訂定基準日，只有登記在該日股東名簿上的所有股東才有權取得股利。由於股票發行後即處於交易換手的動態中，投資人還必須知道以下幾個重要的日期，才能確保取得股利的權利：（下述日期之推算皆以股市交易日計，假日應予扣除）

・停止過戶期間：

公司法第 165 條 註7 規定，基準日（含）前五日內為停止過戶期間，該期間中暫不做股東名簿記載的變更，以方便股務單位整理核對

股東身份。若以基準日為Ｄ日，停止過戶期間即為Ｄ－4日至Ｄ日。

　・最後過戶日：

承前則Ｄ－5日為有權領取股利之股東的最後過戶日。

　・最後買進日：

我國現行股票交易制度係於成交日後第二天完成交割，因此最晚必須在Ｄ－7日買進，才能來得及在Ｄ－5日過戶，所以Ｄ－7日是想要取得股利之投資人的最後買進日。

　・除息交易日：

最後買進日一過，其實有權領取股利的股東便告確定，只是股務單位還沒整理出來而已，若該公司為上市或上櫃公司，每股市價應適度調整以符合除息後市值不虛增的原則，因此最後過戶日的次日（Ｄ－6日）為除息交易日。

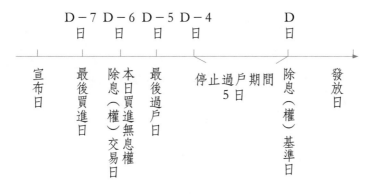

圖 2-D　除息（權）流程

(3)發放日

實際支付股利給股東的日期。

2.除　權

發放股票股利的過程稱為除權，其流程與除息略同，請參照圖

2-D，只是除權涉及增資，亦即資本額的變更，因此向主管機關申辦及核准的規定較繁瑣。

現舉例說明除息（權）的過程：假設大王公司的除權基準日為 7 月 20 日，則可推算欲參加除權者的最後買進日為 7 月 13 日，除權日為 7 月 14 日，最後過戶日為 7 月 15 日，7 月 16 日至 20 日停止過戶。

四、除息（權）的市價調整

一般股市交易日是以前一交易日收盤股價作為本日開盤參考價，但若本日為除息（權）日，每股所代表的資產價值因發放現金（股票）股利而改變，因此必須依據除息（權）對總市值的影響，允當調整每股開盤參考價而成為除息（權）參考價。

1.除息參考價

圖 2-E 顯示，公司發放現金股利，使得現金與保留盈餘等額減少，亦即資產負債表恆等式的等號兩邊，資產總額、股東權益皆減少所發股利總金額，資本額、股數則維持不變。

資產負債表

現金減少	負債：不變
	股東權益：減少 資本額　　不變 保留盈餘　減少
資產總額　減少	負債及股東權益總計　減少

圖 2-E　發放現金股利的資產負債表變動示意圖

假設　P：除息（權）前每股市價

Q：股數

i：每股現金股利

x：除息參考價（每股）

則　$PQ - iQ = xQ$　　　　　　　　　　　　　　（*2-1*）

亦即　$x = P - i$

（2-1）式中 PQ 為除息前公司總市值，但因發放共計 iQ 的現金股利，使得總市值減為 xQ，因此，除息參考價為前一交易日收盤價減去每股現金股利，即 $x = P - i$。

舉例上市公司大王電子股份有限公司，資本額 10 億元（發行 1 億股，每股面額 10 元），昨日收盤價為每股 30 元，若今天是除息日，每股現金股利 2 元，則今天開盤的除息參考價應為 $30 - 2 = 28$ 元。

2.除權參考價

圖 2-F 顯示，公司發放股票股利時，假設製發股票的成本為零，資產、負債、股東權益三大類項的金額都維持不變，而僅是股東權益中不同科目間的等額互轉，盈餘配股則保留盈餘減少，公積配股則資本公積減少，或兼而有之；另一方面則使得資本額、股數因配股而增加。

資產負債表

現金　不變	負債：不變
	股東權益：不變 資本額　增加 保留盈餘 或資本公積　減少
資產總額　不變	負債及股東權益總計　不變

📠 圖 2-F　發放股票股利的資產負債表變動示意圖

沿用（2-1）的假設並增加

K%：股本膨脹率（股數增加的比率），所以發放股票股利後，

　　　股數增為 Q（1＋K%）

y：除權參考價（每股）

則　PQ＝yQ（1＋K%）

亦即　y＝P/（1＋K%）　　　　　　　　　　　　　　（2-2）

　　承前大王電子股份有限公司之例，若今天是除權日，每股股票股利 2 元（按股票面額為 10 元計，即每股配 2/10＝0.2 股，股本膨脹率為 20%），除權參考價應為 30÷1.2＝25 元。

　　假若除息與除權在同一天辦理，則應先做除息運算，再做除權運算，以求得除息除權日的開盤參考價。仍以大王電子股份有限公司為例，若決定發放每股股利 6 元，其中現金股利 2 元，股票股利 4 元，則

先做除息運算　30－2＝28 元

再做除權運算　28÷（1＋40%）＝20 元……除息除權參考價

3.現金增資

　　圖 2-G 顯示公司辦理現金增資，若以面額發行新股，會使公司的現金、資本額等額增加，亦即資產與股東權益皆增加，增加金額為（10 元 × 新發行股數）；若以溢價發行新股，溢價部分（新股發行價－面額）計入資本公積，依舊是資產與股東權益等額增加，只是股東權益的增加分別計入資本額（面額部分）和資本公積（溢價部分）兩個科目。

資產負債表

現金　增加	負債：不變
	股東權益：增加 資本額　　增加 資本公積　不變或增加
資產總額　增加	負債及股東權益總計　增加

圖 2-G　辦理現金增資的資產負債表變動示意圖

假設　P：現金增資除權前每股市價

　　　Q：原有股數

　　K%：股本膨脹率（現金增資新發行股數對原有股數的增加比率）

　　　M：現金增資新股發行價（因不得折價發行，$M \geq 10$）

　　　z：現金增資除權參考價（每股）

首先應認清本次現金增資共發行（$Q \cdot K\%$）股，募集金額（$M \cdot Q \cdot K\%$）元，亦為資產、股東權益的增加金額。

因此　$PQ + MQK\% = zQ\,(1 + K\%)$

亦即　$(P + MK\%)\,Q = zQ\,(1 + K\%)$

可得　$z = \dfrac{P + MK\%}{(1 + K\%)}$　　　　　　　　　　　　$(2\text{-}3)$

援用大王電子股份有限公司之例，若辦理現金增資 1 億元（亦即發行新股 1000 萬股），新股發行價格為 19 元，今天是現金增資除權日，除權參考價應為（$30 + 19 \times 10\%$）/（$1 + 10\%$）＝29 元。本例亦可

推知該公司資本額增為 11 億元,每股溢價部分為 19－10＝9 元,所以資本公積共計增加 9 元×1000 萬(股)＝9000 萬元。

我們應留意:

(1)若 M＝0,現金增資除權參考價的計算公式便與股票股利除權參考價的計算公式相同,所以**發放股票股利又稱無償配股;現金增資時,原股東只是擁有認購權,仍須出資購買,又稱有償認股。**

(2)現金增資時,原股東認股比率不一定等於股本膨脹率,因為還要加計提撥給員工及社會大眾的認購比率,此點與發放股票股利時,股東配股比率就是股本膨脹率不同。

(3)除權的每股權利價值(簡稱權值),為除權前一日收盤價和除權參考價之間的差距,配發股票股利時為(P－y),現金增資時為(P－z),但若 P＜M,則 z＞P,權利價值為負數,亦即若新股發行價格高於市價,認購新股的權利反成負擔,股東傾向放棄認購權利,當然也無法吸引外界資金申購,募集計畫可能失敗。

(4)民國 86 年起,現金增資除權日不以除權參考價開盤,仍如正常交易日以前一日收盤價為基準,但為使股票市價在除權日當天就能反映現金增資的權值,除權日當天股價漲跌幅予以放寬,詳見台灣證券交易所營業細則第 67 條規定 註8。

第三節　債　券

債券為表彰債權的憑證,係發行者(債務人)向投資者(債權人)舉借款項,承諾於到期日支付票面金額,期間並分期照約定利率支付利息的證券。又分為中央及省(市)政府發行的公債;特定銀行發行的金融債券;以及股份有限公司發行的公司債。

一、債券特徵

1. 面額（Par Value）

即發行者於到期日應償還的票面金額，我國法律沒有規定面額大小，各類債券的面額亦未趨統一，端視募集方便而定，只有可轉換公司債因在集中市場交易，面額都定為 10 萬元。

2. 發行日（Issue Date）

發行者發行債券的日期。

3. 到期日（Maturity Date）

發行者償還面額並終止債券的日期。

4. 票面利率（Coupon Interest Rate）

又稱票息，係債券載明定期支付的約定利率，通常為固定利率。現在也有以貨幣市場利率固定加碼的浮動利率。

二、公　債

公債包括由中央政府發行的中央政府公債，以及省或院轄市政府發行的省（市）政府公債，其特色為：(1)債信佳：各級政府幾無違約風險；(2)變現快：公債交易量大，約占債券市場的七成，所以流動性高；(3)用途廣：金融機構可充為流動準備，一般企業或個人可當作保證金、押標金、擔保品；(4)稅負輕：公債交易免課交易稅。

1. 中央政府公債

中央政府依據「中央政府建設公債發行條例」及「中央政府興建

台灣北部區域第二高速公路建設公債發行條例」所發行，並由中央銀行配售於各公債經辦行。中央政府公債又可分為甲、乙二類，其中甲類是用以支應公共建設中非自償部分之使用；乙類則支應自償部分之建設基金。

中央政府公債依形式區分，有實體公債與無實體公債二種，實體公債有書面憑證，一般為無記名，持有人憑券領取本息，所以遺失盜竊風險大；無實體公債則無書面憑證，但採記名方式將承購人資料登錄於電腦中，交易換手以轉帳方式交割，本息到期自動撥入持有人帳戶。

2.省（市）政府公債

省（市）政府公債由台灣省政府或院轄市政府發行，法源為「省（市）政府建設公債發行條例」、「台北市政府自來水工程建設公債發行條例」、「台灣地區公共建設土地債券發行條例」等。台灣省政府公債委由三商銀、合作金庫等省屬行庫銷售；台北市政府公債則由前台北市銀行（台北銀行）獨家銷售。

省（市）政府公債的相關規定與中央政府公債大致相同，但票面利率較同時期的中央公債競標加權平均利率略高，而且多採本息平均攤還方式還本付息，此外，土地債券係於徵收公共設施土地時發予地主作為地價補償，並非對外公開募集。

三、金融債券

根據民國 89 年修正的銀行法第 90 條 註9 規定，以供給中、長期信用為主要任務的專業銀行得發行金融債券，所募得的資金則應全部用於其專業的投資及中、長期放款。另根據銀行法第 72 條之 1 規定 註10，商業銀行亦得發行金融債券，但開始還本期限不得低於二年。

自從民國 69 年 10 月交通銀行首次發行金融債券後，民國 87 年 5 月台灣土地銀行亦曾發行總金額 10 億元的金融債券，但銷售狀況不

理想，甚至在每張面額 100 萬元之外，增加 10 萬元、20 萬元、50 萬元等小面額的債券發行，以吸引小額投資人認購。民國 90 年市場利率走低，才又有誠泰等商業銀行發行募集成功。

四、公司債

社會大眾對於股份有限公司的信賴程度，一般而言，低於政府及銀行，因此公司債的當事人通常有三個：(1)發行公司（債務人）；(2)債券持有人（債權人）；(3)受託人（Trustee），亦即發行公司為保障及服務債券持有人所指定的銀行或信託公司。受託人根據信託契約可以監督發行公司履行法定義務，代理發行公司按期償付本息，若有之，亦可管理償債基金及保管擔保品，必要時更可以代表債券持有人採取適當的法律行動。

為了保障公司債持有人的權益，公司法 248 條明訂募集公司債時，證券管理機關（證期會）應審核的事項共 21 款註 11。此外，對於公司債總額的限制，發行的禁止，特別是無擔保公司債發行的禁止，皆有規範如下：

1. 總額的限制（第 247 條）

(1)公司債之總額，不得逾公司現有全部資產減去全部負債及無形資產後之餘額。

(2)無擔保公司債之總額，不得逾前項餘額二分之一。

2. 有擔保公司債發行的禁止（第 250 條）

公司有下列情形之一者，不得發行公司債：

(1)對於前已發行之公司債或其他債務有違約或遲延支付本息之事實，尚在繼續中者。

(2)最近三年或開業不及三年之開業年度課稅後之平均淨利，未達

原定發行之公司債應負擔年息總額之百分之一百者。但經銀行保證發行之公司債不受限制。

3. 無擔保公司債發行的禁止（第 249 條）

公司有下列情形之一者，不得發行無擔保公司債：

(1)對於前已發行之公司債或其他債務，曾有違約或遲延支付本息之事實已了結者。

(2)最近三年或開業不及三年之開業年度課稅後之平均淨利，未達原定發行之公司債應負擔年息總額之百分之一百五十者。

公司債因發行條件及其權利義務之不同，可概分如下：

1. 有擔保或無擔保公司債

有擔保公司債（Secured Bond）係指經銀行保證的公司債，發行公司也可以不動產抵押，或動產（證券）質押，或設備信託，作為擔保品發行有擔保公司債，但後三者皆有鑑價、變現等問題，故擔保能力不如銀行保證。無擔保公司債（Unsecured Bond）全憑公司信用作基礎，又稱信用公司債。

2. 記名或無記名公司債

公司債記載持有人姓名的是記名公司債（Registered Bond），持有人得以背書轉讓之，下手仍應辦理過戶手續，始得享債權人之權益；不記載持有人姓名者則為無記名公司債（Bearer Bond），持有人以交付轉讓之，功能幾近錢鈔，但若遺失或遭盜竊亦難舉證。

3. 可提前收回或不可提前收回公司債

發行公司得於到期日前，按約定價格收回者為可提前收回公司債

（Callable Bond），不得為此者為不可提前收回公司債（Noncallable Bond）。提前收回的決定權在發行公司而非持有人，因此只有在對發行公司有利時，通常是市場利率下降時，發行公司才會這樣做，以低利率舉借新債，用來償還高利率的原有公司債，可以減輕利息支出，但對原有公司債持有人不利，因為剝奪了他們賺取高於當時市場利率收入的機會，所以約定的收回價格，通常高於面額以資補償。

此外，發行公司若有多餘資金或設有償債基金，也可以按市場價格收購流通在外的全部或部分公司債，藉以改善財務結構，提高舉債信用。

4.可轉換或不可轉換公司債

公司債發行一段期間後，持有人得依約定的轉換價格（Conversion Price），將公司債轉換成發行公司普通股者為可轉換公司債（Convertible Bond），不得為此者為不可轉換公司債（Nonconvertible Bond）。轉換的決定權在持有人，因此只有在對持有人有利時，也就是普通股市價高於轉換價格時，持有人才會要求轉換，也正因為可轉換公司債多賦予持有人這項轉換權利，所以票面利率較一般公司債低。

我們尚須認識：

轉換比率（Conversion Ratio）＝公司債面額／轉換價格　　（2-4）

亦即可轉換公司債能轉換成多少普通股股數。

轉換價值（Conversion Value）＝普通股市價×轉換比率　　（2-5）

亦即按照普通股每股市價，以及可轉換股數，計算若經轉換則該

公司債的價值為多少。

例如，大正公司發行第一次可轉換公司債（簡稱「大正一」），每張面額 10 萬元，轉換價格為 25 元／股，因此轉換比率為 100,000÷25＝4,000（股）。若大正公司今日收盤股價為 30 元，「大正一」的轉換價值為 30×4,000＝120,000（元）；又若某日收盤股價為 20 元，則「大正一」的轉換價值為 20×4,000＝80,000（元）。

因此，⑴轉換價格訂定的愈低，轉換比率就愈高，亦即轉換股數愈多，反之則愈少；⑵普通股市價愈高，或轉換比率愈高，轉換價值就愈大，對持有人愈有利，反之則轉換價值愈小，對持有人愈不利；⑶若轉換價值低於面額，亦即普通股市價小於轉換價格時，持有人寧可不轉換。

綜合以上分析，若發行公司股價低於轉換價格，持有人傾向不轉換，仍可保有領息，此時可轉換公司債具有債券的特性。若發行公司股價高於轉換價格，持有人可將轉換公司債轉換成普通股而成為股東，而且這時可轉換公司債本身的市場價格隨股價的漲跌而起落，具有股票的特性，亦可伺機直接出售謀利，不一定非要轉換。

所以可轉換公司債是「下檔有保障（Protection），上檔有潛力（Potential）」的證券，具有進可攻、退可守的優異特性。

第四節　特別股

特別股（Preferred Stock）原稱優先股，係因其一般而言的權利優先於普通股故名之，但仍較公司債落後，為避免投資人誤解，公司法於民國 55 年修正時改稱特別股，其權利、義務須特別訂定，諸如分派股息、紅利、定額或定率，以及行使表決權的順序、限制或無表決權等。

特別股的特性介於普通股與公司債之間，通常票面載有固定的股利率，類似公司債，但若公司沒有利潤，或有利潤而公司決議保留不予分派，公司並不會有破產之虞，這點則類似普通股，此外，上市公司發行的特別股也可以掛牌交易，股價與普通股有某種程度的連動關係。

特別股章程訂定的權利、義務，性質上可以有很大的彈性，除了可否轉換成普通股，以及公司可否提前收回，與公司債類似，故不重複說明，此外還有：

1. 參加或非參加特別股

特別股優先分派了定額或定率的股利後，尚能與普通股分享公司盈餘者為參加特別股（Participating Preferred Stock），但不多見，只有在公司經營不善又急需資金時，才會提出如此優惠的條件吸引投資人。如否，則為非參加特別股（Nonparticipating Preferred Stock）。

2. 累積或非累積特別股

發行公司當年度因故（例如虧損、決議保留）無法發放特別股股利，如得於次年或以後年度補發者為累積特別股（Cumulative Preferred Stock）。如否，則為非累積特別股（Noncumulative Preferred Stock）。

註釋

註1：公司法第 170 條第 1 項：「股東會分左列二種：一、股東常會，每年至少召集一次。二、股東臨時會，於必要時召集之。」

註2：股東會之普通決議：公司法第 174 條：「股東會之決議，除本法另有規定外，應有代表已發行股份總數過半數股東之出席，以出席股東表決權過半數之同意行之。」

註3：公司法第 112 條第 1 項：「公司於彌補虧損完納一切稅捐後，分派盈餘時，應先提出百分之十為法定盈餘公積。但法定盈餘公積已達資本總額時，不在此限。」
同條第 2 項：「除前項法定盈餘公積外，公司得以章程訂定之，或股東全體之同意，另提特別盈餘公積。」

註4：公司法第 267 條：

Ⅰ.公司發行新股時，除經目的事業中央主管機關專案核定者外，應保留原發行新股總額百分之十至十五之股份由公司員、工承購。

Ⅱ.公營事業經該公營事業之主管機關專案核定者，得保留發行新股由員、工承購；其保留股份，不得超過發行新股總額百分之十。

Ⅲ.公司發行新股時，除依前二項保留者外，應公告及通知原有股東，按照原有股份比例儘先分認，並聲明逾期不認購者，喪失其權利；原有股東持有股份按比例不足分認一新股者，得合併共同認購或歸併一人認購；原有股東未認購者，得公開發行或洽由特定人認購。

註5：發行人募集與發行有價證券處理準則第 16 條第 1 項：「上市公司或股票已依財團法人中華民國證券櫃檯買

賣中心證券商營業處所買賣有價證券審查準則第三條
規定在證券商營業處所買賣之公開發行公司辦理下列
案件，且未經依本法第一百三十九條第二項規定限制
其上市買賣，應提撥發行新股總額之百分之十，以時
價對外公開發行，不受公司法第二百六十七條第三項
關於原股東儘先分認規定之限制。但股東會另有較高
比率之決議者，從其決議：

一、現金增資發行普通股。

二、現金增資發行特別股，且其發行條件載明該次發
　　行之特別股將申請上市或在證券商營業處所買賣。」

註 6：公司法第 238 條（90.10.25 已刪除）：「左列金額，應
累積為資本公積：

一、超過票面金額發行股票所得之溢額。

二、每一營業年度，自資產之估價增值，扣除估價減
　　值之溢額。

三、處分資產之溢價收入。

四、自因合併而消滅之公司，所承受之資產價額，減
　　除自該公司所承擔之債務額及向該公司股東給付
　　額之餘額。

五、受領贈與之所得。」

註 7：公司法第 165 條第 2 項：「前項股東名簿記載之變更，
於股東常會開會前一個月內，股東臨時會開會前十五
日內，或公司決定分派股息及紅利或其他利益之基準
日前五日內不得為之。」

註 8：台灣證券交易所股份有限公司營業細則第 67 條：「……
二、遇上市公司現金增資發行新股時，除權交易開始
日升降幅度之計算依左列方式之一處理之：

㈠現金增資每股發行價格較除權交易開始日之前一日
　收盤價格為低時，除權交易開始日升降幅度之計

算，漲幅以前一日收盤價為計算之基準，跌幅以前一日收盤價格減除現金增資發行新股權利價值後為計算之基準。

㈡現金增資每股發行價格較除權交易開始日之前一日收盤價格為高時，除權交易開始日升降幅度之計算，漲幅以前一日收盤價格減除現金增資現金增資發行新股權利價值後為計算之基準，跌幅以前一日收盤價格為計算之基準……」

亦即以公式（2-3）所求得的現金增資除權參考價與前一日收盤價相較，取其高者向上加計當日漲幅（7%），取其低者向下減除當日跌幅（-7%），便為當日最大的漲跌幅度。

註9：銀行法第90條：

Ⅰ.專業銀行以供給中期及長期信用為主要任務者，除主管機關另有規定外，得發行金融債券，其發行應準用第72條之1規定。

Ⅱ.專業銀行依前項規定發行金融債券募得之資金，應全部用於其專業之投資及中、長期放款。

註10：銀行法第72條之1：「商業銀行得發行金融債券，其開始還本期限不得低於兩年，並得約定此種債券持有人之受償順序次於銀行其他債權人；其發行辦法及最高發行餘額，由主管機關洽商中央銀行定之。」

註11：1.公司名稱。2.公司債總額及債券每張之金額。3.公司債之利率。4.公司債償還方法及期限。5.償還公司債款之籌集計畫及保管方式。6.公司債募得價款之用途及運用計畫。7.前已募集公司債者，其未償還之數額。8.公司債發行價格或最低價格。9.公司股份總額與已發行股份總數及其金額。10.公司現有全部資產，減去全部負債及無形資產後之餘額。11.最近三年依公

司法第 228 條規定所編造之各項表冊；開業不及三年者，所有開業年度之各項表冊；申請日期已逾年度開始六個月者，應另送上半年之資產負債表。12.公司債債權人之受託人名稱及其約定事項。13.代收款項之銀行或郵局名稱及地址。14.有承銷或代銷機構者，其名稱及約定事項。15.有發行擔保者，其種類、名稱及證明文件。16.有發行保證人者，其名稱及證明文件。17.對於前已發行之公司債或其他債務，曾有違約或遲延支付本息之事實或現況。18.可轉換股份者，其轉換辦法。19.附認股權者，其認購辦法。20.董事會之議事錄。21.公司債其他發行事項，或證券管理機關規定之其他事項。

考題集錦

一、選擇題

_____ 1.下列有關股利發放之事件日敘述，何者為誤？

(A)股利發放宣告日在股利發放除息日之前

(B)股利發放基準日在股利發放除息日之前

(C)股利發放除息日在股利發放宣告日之後

(D)股利發放宣告日在股利發放基準日之前

(E)股利發放基準日在股利發放日之前 【90 台大財金所】

_____ 2.若日月光目前股價 78 元，公司發放股票股利 3 元，則除權後日月光之市價應為？

(A)45 元 (B)60 元 (C)75 元 (D)81 元 (E)以上皆非

【89 朝陽財金所】

_____ 3.下列哪一種金融機構不屬於存款貨幣機構？

(A)信用合作社 (B)郵政儲金匯業局 (C)農會信用部 (D)中小企業銀行 【90.4 分析人員】

_____ 4.下列何者不是貨幣市場工具？

(A)可轉讓定存單 (B)國庫券 (C)買賣斷之公債 (D)商業本票

【90.4 分析人員】

_____ 5.發行股票股利及購入庫藏股，何項會造成流通在外普通股之變動？

	發行股票股利	購入庫藏股
(A)	會	不會
(B)	會	會
(C)	不會	不會
(D)	不會	會

【90.2 分析人員】

_____ 6.A：公司債市價，B：可轉換公司債市價，C：可贖回公司債市價，如果假設上述債券之其他條件相同，則下列何者為正確？

(A)A>B>C　(B)C>B>A　(C)B>A>C　(D)C>A>B　【90.2 分析人員】

7.有關金融中介機構與金融市場的敘述，下列何者為非？

(A)金融中介機構的交易成本小於金融市場的交易成本

(B)股票市場是企業主要的資金來源

(C)一般投資者透過金融中介機構來投資，可降低資訊不對稱的成本

(D)資訊不對稱的問題，包括逆選擇（Adverse Selection）與道德危機（Moral Hazard）

(E)金融中介機構資訊不對稱成本小於金融市場的資訊不對稱成本

【90.1 分析人員】

8.以 120 元買進台積電股票，而以 125 元出脫持股，期間有無償配股，而無配息，且已知此一操作之投資報酬率為 50%，則無償配股為

(A)5.4 元　(B)4.4 元　(C)5 元　(D)與買入股數有關，故訊息不足，無法判斷　【90.1 分析人員】

9.大新公司昨天收盤價 40 元，今天同時除息除權，配發現金股利 1 元，股票股利 3 元，除息除權參考價為多少？

(A)30 元　(B)36 元　(C)28.5 元　(D)29.7 元　【90.實踐財金系】

10.下列何者非公司債之類型？

(A)普通公司債　(B)可轉換公司債　(C)可交換公司債　(D)政府公債　【91.1 券商高業】

11.有價證券之發行人在證券市場中是扮演資金的何種角色？

(A)供給者　(B)需求者　(C)創造者　(D)調節者　【90.4 券商高業】

12.企業資金融通的方式，下列何者屬於「直接金融」？A.發行新股、B.發行可轉換公司債、C.銀行借款、D.向同業拆款

(A)A、B　(B)C、D　(C)A、C　(D)B、D　【90.4 券商高業】

13.經濟主體以發行股票、債券等有價證券，透過證券市場揭露社會大眾籌措資金的融資方式，係為：

(A)間接金融　(B)短期金融　(C)直接金融　(D)內部金融

【90.4券商高業】

_____14.以下何者為有償增資？

(A)現金增資　(B)資本公積轉增資　(C)盈餘轉增資　(D)以上皆是

【90.3券商高業】

_____15.股東常會至少多久須召集一次？

(A)一年　(B)半年　(C)五個月　(D)四個月　【90.3券商高業】

_____16.依台灣證券交易所股份有限公司營業細則之規定，買賣之股票除息交易開始日升降幅度之計算，以下列何者為基準？

(A)以前一日收盤價格不減除股息後為計算之基準

(B)以前一日收盤價格不減除紅利金額後為計算之基準

(C)以前一日收盤價格為計算之基準

(D)以前一日收盤價格減除股息及紅利金額後為計算之基準

【90.2券商高業】

_____17.一年以上或期限不定的有價證券買賣為：

(A)貨幣市場　(B)期貨市場　(C)資本市場　(D)選擇權市場

【90.4券商業務員】

_____18.擔保公司債之擔保內容可能為：

(A)利率風險　(B)系統風險　(C)匯率風險　(D)違約風險

【90.4券商業務員】

_____19.股票發行溢價應列為：

(A)收入　(B)保留盈餘　(C)股本　(D)資本公積【90.4券商業務員】

_____20.股份有限公司變更公司章程，應有代表已發行股份總數多少比例以上股東出席之股東會，及出席股東表決權過半數之決議？

(A)二分之一　(B)三分之一　(C)三分之二　(D)四分之三

【90.4券商業務員】

_____21.發行人藉由公開發行證券的方式向社會大眾募集資金，因此而形成的市場稱為？

(A)流通市場　(B)發行市場　(C)集中交易市場　(D)店頭市場

【90.4 券商業務員】

____22.公司為籌措中長期資金，依法令規定所發行之可轉讓債務憑證向社會大眾借款，並承諾依約定方式支付利息及償還本金之有價證券，稱為：

(A)公司債　(B)金融債券　(C)政府公債　(D)股票【90.4 券商業務員】

____23.股票買賣以每股面額幾元，多少股為一交易單位？

(A)十元，一百股　(B)十元，一千股　(C)一百元，一百股　(D)一百元，一千股　　　　　　　　　　　　　　　　　　　　　　【90.4 券商業務員】

____24.下列何者普通股與公司債的比較有誤：

(A)公司債有到期期限，普通股沒有　(B)公司債與股票均有其面額

(C)公司債的債權人與普通股均有投票權　(D)公司債屬於公司的債務、普通股可表彰公司的所有權　　　　【90.3 券商營業員】

____25. Which of the following securities is not a capital market instrument?

(A)common stock　(B)preferred stock　(C)callable bond

(D)deposit receipt　(E)commercial paper　　　　【90 成大財金所】

____26. Which of the following is a component of sharholders' equity?

Ⅰ.Common stock

Ⅱ.Paid in surplus

Ⅲ.Retained earnings

(A)Ⅰ only　(B)Ⅰ and Ⅱ only　(C)Ⅲ only　(D)Ⅰ and Ⅲ only

(E) Ⅰ, Ⅱ, and Ⅲ　　　　　　　　　　　　　　　　【87 東吳國金所】

____27.以下有關優先股（Preferred Stock）的敘述中，何者為真？

(A)優先股的資金成本通常高於普通股的資金成本。

(B)所謂累積優先股（Cumulative Preferred Stock）是指，公司所未支付的優先股利必須在付出後，才能支付普通股利。

(C)從發行人的立場而言，發行優先股之風險高於債券。

(D)優先股的持有人有權要求發行公司贖回其持有的優先股。

    (E)可轉換優先股持有人有權將其轉換為公司債。【82 台大財金所】

_____28.因股東常會，停止過戶期間為：

    (A)二星期　(B)二十天　(C)一個月　(D)十天　　【90.3 券商高業】

_____29.一般而言，下列有關發行公司債與特別股之比較何者正確？A.債息可節稅，股利則無法節稅；B.二者均可改善財務結構；C.公司債求償權利優於特別股

    (A)僅 A、B 對　(B)僅 B、C 對　(C)僅 A、C 對　(D)A、B、C 均對

                                           【90.4 券商高業】

_____30.可參加股東會行使表決權，參與公司決策之特別股為：

    (A)可參加特別股　(B)累積特別股　(C)可贖回特別股　(D)有表決權特別股　　【90.4 券商高業】

_____31.上市或上櫃公司於現金發行新股時，除經依證券交易法第一百三十九條第二項規定限制其上市買賣外，至少應提撥發行新股總額之多少，以時價對外公開發行？

    (A)5%　(B)10%　(C)15%　(D)20%　　【90.4 分析人員】

_____32.股份有限公司發行新股時，除經目的事業中央主管機關專案核定者外，應保留原發行新股總額百分之多少之股份由公司員工承購？

    (A)十至十五　(B)二十　(C)十七　(D)二十至二十五

                                           【90.4 券商業務員】

二、計算題

1. 大發公司宣布有償配股，認購價格為 80 元，配股後其股數從 100 萬股增為 150 萬股。若該公司除權前每股市價為 85 元，請問其配股權（right）之價值應為？　　【82 中山財管所】

2. A 公司流通在外股數 100,000 股，每股股價 25 元，今以 20 元現金增資 10,000 股，求認股權價值為？　　【82 中正財金所】

3. B 公司流通在外股數 3,000,000 股，每股股價 15 元，今以 10 元現金增資 1,000,000 股，求除權股價？　　【85 中正財金所】

4. 台金公司股價股利資料（單位：元）

4/30 股票收盤價 100　5/1 除息（每股 5 元）　　　　5/1 收盤價 102

6/30 股票收盤價 110　7/1 除權（無償配股 10%）　7/1 收盤價 105

求台金股票 5/1 及 7/1 之日報酬率　　　　　　　　【81 台大財金所】

5. 假設台泥公司本年度除權情形如下：股票股利部分，持股人每千股無償配股 500 股，現金增資部分，持股人每千股有權以每股 25 元現金認購 200 股，股息部分，每股配發現金股利 5 元（以上情形都在同一除權日辦理，且台泥公司從不曾員工配股）。若台泥在除權前一日收盤價 50 元，試求每股權值為＿＿＿＿元，除權參考價為＿＿＿＿元。

【88 朝陽財金所】

三、問答題

1. 貨幣市場和資本市場各為何？兩者交易的信用工具和買賣雙方的參與者主要是哪些？兩者有何不同？　　　　　　　【90.2 分析人員】

2. 除資產重估外，尚有何種情況與「資本公積」有關？又如何提列個別公司的「法定公積」？　　　　　　　　　　【90 中央財金所】

第貳篇　　投資理論

第3章　報酬與風險

　　俗語說：「殺頭的買賣有人幹，賠本的生意沒人做」，這兩句話點出了投資理論的兩個基本要素，以及他們之間的關係。前句道出哪怕風險再大，「重賞之下必有勇夫」，仍然有人願意嘗試；後句則挑明期望報酬率是衡量投資與否的決定因素，因此，風險與報酬的衡量是投資分析的基礎，而且二者呈正向關係，亦即高風險投資會伴隨高期望報酬，低風險投資則只能獲得低期望報酬。

　　報酬，人皆欲得之；風險，人皆欲避之，貪與怕二念便時時縈繞在投資人的心中，在有所欲取與有所欲拒之間，理性經濟人設定投資目標會遵循優勢原則（Dominant Principle）：

　　(1)在相同的風險水準之下，追求報酬的極大；或

　　(2)在相同的報酬水準之下，追求風險的極小。

第一節　報　酬

　　報酬（Return）係衡量投資的產出（Output）與投入（Input）之差，產出大於投入為正報酬，又稱利潤（Profit）；產出小於投入為負

報酬，又稱虧損（Loss）。報酬對於投入的比值為報酬率（Rate of Return），評估投資活動時，相對比率表示的報酬率較絕對金額表示的報酬客觀，因而廣被採用。

投資學中的報酬包括二個方面：

$$總報酬＝資本利得（損失）＋期間收益 \qquad (3\text{-}1)$$

資本利得（Capital Gain）是賣買之間的價金差（賣出價金－買進價金），故又稱差價利益，這是就賣價＞買價而言；然若賣價＜買價，就產生資本虧損（Capital Loss），或稱差價損失。

期間收益則指持有期間（從買進到賣出）內，因該投資資產所產生的收入，諸如持有股票所產生的股利，持有債券所產生的利息，甚至房地產投資也能產生租金之類的期間收益。

綜上，（3-1）可改寫為

$$總報酬＝（賣價－買價）＋期間收益 \qquad (3\text{-}2)$$

$$或 \quad 總報酬＝（期末資產價值－期初資產價值）$$
$$＋期間收益 \qquad (3\text{-}3)$$

（3-3）適用於投資期間很長，未執行賣出前，評估任一區段的帳面投資績效，或稱未實現損益（Unrealized Profit / Loss）。

一、單期報酬率

根據（3-2）或（3-3）所求得的報酬率為單期報酬率，分別為

$$報酬率 = \frac{(賣價-買價)+期間收益}{買價} \tag{3-4}$$

$$或 \quad 報酬率 = \frac{(期末資產價值-期初資產價值)+期間收益}{期初資產} \tag{3-5}$$

二、多期報酬率

設若投資跨越若干個期間，累計的報酬率稱為多期報酬率，多期報酬率又因各期的投資結果，不論正負是否再投資於下一期，而有名目報酬率與實質報酬率之分，亦即以單利法算出的是名目報酬率，以複利法算出的是實質報酬率。

名目報酬率　$R = r_1 + r_2 + r_3 + \cdots\cdots r_n$ $\tag{3-6}$

實質報酬率　$R = \left[(1+r_1)(1+r_2)(1+r_3) \cdots\cdots (1+r_n) \right] - 1$ $\tag{3-7}$

$r_t =$ 第 t 期單期報酬率，$t = 1, 2, 3, \cdots\cdots, n$

表 3-A　大生公司近 5 年股價、股利資料

單位：元／股

年度	年初股價	年終股價	現金股利	年度報酬率（％）
1997	50	66	2	36
1998	66	88	1	34.85
1999	88	77	0	-12.5
2000	77	80	1	5.19
2001	80	100	2	27.5

以大生公司為例，某人投資 5 年，用公式（3-5）計算各年度報酬率列於最右欄，以單利法計算 5 年名目報酬率為

$$36\% + 34.85\% - 12.5\% + 5.19\% + 27.5\% = 91.04\%$$

以複利法計算 5 年實質報酬率為

$$(1+36\%)(1+34.85\%)(1-12.5\%)(1+5.19\%)(1+27.5\%)-1=110.06\%$$

三、平均報酬率

不論是多期的名目報酬率，或多期的實質報酬率，我們都希望求得平均報酬率，才能不受期數多寡的影響，比較各種投資標的的報酬率表現。

1. 算術平均報酬率

$$\overline{R} = \frac{r_1 + r_2 + r_3 + \cdots\cdots r_n}{n} = \frac{\sum\limits_{t=1}^{n} r_t}{n} \qquad (3\text{-}8)$$

此係從名目報酬率計算而得的。

2. 幾何平均報酬率

$$\overline{R} = \sqrt[n]{(1 + r_1)(1 + r_2)(1 + r_3)\cdots\cdots(1 + r_n)} - 1 \qquad (3\text{-}9)$$

此係從實質報酬率計算而得的。

但是什麼情況下比較適用算術平均報酬率？抑或幾何平均報酬

率？茲舉一例說明之。假設投資台積電股票兩年，第一年年初股價是
100元，第一年年底股價是 50 元，第二年年底股價漲回 100 元，這兩年
的年度報酬率分別是−50%及 100%，算術平均報酬率成為（−50%+
100%）÷2=25%，幾何平均報酬率則為 $\sqrt{(1-0.5)(1+1)}-1=0$，事實
上，本例中台積電只是先跌後漲，回到原點而已，因此幾何平均報酬
率應較允當，算術平均報酬率則有高估現象。

　　因此，連續多期投資同一證券的平均報酬率，用幾何平均觀念處
理較適當，這是因為期尾期首相連，「再投資」的意義明顯；同時投
資多種不同證券，而且投資比例皆相同，則以算術平均報酬率表達為
佳。

3.加權平均報酬率

$$\overline{R} = P_1R_1 + P_2R_2 + P_3R_3 + \cdots\cdots + P_nR_n = \sum_{t=1}^{n} P_t R_t \qquad (3\text{-}10)$$

　　其中　P_t 是 R_t 的權數，$1 \geq P_t \geq 0$，而且 $\sum_{t=1}^{n} P_t = 1$

　　加權平均報酬率也較適用於同時投資多種不同證券的情況，而且
各證券的投資比例皆不同。若將 P_t 的定義改成發生報酬率為 R_t 的機
率，其他定義不變，加權平均報酬率的意涵就成為期望報酬率。

第二節　風　險

　　《韋氏大辭典》將風險（Risk）定義為「損失、傷害、不利、毀
壞的可能性（The possibility of loss, injury, disadvantage or destruction）」，
從投資學的觀點來看，應指投資發生虧損或其他不利情形的可能性，

再從另一個角度思考，投資是投注目前的金錢，以換取未來的財務報酬，前者是確定且可人為掌控的，而後者卻是不確定且只能用機率分配去探討它，因此，投資學所談論的風險來自於報酬率的不確定性，也就是實際報酬率的離散程度，或者說是實際報酬率和期望報酬率之間差異的可能性，一般即以報酬率的變異數（Variance）或標準差（Standard Deviation）衡量風險的大小 註1。

一、變異數與標準差

1. 在資料為母體的情況下，而且報酬率 R_i 為不連續隨機變數：

報酬率的變異數　$\sigma^2 = \sum_{i=1}^{N} [R_i - E(R)]^2 \cdot P_i$ 　　　（3-11）

標準差　$\sigma = \sqrt{\sum_{i=1}^{N} [R_i - E(R)]^2 \cdot P_i}$ 　　　（3-12）

其中　　R_i ＝第 i 項資產的報酬率

　　　　P_i ＝第 i 項資產的發生機率或投資比率

　　　　N ＝觀察資產的總數

　　　　$E(R)$ ＝期望報酬率 ＝ $\sum_{i=1}^{N} P_i R_i$

而且　　$\sum_{i=1}^{N} P_i = 1$

　　例如，某人投資國壽、聯電、中鋼三種股票，個別投資比率及預測報酬率如表 3-B 所示：

表 3-B

股票	投資比率	預測報酬率
國壽	0.5	20%
聯電	0.3	30%
中鋼	0.2	10%

這個投資組合的

期望報酬率＝（0.5×20%）＋（0.3×30%）＋（0.2×10%）＝21%

變異數＝（20%－21%）^{2}×0.5＋（30%－21%）^{2}×0.3＋（10% －21%）^{2}×0.2＝0.0049

標準差＝$\sqrt{0.0049}$＝0.07

2.在資料為樣本的情況下，以樣本變異數推估母體變異數應減少 1 個自由度（由 T 減為 T-1）：

樣本變異數　$S^2 = \dfrac{1}{T-1} \sum_{t=1}^{T} (R_t - \overline{R})^2$ 　　　　（3-13）

樣本標準差　$S = \sqrt{\dfrac{1}{T-1} \sum_{t=1}^{T} (R_t - \overline{R})^2}$ 　　　　（3-14）

其中　R_t＝第 t 項樣本的報酬率

　　　$\overline{R}$＝樣本報酬率的平均數

　　　T＝樣本個數

二、變異係數

風險與報酬率既呈正向關係，我們在審視投資標的的風險時，如能同時考量報酬率的因素，不失為較全面性的評量，變異係數（Coefficient of Variation，簡稱 C.V.）就是這類指標，常用於財務分析上。

$$變異係數＝\frac{標準差}{期望報酬率} \qquad (3\text{-}15)$$

標準差是衡量風險的絕對數值，變異係數則是以「單位期望報酬率所承受的風險」為原則，把標準差修正為相對指標，適用於不同投資選擇間的分析與比較，變異係數愈小，表示獲取每單位期望報酬率所承受的風險愈小，反之亦真。民國 76～85 年，台灣股票、公債、商業本票等三種金融工具的標準差、變異係數比較見表 3-C。

表 3-C　民國 76～85 年台灣股票、公債、商業本票之平均報酬率及標準差

年	台灣加權指數	報酬率	7 年期公債利率	90 天期商業本票利率
民國 76 年	2340	125.22%	6.26%	3.74%
民國 77 年	5119	118.76%	6.17%	4.66%
民國 78 年	9624	88.01%	8.05%	8.08%
民國 79 年	4530	-52.93%	9.25%	9.57%
民國 80 年	4601	1.57%	9.29%	7.58%
民國 81 年	3377	-26.60%	8.01%	7.16%
民國 82 年	6071	79.77%	7.93%	6.78%
民國 83 年	7125	17.36%	7.04%	6.77%
民國 84 年	5174	-27.38%	6.96%	6.66%
民國 85 年	6934	34.02%	5.79%	5.79%
平均年報酬率		35.78%	7.48%	6.68%
標準差		63.95%	1.24%	1.66%
變異係數		1.78	0.16	0.24

資料來源：「投資型保險商品」，財團法人保險事業發展中心，民國 90 年 6 月。

三、風險的種類

舉凡使投資發生虧損或其他不利情形的可能性都是風險，歸納種類及成因如下：

1. 違約風險（Default Risk）

債務人無法履行契約義務，或是交易對手無法履行交割有以致之，又稱為信用風險（Credit Risk）。

2. 流動性風險（Liquidity Risk）

因緊急變現或市場深度不夠，以致證券的脫售價格不理想，甚至短期無法脫手，例如市場交易清淡的冷門股，或求售金額鉅大但買主有限的不動產。

3. 購買力風險（Inflation Risk）

投資的名目報酬率未變，但因通貨膨脹，致使實質報酬率縮水。

4. 利率風險與匯率風險

因利率、匯率的不利波動，造成證券價格或實質報酬率的下降，前者對固定收益（Fixed Income）證券影響較大，如債券等；後者對國外資產影響較大。

其他還有小至企業的個別風險（Unique Risk），如營運風險、法律風險等；大至政治、經濟、社會等總體因素所造成的市場風險（Market Risk）、國家風險（Country Risk）、區域風險（Regional Risk）。

第三節　風險－報酬率平面及其應用

　　風險和報酬是投資的兩大特徵，以標準差的度量為橫軸，期望報酬率的度量為縱軸，所構成的平面稱做「風險－報酬率平面」，所有投資標的皆可以在平面上找到相對應的一個點。兩個投資標的，即使名稱、營業性質完全不同，如果標準差和期望報酬率恰好相同，它們便對應於同一點，因為從投資的眼光看來，它們並沒有什麼區別。

　　由於標準差不可能是負數，所以這個平面的第二、三象限不存在，又由於期望報酬率是根據事前（Ex ante）觀念所定，不考慮小於零的狀況，「風險－報酬率平面」就只剩下第一象限，如圖 3-D。

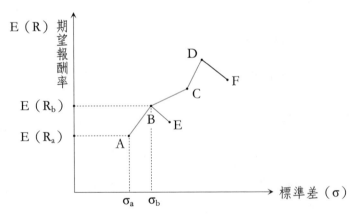

圖 3-D　風險－報酬率平面與效率集群

一、效率集群

　　圖 3-D 中 A、B、C、D、E、F 等 6 個點，分別代表市場上的 6 個投資標的，但是根據優勢原則檢視 B 與 E 或 D 與 F 時發現，B 與 D 的

期望報酬率分別高於 E 與 F，前二者的標準差卻又分別低於後二者，理性的投資人在 B 與 E 之間，必定選擇 B 而揚棄 E；D 與 F 之間也必定選擇 D 而揚棄 F。A、B、C、D 四者符合優勢原則而成為理性的投資選擇，又稱為效率集群（Efficient Set）。

二、風險溢酬

風險較高的投資標的，通常提供較高的期望報酬率，作為承擔多出風險的補償，稱為風險溢酬（Risk Premium）。圖 3-D 中 A 的風險值為σ_a，期望報酬率為 $E(R_a)$；B 的風險值為σ_b，期望報酬率為 $E(R_b)$，也就是說，投資 B 比投資 A 多冒$\sigma_b-\sigma_a$的風險，因此提供 $E(R_b)-E(R_a)$ 的風險溢酬作為補償。

風險－報酬率平面上直線的斜率＝$\triangle E(R)/\triangle\sigma$，其意義便成為單位風險溢酬，亦即每增加一單位標準差，會增加多少單位的期望報酬率，圖 3-D 中 $\overline{AB}$ 的斜率大於 $\overline{BC}$ 的斜率，意指 C 的期望報酬率雖然高於 B，但是從 B 到 C 的單位風險溢酬反不及從 A 到 B 的。

同理引申，風險－報酬率平面上曲線的切線斜率＝$\partial E(R)/\partial\sigma$，為該切點標準差變動時的邊際期望報酬率。依照風險與報酬率成正比的原則，單位風險溢酬與邊際期望報酬率皆應為正數。

三、風險偏好

接下來我們要藉用效用、無異曲線等經濟學的觀念，分析投資人的特性：

1. 效用（Utility）

效用是指投資人的滿足感，所以它與期望報酬率成正函數關係，與標準差（投資風險）則為負函數關係。

2.無異曲線（Indifference Curve）

在同一條無異曲線上的任何一點，其效用無差異，儘管所對應的標準差不同，經由風險溢酬的補償，可使各點的滿足感皆相同。此外，愈向左或愈向上平行移動的無異曲線，表示愈高的效用水準，如圖 3-E 中，$U(A_1) < U(A_2)$，$U(B_2) < U(B_3)$；或圖 3-F 中，$U(C_1) < U(C_2)$，$U(D_2) < U(D_3)$，這點可由設定相同的風險水準，較左方或較上方的無異曲線對應較高水準的期望報酬率可資說明，如圖 3-E 中，A_1 上冒 σ_a 單位的風險，獲取 $E(R_1)$ 單位的期望報酬率，A_2 上冒相同的風險卻能獲取較高的期望報酬率 $E(R_2)$。

風險－報酬率平面上的無異曲線，其斜率（邊際期望報酬率）呈遞增狀態，而形成凸性（Convexity），如圖 3-E 中 A、B 群皆是，其涵義為財富增加後（較高的期望報酬率水準），投資人要求較多的風險溢酬，才願意冒與財富增加前（較低的期望報酬率水準）相同的風險，亦即財富愈多愈不愛冒險，這點符合普世的現象，也說明了貧窮的社會為什麼比較容易發生革命或動亂。

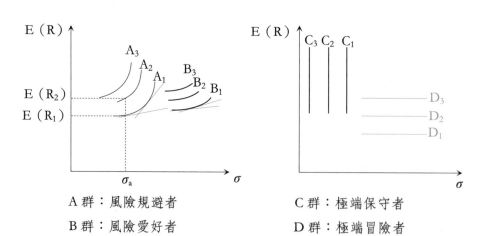

A 群：風險規避者
B 群：風險愛好者

🧮 圖 3-E　無異曲線(1)

C 群：極端保守者
D 群：極端冒險者

🧮 圖 3-F　無異曲線(2)

3.風險偏好（Risk Preference）

　　斜率愈大（無異曲線愈陡峭），表示愈不愛冒險，通常稱為風險規避者（Risk Averter）；反之，斜率愈小（無異曲線愈平坦），表示愈樂意冒險，通常稱為風險愛好者（Risk Lover），圖 3-E 中 A 群無異曲線較 B 群陡峭，相對而言，A 群為風險規避者，B 群為風險愛好者。因此圖 3-F 中 C 群（斜率 ＝ ∞）是極端保守者，D 群（斜率 ＝ 0）是極端冒險者。

註釋

註1：變異數或標準差的計算方式，使得不論大於或小於期望
值的離散都視為風險，事實上，大於期望報酬的投資
應不算是風險，因此有半變異數（Semivariance）的提
出，但此一統計值的計算相當複雜，也增加推導更高
階投資理論的困難，因此一般仍以變異數或標準差來衡
量風險。其實衡量風險的方式並非唯一，學者鐘朝宏在其
著作（投資學，五南圖書出版有限公司，民國81年5月，
第417頁）中引述國外研究論文統計，至少有11種之多。

風險衡量之方式

風險衡量	機本符號	*公式
1.半變異數（semivariance）	SV	$1/n - 1 \sum_{i=1}^{n} (r_i - \bar{r})^2$ ，$r_i > \bar{r}$
2.標準差（standard deviation）	SD	$[1/n - 1 \sum_{i=1}^{n} (r_i - \bar{r})^2]^{1/2}$
3.全距（range）	R	r_i，$max - r_i$，min
4.半四分位間差（semiin-terquartile deviation）	SIQD	$1/2[Q_3 - Q_1]$
5.平均絕對差（mean ab-solute deviation）	MAD	$1/n - 1 \sum_{i=1}^{n} |r_i - \bar{r}|$
6.較低信賴界限（lower confidence limit）	LCL	$\bar{r} - 3s$
7.變異係數（coefficient of variation）	CV	$\left|\dfrac{s}{\bar{r}}\right|$
8.四分位變異係數（coeffi-cient of quartile variation）	CQV	$|(Q_3 - Q_1) / Q_2|$
9.偏度（skewness）	S	$1/n - 1 \sum_{i=1}^{n} (r_i - \bar{r})^3 / s^3$

10.峰度（kurtosis）	K	$1/n-1 \sum_{i=1}^{n}(r_i-\bar{r})^4 \big/ s^4$
11.貝他（beta）	β	$Cov(r_i, r_{sp}) \big/ S_{sp}^2$

r_i：i 公司每期報酬率。

r：每期報酬率之平均。

n：觀察期數。

Q_1，Q_2，Q_3：分別表第一，第二，及第三四分位數值。

r_{sp}：市場每期報酬率。

s_{sp}^2：r_{sp} 之變異數。

資料來源：P. L. Cooley, R. L. Roenfeldt, and N. K. Modani, "Interdependence of Market Risk Measures", Journal of Business, July 1977. p.357, Table 1.

考題集錦

一、選擇題

_____ 1. 下列何種投資管道的通貨膨脹風險最高？

(A)股票　(B)債券　(C)黃金　(D)房地產　(E)以上皆差不多

【89 朝陽財金所】

_____ 2. 計算平均報酬率的方法有幾何平均數及算術平均數等，有關兩者的敘述何者為真：

Ⅰ.幾何平均數必小於算術平均數

Ⅱ.幾何平均數可能等於算術平均數

Ⅲ.幾何平均數為較為準確的平均報酬衡量方式

Ⅳ.幾何平均數是較為通用的平均報酬衡量方式

(A)Ⅰ, Ⅲ為真　(B)Ⅰ, Ⅳ為真　(C)Ⅱ, Ⅲ為真　(D)Ⅱ, Ⅲ, Ⅳ為真

【90.3 分析人員】

_____ 3. 下列敘述何者為真？

(A)幾何平均法所算出來的報酬率會高於算術平均報酬率

(B)在衡量長期投資績效時，算術平均法較能有效表現其真實的投資績效

(C)當每個期間報酬率相同時，算術平均法與幾何平均法所算出來的報酬率是一樣的

(D)在長期間或期間報酬率波動大時，算術平均法常會低估真正的績效表現

【91.1 券商業務員】

_____ 4. 李四一年前買進台積電 1 張，每股成本為 100 元，在過去的一年中，獲發股票股利 5 元，目前股價為 102 元，請問這一年以來李四的投資報酬率為（忽略交易成本）：

(A)50%　(B)57%　(C)53%　(D)55%

【90.4 券商業務員】

_____ 5. 一般而言，公債風險不包括下列何者？

(A)信用風險　(B)流動性風險　(C)利率風險　(D)通貨膨脹風險

【90.4 券商業務員】

_____ 6.在證券市場中,以風險與報酬的關係而言,一般風險較高的資產
比風險較低的資產具有:

(A)較高的預期報酬　(B)較低的預期報酬　(C)一樣　(D)無法比較

【90.3 券商業務員】

_____ 7.股票的流動性風險與下列何者較有關:

(A)公司的獲利能力　(B)股票的成交量　(C)股票價格的高低

(D)利率　　　　　　　　　　　　　　　　【90.3 券商業務員】

_____ 8.一般而言,投資股票的主要報酬包括:

(A)資本利得　(B)股利收入　(C)資本利得加股利收入

(D)以上皆非　　　　　　　　　　　　　　【90.3 券商業務員】

_____ 9.小明目前以 50 元股價買進一張聯電股票,假設一年間獲發 1 元的
現金股利及 1.5 元的股票股利,一年後以 60 元賣出,請問一年後
小明將可獲利多少(忽略交易成本)?

(A)10,000　(B)15,000　(C)12,500　(D)20,000　　【90.3 券商業務員】

_____ 10.小明投資聯電股票可獲利 20%與 −10%的機會分別為 1/3、2/3,請
問該期望報酬率為:

(A)20%　(B)−10%　(C)5%　(D)0%　　　　【90.3 券商業務員】

_____ 11.在風險—報酬的無異曲線圖上的每一個點均存在相同的:

(A)報酬　(B)風險　(C)效用　(D)價格　　【90.3 券商業務員】

_____ 12.小時候一碗陽春麵只要 5 元,而現在卻要 25 元,請問這屬於何種
風險?

(A)利率風險　(B)購買力風險　(C)財務風險　(D)價格風險

【90.3 券商業務員】

_____ 13.政治動盪影響股市下跌,請問這屬於何種風險?

(A)利率風險　(B)違約風險　(C)市場風險　(D)事業風險

【90.3 券商業務員】

_____ *14.* 由一國庫券與 A 股票構成的投資組合，假設該投資組合報酬率為 20%，且國庫券與 A 股票的比例為 2：3，國庫券報酬率為 5%，求 A 股票的報酬率為：

(A)55%　(B)45%　(C)35%　(D)30%　　　　【90.3 券商業務員】

_____ *15.* 當投資標的預期報酬率不相同時，以下何指標較適合作為選擇投資標的依據？

(A)報酬率標準差　　(B)報酬率變異係數　　(C)貝他係數

(D)共變異數　　　　　　　　　　　　　　　【90.2 券商業務員】

_____ *16.* 小劉投資一張以美元計價的國外債券，當新台幣對美元升值時，對小劉的影響為何？

(A)較為不利　(B)較為有利　(C)沒有影響　(D)視升值幅度而定

【90.2 券商業務員】

_____ *17.* If the chance of a slump is 35%, the chance of normal times is 25%, and the chance of a boom is 40%. What is the expected payoff from an investment which offers the following payoffs?

Slump	Normal	Boom
$100	$300	$500

(A)$200　(B)$400　(C)$800　(D)none of the above　【90 朝陽財金所】

_____ *18.* If stock A has a 40% chance of gaining 20% and a 60% chance of losing 10%, the expected return of stock A is:

(A)20%　(B)−10%　(C)2%　(D)14%　　　　【90 朝陽財金所】

_____ *19.* If stock B has a 70% chance of gaining 40% and a 30% chance of losing 20%, the standard deviation of return of stock B is around:

(A)0%　(B)27%　(C)31%　(D)35%　　　　　【90 朝陽財金所】

_____ *20.* Refer to the following information, what is the expected return for stocks X and Y?

	Bear Market	Normal Market	Bull Market
Probability	0.2	0.5	0.3
Stock X	−20%	18%	50%
Stock Y	−15%	20%	10%

(A)18% for stock X and 5% for stock Y.

(B)18% for stock X and 12% for stock Y.

(C)20% for stock X and 11% for stock Y.

(D)20% for stock X and 10% for stock Y.　　　【90 朝陽財金所】

_____21. Refer to Question 20 What is the standard deviation of returns on stocks X and Y?

(A)15% for stock X and 26% for stock Y.

(B)20% for stock X and 4% for stock Y.

(C)24% for stock X and 13% for stock Y.

(D)28% for stock X and 8% for stock Y.　　　【90 朝陽財金所】

_____22.

Investment	Expected Return E(r)	Standard Deviation
A	0.12	0.3
B	0.15	0.5
C	0.21	0.16
D	0.24	0.21

$U=E(r)-1/2 A$ (variance of returns), where $A = 4.0$.

Based on the formula above, which investment would you select if you were risk averse?

(A)A　(B)B　(C)C　(D)D　　　　　　　【86 中正財金所】

_____23.某一股票現在的價格為 40 元，且預期在一年後可獲得現金股利 2 元，若老王在此一年期間欲獲得 20%之報酬率，則此股票一年後之股價應為何？

(A)45　(B)46　(C)47　(D)48 元　　　　　【90.4 券商高業】

二、計算題

1. A、B兩人在 1997/12/31 購買某公司股票 100 萬元，該公司股票在 1998 年的報酬率為 50%，在 1999 年的報酬率為-50%。A 持有此股票直到 1999/12/31 賣出該公司股票，B 在 1998/12/31 賣出部份股票，維持持有 100 萬元該公司股票。假設無風險利率為 0，請問，A、B兩人在這兩年中，投資該股票的平均年報酬率為若干？　　【89 高雄科大金融所】

2. 某上市公司股票之收盤價與除息、除權資料列示如下，請分別計算 4/20、4/21 及 8/2 之該股日報酬率。

日期（月／日）	收盤價（元／股）	註　　記
4/19	30	
4/20	30.3	
4/21	30.2	本日除息，0.5 元／股
⋮	⋮	
8/1	41.2	
8/2	36	本日除權，無償配股 10%，現金增資認購比率 20%，認購價每股 20 元

【88 台大財金所】

3. 假設未來資產的報酬情況可分為情況 1、情況 2、情況 3 三種，機率各為 1/3。A、B 資產在各種情況下的報酬（payoff）分別為：

	情況 1	情況 2	情況 3	期望值	變異數
資產 A	7	6	8	7	2/3
資產 B	7	11	9	9	8/3

假設人們的財富邊際效用恆為正，在市場均衡下，A、B 資產何者價格高？（A、B 或不一定）　　【88 高雄科大金融所】

4. 假設某公司淨值 50 百萬，負債 50 百萬，年利率 20%。公司全部資產可

用於投資 A 計畫或 B 計畫，均一年後到期，兩計畫的報酬情形如下：

	情況 1	情況 2
A 計畫	80 百萬	140 百萬
B 計畫	20 百萬	200 百萬

情況 1 與情況 2 的機率各為 1/2。若經理人站在極大化股東期望財富值的立場，他應該選擇哪個計畫？＿＿＿＿，此時債權人的期望報酬率為＿＿＿＿。

【88 高雄科大金融所】

三、問答題

1. 請以普通股為例，簡單列示「風險」的涵義。　　【90 中央財金所】

第4章　投資組合理論

　　西諺名言：「不要把所有雞蛋放在同一個籃子裡（Don't put all your eggs in one basket）」，這是說人們的經驗法則認為，多元分散的投資策略可以降低投資風險，1952 年，現代投資學先驅馬可維茲（H. Markowitz）用平均數－變異數方法（Mean-Variance method），導出投資組合選擇（Portfolio Selection）模型 註1，證明了人們的經驗法則為真，更重要的是，以投資組合分析為基礎，發展出當代風險管理、證券市場、資產定價、乃至金融商品創新等重要後續理論，在學術研究和實務應用上都至為重要。

第一節　投資組合基本模式

　　假設某一投資組合包含N種證券，各證券投資金額占該投資組合的比重分別以 W_i 表示，這個投資組合的通式為

$$P = \sum_{i=1}^{N} W_i X_i = W_1 X_1 + W_2 X_2 + \cdots\cdots + W_N X_N \qquad (4\text{-}1)$$

其中　P：投資組合

W$_i$：第 i 種證券投資比重，而且 $0 \leq W_i \leq 1$，$\sum\limits_{i=1}^{N} W_i = 1$

X$_i$：第 i 種證券

又假設第 i 種證券的期望報酬率 $E(X_i) = R_i$；

第 i 種證券的變異數 $Var(X_i) = \sigma_i^2$，故其標準差為 σ_i；

第 i 種與第 j 種證券的共變數（Covariance）$COV(X_i, X_j) = \sigma_{ij}$，則投資組合的期望報酬率

$$
\begin{aligned}
E(P) &= E(W_1X_1 + W_2X_2 + \cdots\cdots + W_NX_N) \\
&= W_1E(X_1) + W_2E(X_2) + \cdots\cdots + W_NE(X_N) \\
&= W_1R_1 + W_2R_2 + \cdots\cdots + W_NR_N \qquad\qquad (4\text{-}2) \\
&= \Sigma W_i R_i
\end{aligned}
$$

投資組合的變異數

$$
\begin{aligned}
Var(P) &= Var(W_1X_1 + W_2X_2 + \cdots\cdots + W_NR_N) \\
&= W_1^2\sigma_1^2 + W_2^2\sigma_2^2 + \cdots\cdots + W_N^2\sigma_N^2 + 2\sum_{i=1}^{N-1}\sum_{j=2}^{N} W_iW_j\sigma_{ij}，且\ i < j \\
&= \sum_{i=1}^{N} W_i^2\sigma_i^2 + \sum_{i=1}^{N}\sum_{j=1}^{N} W_iW_j\sigma_{ij}，i \neq j \\
&= \sum_{i=1}^{N}\sum_{j=1}^{N} W_iW_j\sigma_{ij} \qquad\qquad (4\text{-}3)
\end{aligned}
$$

從（4-2）可知，投資組合的期望報酬率，係各證券期望報酬率，按照投資比重的加權平均，投資組合的期望報酬率與各證券的期望報酬率呈線性關係。

從（4-3）可知，投資組合的變異數受三個因素所影響：

1. 各證券的變異數。

2. 投資比重。

3. 各證券間的共變數，亦即各證券間的相關程度，以相關係數（Corelation Coefficient）$\rho_{ij} = \dfrac{\sigma_{ij}}{\sigma_i \sigma_j}$ 衡量，$-1 \leq \rho_{ij} \leq 1$。

也就是說，由多種證券構成的投資組合，其風險不但包含各證券的個別風險，還包括各證券間相互影響所帶來的風險，前者以投資比重的平方為權數，後者以任兩證券投資比重的乘積為權數，再經累加成為投資組合的風險。

第二節　證券相關性與投資組合風險

欲證明投資組合的策略可以降低投資風險，僅須證明在投資組合可以達到的期望報酬率水準下，其所產生的風險水準較低。投資組合的期望報酬率，是投資組合中各證券期望報酬率，按照投資比重的加權平均，如果投資組合的變異數，比各證券變異數按照投資比重的加權平均為低，便可說投資組合的風險水準較其期望報酬率所達成的水準低了。

各證券變異數按照投資比重的加權平均

$$B = W_1 \sigma_1^2 + W_2 \sigma_2^2 + \cdots\cdots + W_N \sigma_N^2 \qquad (4\text{-}4)$$

比較（4-3）與（4-4），由於 $0 \leq W_i \leq 1$，$W_1^2 \sigma_1^2 \leq W_1 \sigma_1^2$ 且 $W_2^2 \sigma_2^2 \leq W_2 \sigma_2^2$ 且……$W_n^2 \sigma_N^2 \leq W_n \sigma_n^2$，只要慎選投資組合中的各證券，也就是各證券的相關性夠低，使得 $2 \sum\limits_{i=1}^{N-1} \sum\limits_{j=1}^{N} W_i W_j \sigma_{ij}$ 小到不足以令 $\mathrm{Var}(P) \geq B$ 的地步。這

並非不可達成的，例如某一投資組合包含 S 與 T 兩種證券，投資比重各為 W_1 與 W_2，若 S 與 T 完全不相關，亦即 $\sigma_{ST} = 0$，該投資組合的變異數即為 $W_1^2\sigma_S^2 + W_2^2\sigma_T^2$，必定小於 $W_1\sigma_S^2 + W_2\sigma_T^2$，更遑論若 S 與 T 為負相關，則 $\sigma_{ST} < 0$，該投資組合的變異數 $W_1^2\sigma_S^2 + W_2^2\sigma_T^2 + 2W_1W_2\sigma_{ST}$ 會更小。

管理投資組合風險的訣竅，即在於估量各標的證券的變異數，及標的證券間的相關性，然後根據風險極小化的原則，計算出各證券的最適投資比重，如此繁複的計算與反覆的模擬（Simulation）以求最適解，現在可以交給電腦程式去運算，為了容易理解，以下用僅含兩種證券的投資組合為例做說明。

假設投資組合 P 包含 i、j 兩種證券，投資比重各為 W_i、W_j，則投資組合的變異數

$$\sigma_P^2 = W_i^2\sigma_i^2 + W_j^2\sigma_j^2 + 2W_iW_j\sigma_{ij} \qquad (4\text{-}5)$$

因 $W_i + W_j = 1$，$W_j = 1 - W_i$ 代入（4-5）得

$$\sigma_P^2 = W_i^2\sigma_i^2 + (1 - W_i)^2\sigma_j^2 + 2W_i(1 - W_i)\sigma_{ij} \qquad (4\text{-}6)$$

為求投資組合風險極小化的最適投資比重 W_i，（4-6）對 W_i 的一次微分為零，則

$$\frac{\partial\sigma_P^2}{\partial W_i} = 2\sigma_i^2 W_i - 2\sigma_j^2 + 2\sigma_j^2 W_i + 2\sigma_{ij} - 4\sigma_{ij}W_i \qquad (4\text{-}7)$$

$$= (2\sigma_i^2 + 2\sigma_j^2 - 4\sigma_{ij})W_i - (2\sigma_j^2 - 2\sigma_{ij})$$

$$= 0$$

則 $$W_i = \frac{\sigma_j^2 - \sigma_{ij}}{\sigma_i^2 + \sigma_j^2 - 2\sigma_{ij}} \qquad (4\text{-}8)$$

1. 若相關係數 $\rho_{ij} = -1$

以 $\sigma_{ij} = -\sigma_i\sigma_j$ 代入（4-8）

$$得 \quad W_i = \frac{\sigma_j^2 + \sigma_i\sigma_j}{\sigma_i^2 + \sigma_j^2 + 2\sigma_i\sigma_j} = \frac{\sigma_j(\sigma_i + \sigma_j)}{(\sigma_i + \sigma_j)^2} = \frac{\sigma_j}{\sigma_i + \sigma_j} \qquad (4-9)$$

$$另 \quad W_j = 1 - W_i = \frac{\sigma_i}{\sigma_i + \sigma_j} \qquad (4-10)$$

2. 若相關係數 $\rho_{ij} = 0$

則 $\dfrac{\sigma_{ij}}{\sigma_i\sigma_j} = 0$，亦即 $\sigma_{ij} = 0$ 並代入（4-8）

$$得 \quad W_i = \frac{\sigma_j^2}{\sigma_i^2 + \sigma_j^2} \qquad (4-11)$$

$$另 \quad W_j = 1 - W_i = \frac{\sigma_i^2}{\sigma_i^2 + \sigma_j^2} \qquad (4-12)$$

3. 若相關係數 $\rho_{ij} = 1$

以 $\sigma_{ij} = \sigma_i\sigma_j$ 代入（4-8）

$$得 \quad W_i = \frac{\sigma_j^2 - \sigma_i\sigma_j}{\sigma_i^2 + \sigma_j^2 - 2\sigma_i\sigma_j} = \frac{\sigma_j(\sigma_j - \sigma_i)}{(\sigma_j - \sigma_i)^2}$$

因 i 與 j 是兩種不同的證券，所以 $\sigma_i \neq \sigma_j$，分子、分母可同時消去 $(\sigma_j - \sigma_i)$

$$則 \quad W_i = \frac{\sigma_j}{\sigma_j - \sigma_i} \qquad (4-13)$$

$$W_j = 1 - W_i = \frac{-\sigma_i}{\sigma_j - \sigma_i} \qquad (4-14)$$

但

(1)若 $\sigma_j > \sigma_i$ 則 $\dfrac{\sigma_j}{\sigma_j - \sigma_i} > 1$，亦即 $W_i > 1$

另 $\dfrac{-\sigma_i}{\sigma_j - \sigma_i} < 0$，亦即 $W_j < 0$

(2)若 $\sigma_j < \sigma_i$ 則 $\dfrac{\sigma_j}{\sigma_j - \sigma_i} < 0$，亦即 $W_i < 0$

另 $\dfrac{-\sigma_i}{\sigma_j - \sigma_i} = \dfrac{\sigma_i}{\sigma_i - \sigma_j} > 1$，亦即 $W_j > 1$

這樣的推論結果不符合（4-1）的假設 $0 \le W_i \le 1$，也就是說，當投資組合中的證券彼此完全正相關時，便無法降低投資組合的風險，投資人會融資買進其中風險較小的證券，同時融券放空其中風險較大的證券，而產生資金與證券同時借貸的行為。

那麼 i 證券與 j 證券的相關性多高的時候，投資組合才會喪失降低風險的功能呢？

以 $W_i = 1$ 代入（4-8）得

$$\frac{\sigma_j^2 - \sigma_{ij}}{\sigma_i^2 + \sigma_j^2 - 2\sigma_{ij}} = 1 \quad 亦即 \quad \sigma_j^2 - \sigma_{ij} = \sigma_i^2 + \sigma_j^2 - 2\sigma_{ij}$$

則 $\quad \sigma_i^2 = \sigma_{ij} = \rho_{ij}\sigma_i\sigma_j$

所以 $\quad \rho_{ij} = \dfrac{\sigma_i}{\sigma_j}$ $\hspace{2cm}$ （4-15）

而且 $\sigma_i < \sigma_j$ 以符合 $-1 \le \rho_{ij} \le 1$ 的定義

（4-15）的詮釋為當相關係數 $\rho_{ij} = \dfrac{\sigma_i}{\sigma_j}$ 時，投資人便不需要用投資組合的策略來分散風險，他會將全部資金押在風險較小的 i 證券上，此時 j 證券的投資比重降為零，當 $\rho_{ij} > \dfrac{\sigma_i}{\sigma_j}$ 以迄 $P_{ij} = 1$，都發生資金與證券同時借貸的情況。

綜合以上分析，僅含兩種證券的投資組合，證券相關性與最適投

資比重的關係如圖 4-A 所示。

相關係數 $\rho =$　　　-1　　　　0　　σ_i / σ_j　1

最適投資比重 $W_i =$　　$\dfrac{\sigma_j}{\sigma_i + \sigma_j}$　　$\dfrac{\sigma_j^2}{\sigma_i^2 + \sigma_j^2}$　1　$\dfrac{\sigma_j}{\sigma_j - \sigma_i} > 1$

 圖 4-A　二證券投資組合的最適投資比重

第三節　可分散與不可分散的風險

一、多角化投資

　　在投資組合中漸次增加與其他證券相關係數夠低的證券種類，理論上可以不斷降低投資組合的風險，這就是多角化投資以達成分散風險的目的，但是這種降低風險的效果，是否有其極限？為評估證券種類增加對投資組合風險的影響，可將各證券的投資比重 W_i 均等化，亦即令 $W_1 = W_2 = \cdots\cdots = W_N = \dfrac{1}{N}$。

　　則（4-3）可改寫為　$\begin{aligned}\text{Var}(P) &= \sum_{i=1}^{N} W_i^2 \sigma_i^2 + \sum_{i=1}^{N}\sum_{j=1}^{N} W_i W_j \sigma_{ij}\,,\ i \neq j \\ &= \sum_{i=1}^{N} \frac{1}{N^2} \cdot \sigma_i^2 + \sum_{i=1}^{N}\sum_{j=1}^{N} \frac{1}{N} \cdot \frac{1}{N} \sigma_{ij}\,,\ i \neq j \\ &= \frac{1}{N^2}\sum_{i=1}^{N} \sigma_i^2 + \frac{1}{N^2}\sum_{i=1}^{N}\sum_{j=1}^{N} \sigma_{ij}\,,\ i \neq j\end{aligned}$

再將前半段變異數總和的部分，及後半段共變數總和的部分，分別以其平均數 $\overline{\sigma_i}$、$\overline{\sigma_{ij}}$ 的概念表示，亦即 $\sum_{i=1}^{N} \sigma_i^2 = N\overline{\sigma_i^2}$，$\sum_{i=1}^{N}\sum_{\substack{j=1 \\ i \neq j}}^{N} \sigma_{ij} = N(N-1)\overline{\sigma_{ij}}$

$$\text{Var}(P) = \frac{1}{N}\overline{\sigma_i^2} + \frac{(N-1)}{N}\overline{\sigma_{ij}} \qquad (4\text{-}16)$$

取極限值得 $\displaystyle\lim_{N\to\infty}\text{Var}(P) = \lim_{N\to\infty}\left[\frac{1}{N}\overline{\sigma_i^2} + (1-\frac{1}{N})\overline{\sigma_{ij}}\right]$

$$= \overline{\sigma_{ij}} \qquad (4\text{-}17)$$

（4-17）說明以多角化的投資策略來分散風險，效果是有其極限的，當證券種類增加至趨近無限大時，個別證券的風險可以被分散掉，稱為可分散風險，或非系統風險（Unsystematic Risk），或個別公司風險（Unique Risk）。然而，證券間的共變數無法被分散掉，而且投資組合的風險就等於平均共變數，稱為不可分散風險，或系統風險（Systematic Risk），或市場風險（Market Risk）。

在現實世界裡，非系統風險係指與個別公司本身特性有關的風險，從而影響其證券的市場價值，諸如財務調度、業務開發、生產技術等，甚至於較無法量化的法律訴訟、勞資關係、董監事及經理人的性格特質等亦皆是，這些因素通常是獨立發生或隨機出現的，因此投資人可以藉多角化投資來分散風險。而系統風險則指與整個證券市場有關的經濟、社會、政治風險，諸如利率、匯率、通貨膨脹、政局安定、戰爭等，市場上的所有證券皆受影響，即使增加投資組合中的證券種類，系統風險還是無法被分散掉。

圖 4-B 顯示投資組合的總風險係由非系統風險與系統風險兩部分所組成，隨著證券種類的增加，非系統風險遞減而系統風險保持不變，直至非系統風險消除殆盡時，總風險也將等於系統風險，亦即（4-17）導出的平均共變數 $\overline{\sigma_{ij}}$，此時投資人只須關心市場性因素對其投資組合報酬率的影響，對於個別公司的獨特事件則可忽略不理。

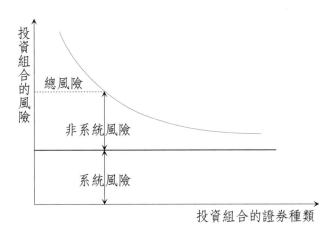

圖 4-B　多角化投資與風險分散

二、延伸性的多角化

　　前述分析的投資領域局限於國內，投資標的局限於金融資產——證券，若將投資領域放寬至國際，投資標的也納入實體資產如貴金屬、不動產等，在投資組合的可行性考量之內，風險分散的極限將可繼續延伸，稱為延伸性的多角化，尤其當國際市場之間，報酬率的相關程度不高，國際投資更能發揮分散風險的效果。例如台灣股市因兩岸關係緊張而下跌時，美國股市可能正因景氣擴張而上漲，投資人若同時擁有台灣和美國的股票，前者的損失與後者的利得可相互抵銷。圖 4-C 比較國內投資組合與國際投資組合的風險分散效果，同理也可以比較金融資產投資組合與跨越不同性質資產投資組合的風險分散效果。

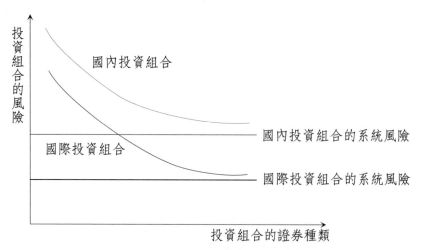

圖 4-C 比較國內投資組合與國際投資組合的風險分散效果

註釋

註 1：Harry M. Markowitz: "Portfolio Selection: Efficient Diversi-
fication of Investments" Yale University Press, 1959.

考題集錦

一、選擇題

_____ 1. 如果你想以 A 和 B 兩種股票來設計一個投資組合，其中股票 A 的期望報酬為18%、標準差為20%，股票 B 的期望報酬為12%、標準差為5%，兩種股票的相關係數為0.5，無風險利率為10%。請問下列哪一種投資在股票 B 的比例，可使此投資組合最佳化？
(A)0%　(B)15%　(C)50%　(D)80%　(E)100%　　【90 台大財金所】

_____ 2. 對投資人而言，下列有關投資台積電股票面臨之風險，何者為不可分散風險？

Ⅰ.全球半導體產業生產過剩所產生降價的危機。

Ⅱ.亞洲金融危機所引起的世界經濟不景氣。

Ⅲ.韓國半導體產業蕭條，所引起台積電產品銷售之相對優勢。

(A)Ⅱ　(B)Ⅲ　(C)Ⅱ及Ⅲ　(D)Ⅰ及Ⅲ　(E)Ⅰ、Ⅱ及Ⅲ

【88 台大財金所】

_____ 3. 下列有關風險及報酬率之敘述，何者為真？

(A)當投資人增加投資組合中資產個數時，資產的產業風險及公司風險會因而相互抵銷而減少，這部分所減低風險稱為系統風險。

(B)當投資人將所有的錢投資於許多資產時，則其投資組合總風險之大部分來自於個別資產之總風險。

(C)當投資人增加投資組合中資產個數時，投資組合之期望報酬率會因風險分散的效果，因而增加。

(D)當兩資產報酬率成完全負相關時，投資人有可能組成一無風險投資組合。

(E)以上敘述有兩者正確。　　【88 台大財金所】

_____ 4. 股票A的報酬率變異數是 0.09，市場報酬率變異數是 0.16，股票A和市場共變異數是 0.108，則其相關係數是

(A)0.9　(B)9　(C)7.5　(D)以上皆非　　　　　　　【86 台大財金所】

_____5. 對風險性資產而言，石油危機是一種：

(A)非系統風險　(B)系統風險　(C)可以分散的風險　(D)公司個別

風險　　　　　　　　　　　　　　　　　　　【86 台大財金所】

_____6. 證券與市場投資組合相關係數為 0.75，且標準差為 0.20，若市場投

資組合之平均報酬為 15%，而標準差為 25%，無風險利率為 10%，

此資產之期望報酬為何？

(A)13.00%　(B)13.75%　(C)16.00%　(D)15.00%　【92.2 券商業務員】

_____7. 當一證券投資組合中證券數目不斷地增加，請問該證券投資組合

之平均標準差如何變化？

(A)以遞增速率增加　(B)以遞減速率增加　(C)以遞增速率減少

(D)以遞減速率減少　　　　　　　　　　　　　　【92.1 分析人員】

_____8. 對於非系統風險之描述，下列何者正確？

(A)可透過投資組合，全數分散掉　(B)此風險只存在於如高科技公

司等風險大之公司　(C)只有小公司才會面臨此風險　(D)根據

CAPM，此類風險必須得到補償　　　　　　　　【90.4 分析人員】

_____9. 馬可維茲（H. Markowitz）的投資組合理論主要精神在於：

Ⅰ.確立了市場投資組合與效率前緣之相對關係

Ⅱ.以因子模型解釋資本資產之定價

Ⅲ.系統化的分析投資組合風險與報酬的結構

Ⅳ.降低建構效率投資組合的計算複雜性與所費時間

(A)Ⅰ, Ⅱ, Ⅲ為真　(B)Ⅰ, Ⅲ為真　(C)Ⅲ為真　(D)Ⅲ, Ⅳ為真

【90.3 分析人員】

_____10. 在下述之何種情況下，投資組合風險分散之效果將會增加？

(A)投資組合內之成分股票之期望報酬率增加

(B)投資組合內之成分股票之變異數增加

(C)投資組合內之成分股票之間的共變異數減少

(D)投資組合內之成分股票之間的相關係數增加　【90.2 分析人員】

_____ 11.下列是有關 Markowitz 投資組合理論的敘述：

I.任一投資組合之變異數為組合中各資產變異數依其投資權重之加權。

II.可賣空之投資可行集合包含不可賣空之投資可行集合。

III.存在無風險資產之效率前緣比僅有風險資產之效率前緣更外圍。

IV.效率前緣任一投資組合，可用任意兩效率投資組合合成。

(A)僅 I、III 對　　(B)僅 II、IV 對　　(C)僅 II、III 對

(D)II、III 和 IV 都對　　　　　　　　　　　　　　【90.1 分析人員】

_____ 12.系統風險可用下列何者來解釋？

(A)高風險、高報酬　　(B)天下沒有白吃的午餐　　(C)覆巢之下無完卵

(D)雞蛋不要放在一個籃子裡　　　　　　　　　　　【90.3 券商業務員】

_____ 13. The total number of variance and covariance terms in portfolio is N^2. How many of these would be covariances?

(A)N　　(B)N^2　　(C)N^2-N　　(D)$N^2-N/2$　　(E)none of the above.

【87 中山財管所】

_____ 14. For a two-stock portfolio, what would be the preferred correlation coefficient between the two stocks?

(A)+1.00　　(B)+0.50　　(C)0.00　　(D)−0.50　　(E)−1.00【86 中正財金所】

_____ 15. Kids Toy Co. has had total returns over the past five year of 0%, 7%, −2%, 10%, and 12%. What is the percentage change in wealth over the five years.

(A)29%　　(B)27%　　(C)5.8%　　(D)5.4%　　(E)none of the above.

【90 政大金融所】

◎Questions 19~22 are based on the following information:

　　You plan to invest in stock A and stock B. The possible rates of return of stock A and stock B over the next year are estimated as follows:

State of Economy	Probability of State Occurring	Return of Stock A if State Occurs	Return of Stock B if State Occurs	Return of Market Portfolio if State Occurs
Recession	0.2	6%	−5%	10%
Normal	0.5	7%	10%	15%
Boom	0.3	8%	25%	25%

【90 逢甲財金所】

_____16. Calculate the expected return for stock A and stock B, respectively.

(A)6.50%；10.50%　(B)7.10%；11.50%　(C)8.30%；12.45%

(D)7.10%；13.50%　(E)none of the above

_____17. Calculate the standard deviation of return for stock A and stock B, respectively.

(A)0.70%；10.50%　(B)0.0049%；1.1025%　(C)0.0049%；1.8075%

(D)0.70%；1.1025%　(E)none of the above

_____18. Calculate the covariance between the returns of stock A and stock B.

(A)0.010950　(B)0.000028　(C)0.009775　(D)0.000735

(E)none of the above

_____19. Calculate the correlation coefficient between the returns of stock A and stock B.

(A)−0.90　(B)0.78　(C)0.89　(D)1.00　(E)none of the above

_____20.下列何者為非？

(A)在可向資本市場借貸之情況下，投資組合中某一個別資產之權數可大於 1

(B)任何變數與常數之共變數為 0

(C)在效率前緣右上方的投資組合都是不值得投資的，稱為無效率的投資組合

(D)可在多角化過程中被分散掉的風險稱為非系統風險

(E)以上答案皆正確　　　　　　　　　　【89 朝陽財金所】

二、計算題

1. Assume that you are facing an exclusive two-state situation right a away. State 1 will occur with probability P. If Mr. Johnson is willing to offer you two securities A and B, where A pay off \$1 in State 1 and \$0 in State 2, and B pays off \$2 in State 2 and 0 in State 1. How much are you willing to pay for buying one unit of A and B? Please give you reasons explicitly 【90 政大金融所】

2. Suppose a portfolio consists of only two assets A and B. The correlation coefficient p between asset A and B is 0.1, and other data are given below:

Asset	Expected Return	Standard Deviation
A	10.0%	15%
B	18.0%	30%

   (1) Find the proportion (weight) of A and B having minimum standard deviation.

   (2) What is the standard deviation for this minimum standard deviation portfolio?

   (3) what is the expected return of this minimum standard deviation portfolio?

【90.淡江財金所】

3. Listed below are estimates of the standard deviations and correlation coefficients for three stocks.

STOCK	STANDARD DEVIATION	CORRELATION WITH STOCK		
		A	B	C
A	12%	1.00	−1.00	0.20
B	15	−1.00	1.00	−0.20
C	10	0.20	−0.20	1.00

Requirement:

   (1)If a portfolio is composed of 20% of stock A and 80% of stock C, what is the portfolio's standard deviation?

(2)If the portfolio is composed of 40% of stock A, 20% of stock B, and 40%of stock C, what is the portfolio's standard deviation?

(3)If you were asked to design a portfolio using only stocks A and B, what percentage investment in each stock would produce a zero standard deviation?

(Hint: Some algebra is necessary to solve this problem. Remember that $x_B = (1-x_A)$) 【87.東華國際經濟所】

4. A、B二證券之預期報酬率分別為15%與20%，報酬率之標準差分別為 30%與40%，二證券報酬率之相關係數為0.8，則使報酬率標準差極小化之投資組合中，A證券之比重為何？ 【89.台大財金所】

三、問答題

1. (a)請說明馬可維茲（Mardowitz）之投資組合理論中效率前緣（efficient frontier）之定義為何？請以圖形輔助說明你的定義。

(b)根據投資組合理論，如果愈來愈多的股票被納入權數相同之投資組合（equal-weight portfolio），則此投資組合之風險（Variance）將產生何種變化？請以圖形輔助你的說明。 【90.2 分析人員】

2. 如何降低投資組合的系統風險與非系統風險？ 【84 中央財管所】

3. 請利用數學式來說明為何可透過投資組合的方式分散風險，亦即消除非系統風險（Nonsystematic Risk）而不是系統風險（Systematic Risk）。

【88.政大國貿所】

第 5 章　資產定價理論

本篇先前已介紹了投資的關鍵因素——風險與報酬，投資人的類型也按風險偏好加以區別，投資策略則從單一投資擴及投資組合式的多角化投資，但與金融市場的現實情況仍有相當距離：第一，馬可維茲投資組合模型限制了資金借貸行為，事實上信用交易、保證金交易在證券、外匯、期貨市場都很普遍，滿足了風險愛好者以小博大的心理；其次，我們僅知風險與報酬有正比關係，但風險溢酬如何衡量？證券如何定價？這些都是本章探討的重點，而且我們將發現，在風險－報酬率平面上做幾何分析，對於這些觀念的闡釋與引申更加清晰。

第一節　效率前緣與最適投資組合

馬可維茲的投資組合分析係基於下列假設條件：

　1. 投資人的效用為財富的函數，他希望財富愈多愈好，但財富的邊際效用遞減。

　2. 投資人預知報酬率呈常態分配。

　3. 投資風險以報酬率的變異數或標準差來表示。

4.投資人追求效用期望值的最大,而效用期望值是期望報酬率與風險的函數。

5.遵守優勢原則,亦即在同一風險水準下,期望報酬率愈高愈好;在同一期望報酬率水準下,風險愈小愈好。

符合這些基本假設的投資人稱為馬可維茲分散投資者(Markowitz Diversifier),他們根據這些假設尋求最有效率的投資組合,從而產生效率前緣(Efficient Frontier)

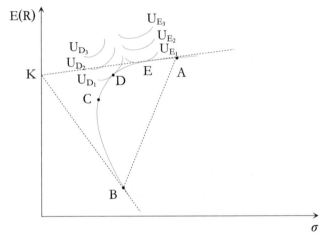

圖 5-A　馬可維茲效率前緣──兩種證券投資組合

一、兩種證券投資組合

先從只包含 A、B 兩種證券的投資組合著手分析,如果經由慎選且相關係數 $\rho_{AB} < 1$,以各種不同比例混合的投資組合,應位於 $\overline{AB}$ 的左方而呈向上凸出狀,凸出程度與相關係數大小成反比,但亦不超過 A 點的切線 $\overline{KA}$ 之上,或 B 點的切線 $\overline{KB}$ 之下,亦即應位於 ΔKAB 之內,本例為圖 5-A 中的軌跡 ACB,其中最接近縱軸的 C 點,表示風險最小的投資組合,沿軌跡愈趨近 A 點,風險愈大但期望報酬率愈高,

根據優勢原則，軌跡 CB 上的投資組合都不及 C 點有效率，軌跡 CA 上各點的風險與期望報酬率則成正比，不同的投資人會依照他的風險偏好，在軌跡 CA 上選擇適當的投資組合以達效用函數的最大，如甲投資人選擇 D 點以達 U_{D_1} 的效用水準，乙投資人選擇 E 點以達 U_{E_1} 的效用水準，因此**軌跡CA就是兩種證券投資組合的馬可維茲效率前緣。**

　　圖 5-A 也顯示，甲投資人與乙投資人相較，甲相對為風險規避者（無異曲線較陡），乙相對為風險愛好者（無異曲線較平），甲選擇的投資組合 D 點，低風險證券 B 的投資比例較高，高風險證券 A 的投資比例較低；反之，乙選擇的投資組合E點，高風險證券A的投資比例較高，低風險證券 B 的投資比例較低。

二、多種證券投資組合

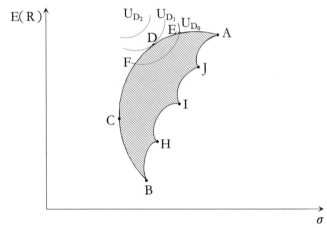

圖 5-B　馬可維茲效率前緣──多種證券投資組合

　　圖 5-B 顯示，包含 A、B、H、I、J 5 種證券的投資組合，其中任兩證券的投資組合──如圖 5-A 所分析的，諸如軌跡 BH、軌跡 HI、軌跡 JA 皆是，但同時包含這 5 種證券的投資組合則為陰影區域，然在任何一個可達到的期望報酬率水準下，風險最低的投資組合集群則

為軌跡ACB，其中最接近縱軸的C點，表示本例中風險最小的多種證券投資組合，沿軌跡愈趨近A點，風險愈大但期望報酬率愈高，類同先前的分析，**軌跡 CA 為多種證券投資組合的馬可維茲效率前緣。**

某種風險偏好的投資人，以無異曲線與效率前緣的切點D點為其最適投資組合，可以達到 U_{D_1} 的效用水準，如果他選擇風險和期望報酬率都較高的投資組合E點，或風險和期望報酬率都較低的投資組合F點，都僅能達到效用水準較低的 U_{D_0}，此外，U_{D_2} 的效用水準雖然更高，但這五種證券無論用什麼比例構成的投資組合都無法達成，只有望而興歎了！

第二節　資本市場線

假設金融市場中存在一種無風險資產（事實上，國庫券幾等於這種觀念），投資人可以無限制投資於無風險資產（借出行為，Lending），獲取無風險利率做為報酬；投資人也可以無限制向它借款用於其他投資（借入行為，Borrowing），並按無風險利率付出利息。根據這樣的描述，無風險資產位於縱軸上，而且期望報酬率低於所有證券，座標為 R_f（O, R_f）。

無風險資產納入考量，表示馬可維茲模型的基本假設被放寬，投資人可以利用無風險利率從事借貸，從而改變了他的資產選擇行為。

一、借出與借入利率相同

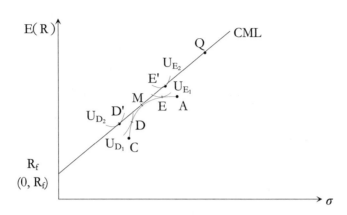

圖 5-C 圖 5-C　借出與借入利率相同的資本市場線

從無風險資產 R_f 向效率前緣 AC 做一切線，切於 M 點，這條切線即為資本市場線（Capital Market Line, CML），M 點被稱為市場投資組合（Market Portfolio），原本馬可維茲分散投資者的資產選擇將做以下調整：

1. 借出組合（Lending Portfolio）：$\overline{R_fM}$

原本投資於馬可維茲效率前緣上 CM 段的投資人會發現，將部分資金以無風險利率借出，其餘部分購入市場組合，做成借出組合可使效用水準提高。例如圖 5-C 中原本最適投資組合為 D 點者，現在改投資於無異曲線和 CML 的切點 D'點，可使效用水準從 U_{D_1} 提升至 U_{D_2}。

2. 借入組合（Borrowing Portfolio）：$\overline{MQ}$

原本投資於馬可維茲效率前緣上 MA 段的投資人會發現，以無風險利率借入資金，再加上其全部自有資金，都用來購入市場組合，做成借入組合可使效用水準提高。例如圖 5-C 中原本最適投資組合為 E

點者，現在改投資於無異曲線和 CML 的切點 E'點，可使效用水準從 U_{E_1} 提升至 U_{E_2}。

3.市場組合：M 點

原本投資於馬可維茲效率前緣上 M 點的投資人，不借入也不借出，全部自有資金仍都投資於市場組合 M 點，效用水準維持不變。

無風險資產（資金借貸）被引進後，CML成為金融市場的效率前緣，同時出現以下現象值得注意：

1.投資人看法一致，不論借入或借出，都只投資於市場投資組合，只是投資比重的多少有差異而已，因此市場是在均衡狀態下，所有風險證券皆無供不應求或供過於求的現象，市場投資組合中每一種證券的比重，恰為其市值占所有證券總市值的比例。

2.除了M點投資人維持不變，所有投資人的效用水準都提高了，表示資金借貸提高了社會總效用，風險愛好者可以實現冒險的理想，風險規避者找到避險的天堂。

3.若M點的座標為（σ_m, R_M），CML通過 $R_f(O, R_f)$ 和 $M(\sigma_m, R_m)$ 二點，用兩兩點式解 CML 的直線方程式得：

$$E(R) = R_f + \frac{R_m - R_f}{\sigma_m} \sigma \qquad (5\text{-}1)$$

其中 R_f 是 CML 在縱軸上的截距；$\dfrac{R_m - R_f}{\sigma_m}$ 是 CML 的斜率，意指在 CML 上，風險每變動 1 單位，期望報酬率就變動 $\dfrac{R_m - R_f}{\sigma_m}$ 單位，如同承受風險的代價，又稱風險貼水或風險溢酬（Risk Premium）。

二、借出與借入利率不同

假設條件更加放寬以接近市場實況，借入利率B會大於借出利率

L，如圖 5-D，從 B 和 L 點各引切線 CML_B 和 CML_L，分別與馬可維茲效率前緣切於 M_B 和 M_L 點，代表市場的借入機會和借出機會，切點 M_B 和 M_L 分別表示借入資金者和借出資金者的市場投資組合，由於借入與借出利率不等，兩條切線和馬可維茲效率前緣夾成的折彎線（Kinked Line）軌跡 LM_LM_BQ 為資本市場（包含 $\overline{LM_L}$、$\overline{M_LM_B}$、$\overline{M_BQ}$ 三部分），也是金融市場的效率前緣，與馬可維茲效率前緣相較：

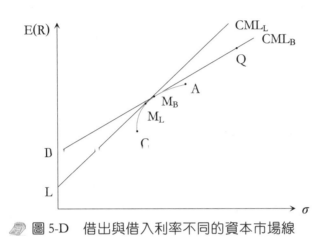

圖 5-D　借出與借入利率不同的資本市場線

1. 借出組合：$\overline{LM_L}$

原本投資於馬可維茲效率前緣上 CM_L 段的投資人，會將部分資金以借出利率 L 借出，其餘部分購買投資組合 M_L。

2. 借入組合：$\overline{M_BQ}$

原本投資於馬可維茲效率前緣上 M_BA 段的投資人，會以借入利率 B 借入資金，再加上其全部自有資金，都用來購買投資組合 M_B。

3.不借不貸：$\overset{\frown}{M_L M_B}$

原本投資於馬可維茲效率前緣上 $M_L M_B$ 段的投資人，不借不貸而且資產選擇不變。

如同先前單一借貸利率的論述，借出組合及借入組合皆可使投資人效用提升，不借不貸者效用不變，借出和借入的利率差（意同金融機構的存放款利率差）愈大，資本市場線的折彎愈明顯，不借不貸者增加，社會總效用降低。可見金融機構提供借貸服務，可以增進社會總效用，並從存放款利率差中賺取業務利潤，當存放款利率差為零時，增進的社會總效用最大；當存放款利率差擴大時，金融機構的業務利潤增加，社會總效用會隨之減少。所以每當政府以貨幣政策誘導市場利率下降時，銀行順勢調降存款利率的幅度常常大於放款利率，反之，市場利率上升者，放款利率調升的幅度又大於存款利率，這時金融主管機關（財政部）就要向銀行進行道德勸服，避免利率差擴大引發民怨。

第三節　資本資產定價模式

馬可維茲投資組合理論對於現代投資學的觀念具有奠基作用，但是在實用上，如果投資組合裡的證券種類增多，所需估計的變異數、共變數等參數也大幅增加，求取效率前緣的計算異常龐雜，偏偏資本市場日益發達，新興產業擴展極速，上市上櫃證券種類大幅成長，早已是世界各國的趨勢，簡化分析模型實有必要。

其次，個別資產價格與風險的關係模式如何？風險性資產的市場均衡規格應如何訂定？1960 年代的學者夏普（W. F. Sharpe）、林特納

（J. Lintner）、莫興（J. Mossion）等人發展出資本資產定價模式（Capital Asset Pricing Model，簡稱 CAPM），對於這個問題加以闡釋，成為現代財務學上重要的理論，夏普也因此榮獲 1990 年諾貝爾經濟學獎。

一、β係數

夏普假設各種證券的報酬率皆與某個基本因素有關，而各證券報酬率間的共變數為零，這個基本因素可以採用總體經濟上的國民生產毛額（GNP），或是其他足以衡量整個證券市場的指標，我們可以將它想像成一個包含市場所有證券，並且以各證券市值加權所組成的市場投資組合，例如台灣證券市場的發行量加權指數便是，這種證券報酬率與單一指標的迴歸分析關係模式，又稱夏普單一指標模式：

$$R_i = \alpha_i + \beta_i R_m + \varepsilon_i \qquad (5\text{-}2)$$

其中 α_i、β_i 是 i 證券的迴歸母數（Parameter），ε_i 是其隨機誤差項，此外假設 i 證券的報酬率、標準差分別為 R_i、σ_i，市場投資組合的報酬率、標準差分別為 R_m、σ_m，隨機誤差項的假設有：

1. $E(\varepsilon_i) = 0$，即 ε_i 的平均為零；
2. $Var(\varepsilon_i)$ 是一常數；
3. $Cov(\varepsilon_i, R_m) = 0$，即 ε_i 與 R_m 不相關；
4. $Cov(\varepsilon_i, \varepsilon_j) = 0$，且 $i \neq j$，即 ε_i 與 ε_j 不相關；
5. $Cov(\varepsilon_{i,t}, \varepsilon_{i,t+1}) = 0$，$t$、$t+1$ 表期間別，即 ε_i 不連續相關。

從（5-2）分析可得

$$
\begin{aligned}
E(R_i) &= E(\alpha_i + \beta_i R_m + \varepsilon_i) \\
&= \alpha_i + \beta_i E(R_m)
\end{aligned}
$$

亦即 $\quad \overline{R_i} = \alpha_i + \beta_i \overline{R_m} \qquad (5\text{-}3)$

其中　　$\overline{R_i} = E(R_i)$　，$\overline{R_m} = E(R_m)$

$$Var(R_i) = Var(\alpha_i + \beta_i R_m + \varepsilon_i)$$
$$= Var(\beta_i R_m) + Var(\varepsilon_i)$$
$$= \beta_i^2 Var(R_m) + Var(\varepsilon_i)$$

亦即　　$\sigma_i^2 = \beta_i^2 \sigma_m^2 + \sigma_{e_i}^2$　　　　　　　　　　　　　　　（5-4）

其中　　$\sigma_i^2 = Var(R_i)$　，$\sigma_m^2 = Var(R_m)$　，$\sigma_{e_i}^2 = Var(\varepsilon_i)$

　　從（5-3）得知，i 證券的期望報酬率是市場投資組合期望報酬率的線性函數，也可以說，i 證券的期望報酬率係由一個固定項（α係數），再加上經由β係數調整的$\overline{R_m}$所組成，換言之，β係數（貝它值）是個別證券與整個市場系統，在報酬率關係上的重要關鍵。

　　從（5-4）得知，i 證券的風險，是由一個與市場投資組合有關的風險項（$\beta_i^2 \sigma_m^2$），和一個個別證券獨有的風險項（$\sigma_{e_i}^2$）所組成，前者即是第四章第三節所提及的系統風險，後者則是非系統風險。非系統風險可以藉多角化加以分散，系統風險則是不可分散的，而我們又發現β係數與系統風險有關。

　　β係數對於證券報酬率、風險的度量皆有重要影響，而且是市場特徵與個別證券之間的轉換機制，然則β係數究竟為何？我們可以從求取 i 證券與市場投資組合的共變數得到解答：

$$Cov(R_i, R_m) = E\left[(R_i - \overline{R_i})(R_m - \overline{R_m})\right]$$
$$= E\left\{\left[(\alpha_i + \beta_i R_m + \varepsilon_i) - (\alpha_i + \beta_i \overline{R_m})\right]\left[R_m - \overline{R_m}\right]\right\}$$
$$= E\left\{\left[\beta_i(R_m - \overline{R_m}) + \varepsilon_i\right]\left[R_m - \overline{R_m}\right]\right\}$$
$$= E\left\{\beta_i(R_m - \overline{R_m})^2 + \varepsilon_i(R_m - \overline{R_m})\right\}$$
$$= \beta_i E\left[(R_m - \overline{R_m})^2\right] + E\left[\varepsilon_i(R_m - \overline{R_m})\right]$$

$$= \beta_i E\left[\,(R_m - \overline{R_m})^2\right] + 0$$

$$= \beta_i \sigma_m^2$$

因此　$\beta_i = \dfrac{Cov(R_i, R_m)}{\sigma_m^2} = \dfrac{\sigma_{im}}{\sigma_m^2}$ （5-5）

β 係數尚有以下特性值得注意：

1. 市場投資組合的 β 係數等於 1：從（5-5）得知，$\beta_m = Cov$（R_m, R_m）$/ \sigma_m^2 = \sigma_m^2 / \sigma_m^2 = 1$

2. 投資組合的 β 係數等於其所含各證券 β 係數的加權平均：$\beta_P = \sum\limits_{i=1}^{n} W_i \beta_i$，$W_i$ 表 i 證券的投資比重。

3. β_i 是 i 證券的系統風險指標：（5-4）中系統風險 $\beta_i^2 \sigma_m^2 = (\sigma_{im} / \sigma_m^2)^2 \cdot \sigma_m^2 = \sigma_{im}^2 / \sigma_m^2 = \beta_i \sigma_{im}$

二、證券市場線

本章第二節曾探討資本市場線，其直線方程式見（5-1）式，若在 CML 上任取一點 h 點，其公式為

$$E(R_h) = R_f + \frac{R_m - R_f}{\sigma_m} \sigma_h$$ （5-6）

因 h 點與市場組合 M 點同在 CML 上，二者完全正相關，亦即 $\rho_{hm} = 1$，（5-6）可以改寫為

$$E(R_h) = R_f + \frac{R_m - R_f}{\sigma_m} \times \sigma_h \times \rho_{hm}$$

$$= R_f + \frac{R_m - R_f}{\sigma_m^2} \times \sigma_h \times \sigma_m \times \rho_{hm}$$

$$= R_f + \frac{R_m - R_f}{\sigma_m^2} \times \sigma_{hm}$$

$$= R_f + \frac{\sigma_{hm}}{\sigma_m^2} \times (R_m - R_f)$$

$$= R_f + \beta_h \times (R_m - R_f) \qquad\qquad (5\text{-}7)$$

（5-7）又稱證券市場線（Security Market Line, SML），以β係數為横軸，期望報酬率為縱軸，SML 顯示如圖 5-E，其縱軸截距為 R_f，斜率為（$R_m - R_f$）

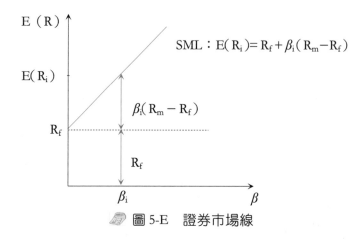

圖 5-E　證券市場線

CML 是表示效率投資組合的風險－報酬率關係，而 SML 則表示在市場均衡的情況下，每一證券或投資組合（包括效率或無效率的）所對應的風險－報酬率關係，此即 CAPM。除此，SML 的風險是以β係數度量，與 CML 以標準差 σ 度量風險不同，此因市場均衡時，非系統風險可藉多角化加以分散，只剩下系統風險依然存在。

在 CAPM 下，SML 上任一證券所對應的期望報酬率，包含無風險報酬率（R_f）和系統風險報酬（$\beta_i \times (R_m - R_f)$）兩部分，如圖 5-E 所顯示。系統風險報酬又稱風險溢酬（Risk Premium），為個別證券的系統風險指標（β_i）和市場平均溢酬（$R_m - R_f$）的乘積，因此，（5-7）可解釋為：

個別證券期望報酬率 = 無風險報酬率 + 風險溢酬

= 無風險報酬率 + β_i × 市場平均溢酬

　　如果能有市場投資組合期望報酬率、無風險利率、個別證券β係數三項資料，SML 就可以幫助我們預測個別證券的期望報酬率，事實上，前兩項資料很容易查詢，β係數也不難計算，例如，台灣證券市場發行量加權指數的期望報酬率為 10%，台灣銀行一年期定存利率為 4%，中鋼的β係數為 0.5，則中鋼的期望報酬率應為 4% + 0.5(10% − 4%) = 7%；又如華邦的β係數為 1.2，則華邦的期望報酬率應為 4% + 1.2 （10% − 4%）= 11.2%。

1. 證券市場的不均衡與調整

　　承前例，如果實際上中鋼的報酬率為 8%，華邦的報酬率為 10.5%，如圖 5-F 顯示，投資中鋼有超額報酬，促使投資人對其股票之需求提高，中鋼股價因而上揚，期望報酬率也就回落至 SML 上，華邦則因報酬率低於預期水準，投資人賣出造成市場供給增加，華邦股價因而下跌，期望報酬率因而上升至 SML 上。

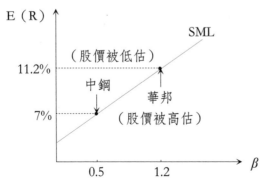

圖 5-F　證券市場的不均衡與調整

從另一個角度看來，在 SML 上方的點，表示目前證券市價被低估（Undervalued），在 SML 下方的點，表示目前證券市價被高估（Overvalued），都是證券市場一時的價格不均衡狀態，必定引發證券價格的調整，而終究回復至 SML 的價格均衡狀態。

2. β 係數與證券類型

$\beta = 1$ 代表市場投資組合或是加權股價指數，以此為界，可將所有證券分類為攻擊型證券（Aggressive Security）和防禦型證券（Defensive Security），如圖 5-G 所示，並分別說明如下：

(1) $\beta > 1$

個別證券的風險大於市場投資組合，意即風險溢酬的增減幅度大於市場投資組合，故稱攻擊型證券。

(2) $\beta < 1$

個別證券的風險小於市場投資組合，意即風險溢酬的增減幅度小於市場投資組合，故稱防禦型證券。

（i）$\beta = 0$：無風險證券，只能按無風險利率收益，沒有風險溢酬。

（ii）$\beta < 0$：這類證券的風險溢酬為負值，所以期望報酬率小於無風險利率，這是因為其與市場投資組合的共變數 $\sigma_{im} < 0$，相關係數 $\rho_{im} < 0$，常被投資人納入效率投資組合中以降低風險，市場對其需求大，故而價格偏高，報酬率偏低。

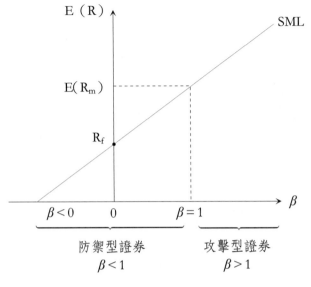

🖉 圖 5-G　β 係數與證券類型

第四節　套利定價理論

　　CAPM 採用單一因子模式解釋個別證券的期望報酬率，所用的技術為一元迴歸分析，單一因子為市場投資組合，但是市場投資組合在實證上幾乎不存在，只能借助特定的股價指數來評估市場的風險與報酬率，而且 CAPM 必須以嚴格的假設條件為前題，1976 年羅斯（S. A. Ross）提出套利定價理論（Arbitrage Pricing Theory, APT），放寬許多 CAPM 的假設，用多因子模式（多元迴歸分析）將個別證券報酬率定價於多重共同經濟因素上，並經由反覆進行的套利行為達成市場均衡。

一、理論模式

　　APT 假設：

　　1. 完全資本市場：亦即(1)所有投資人皆是價格接受者；(2)有交易

成本；(3)資訊蒐集的成本為零；(4)有交易成本的發生；(5)證券可以無限制分割。

2.投資人具有同質預期，認為報酬率是 n 個因子的線性函數。

3.投資人的效用函數無特殊規定。

4.市場上可投資的證券種類數目大於共同因子的數目。

也就是說，個別證券的報酬率是受多個因子的共同影響，而且共同形成線性關係，因此 APT 的多因子模式為

$$R_i = a_i + b_{i1}F_1 + b_{i2}F_2 + \cdots\cdots + b_{ik}F_k + e_i \qquad (5\text{-}8)$$

其中　　R_i：i 證券的實際報酬率

　　　　F_j：第 j 個共同因子的值，$j = 1, 2, \cdots\cdots, k$

　　　　b_{ij}：i 證券報酬率對於第 j 個共同因子的敏感度

　　　　e_i：i 證券報酬率的隨機誤差項（Random Error），

　　　　且$E(e_i) = 0$，$Cov(F_j, e_i) = 0$，$Cov(e_i, e_h) = 0$，$i \neq h$

i 證券的期望報酬率則可表為

$$E(R_i) = \lambda_0 + \lambda_1 b_{i1} + \lambda_2 b_{i2} + \cdots\cdots + \lambda_k b_{ik} \qquad (5\text{-}9)$$

我們可以做如下推論：

(1)當 $b_{i1} = b_{i2} = \cdots\cdots = b_{ik} = 0$

　　$E(R_i) = \lambda_0 = R_f$，R_f 為無風險報酬率，i 證券為無風險證券。

(2)當 $b_{i1} = 1$，$b_{i2} = b_{i3} = \cdots\cdots = b_{ik} = 0$

　　$E(R_i) = \lambda_0 + \lambda_1 = R_f + \lambda_1$

　　若 $\lambda_1 = E(R_m) - R_f$，i 證券為市場投資組合。

(3)若 $b_{i2} = b_{i3} = \cdots\cdots = b_{ik} = 0$，$\lambda_0 = R_f$，$\lambda_1 = E(R_m) - R_f$，亦即只考慮一個共同因子，（5-9）便蛻變為 $E(R_i) = R_f + [E(R_m) - R_f]b_{i1}$，此

即 CAPM，$b_{i1} = \beta_i = \sigma_{im} / \sigma_m^2$。

同理，（5-9）可推導為

$$E(R_i) = R_f + (\delta_1 - R_f)b_{i1} + (\delta_2 - R_f)b_{i2} + \cdots\cdots + (\delta_k - R_f)b_{ik} \quad (5\text{-}10)$$

其中　$\lambda_1 = (\delta_1 - R_f)$，$\lambda_2 = (\delta_2 - R_f)$，$\cdots\cdots$，$\lambda_k = (\delta_k - R_f)$ 為第 j 個共同因子的平均溢酬，$\lambda_j b_{ij}$ 為第 j 個共同因子的風險溢酬，

敏感度　$b_{ij} = \sigma_{ij} / \sigma_j^2$

由此可知，CAPM 是 APT 的一種特例，當證券市場達成均衡時，APT 的非系統風險已被有效分散掉，個別證券的期望報酬率將由無風險利率和許多特定共同因子的風險溢酬所組成。

至於共同因子應包括哪些呢？羅斯等學者的實證顯示，有四項經濟因素可以解釋大部分的證券報酬率（見表 5-H）。

表 5-H　APT 實證影響證券報酬率的主要經濟因素

經濟因素	影響方向	解釋
1. 工業生產成長率 Growth Rate of Industrial Production	正向	經濟景氣良好
2. 高低風險債券的利率差 Risk Premium	負向	體質較差的公司必須付出較高的風險溢酬，表示景氣不佳，風險提高
3. 長短期債券的利率差 Term Structure of Interest Rate	正向	長期債券利率本應大於短期債券利率，只有在高通貨膨脹期間，短期利率上揚，甚至超過長期利率，所以本項因素與通貨膨脹為負向關係
4. 預期與實際通貨膨脹率的差 Unexpected Inflation	正向	實際通貨膨脹率低於預期

二、APT 的應用

　　套利行為的意義是「在無風險、無資金投入的情形下，低買高賣以獲利的交易」，套利係基於完全競爭市場中的單一價格法則（The Law of One Price），亦即相同的商品無法以不同價格出售，在完全的資本市場裡，風險相同的證券，報酬率亦必相同，證券價格便應一致，然若市場價格有一時扭曲現象，則可加以掌握，藉低買高賣產生的供需調整，消弭市場價格的差異性。

　　套利有如無本買賣，也就是一般人觀念裡的「買空賣空」，套利投資組合即是在既有的風險前提之下，使投資增加額外而且沒有風險的報酬。以單一共同因子為例，包含 n 種證券的套利投資組合應符合下列要求：

　　1. $\sum\limits_{i=1}^{n} W_i = 0$，表示套利投資組合不動用資金

　　2. $\sum\limits_{i=1}^{n} b_i W_i = 0$，表示套利投資組合無風險（敏感度的加權平均為零）

　　3. $\sum\limits_{i=1}^{n} W_i R_i > 0$，表示套利投資組合可獲利潤（報酬率的加權平均為正數）

　　其中　　W_i：i 證券的投資比重

　　　　　　b_i：i 證券對共同因子的敏感度，與 CAPM 中的 β_i 意義類似

　　　　　　R_i：i 證券的報酬率

　　舉例說明：A、B、C 三種證券的敏感度分別為 0.6、1.2、−0.5；報酬率分別為 10%、20%、7%，現欲做成套利投資組合，且所含 C 證券的投資比重為 0.1，試問 A、B 證券的投資比重各為多少？套利投資組合的報酬率為多少？

　　解聯立方程式：$W_A + W_B + W_C = 0$

　　　　　　　　　$0.6W_A + 1.2W_B - 0.5W_C = 0$

代入　$W_C = 0.1$：$W_A + W_B = -0.1$

$$0.6W_A + 1.2W_B = 0.05$$

求得　$W_A = -0.283$，$W_B = 0.183$

該投資組合的報酬率：$(-0.283 \times 10\%) + (0.183 \times 20\%) + (0.1 \times 7\%)$
$= 1.53\% > 0$，可確定這是一個套利投資組合。

又假設在均衡狀態下，市場平均溢酬（$\delta_k - R_f$）$= 5\%$；這些證券的期望報酬率分別為：

$E(R_A) = 8\% + 5\% b_A = 11\%$

$E(R_B) = 5\% + 5\% b_B = 14\%$

$E(R_C) = 8\% + 5\% b_C = 5.5\%$

與實際報酬率相較：A證券價格偏高（Overvalued），所以實際報酬率偏低；B、C 證券價格偏低（Undervalued），所以實際報酬率優渥。投資人進行套利交易會賣出 A 證券，致其價格下跌，報酬率上漲；同時買進 B、C 證券，致其價格上漲，報酬率下跌。反覆套利使實際報酬率與期望報酬率相接近，遂達成市場均衡。

三、APT 與 CAPM 的比較

與CAPM相較，APT的限制條件較少，允許均衡報酬率受到多個因素影響，而且干擾程度不一，故較CAPM一般化，APT具有下列優點：

1. CAPM 必須假設報酬率為常態分配，APT 無此必要。

2. CAPM 必須計算精確的效用函數，APT無此必要，投資人只要符合喜好報酬厭惡風險即可。

3. CAPM 必須建立效率的市場投資組合，APT 則否。

4. CAPM必須知道市場上所有證券的期望報酬率，APT只要對證券的相對價格做調整，便能達到均衡，所以較容易進行實證。

5. CAPM假設市場沒有交易成本、稅負及通貨膨脹，APT皆可納

入考量。

　　但是APT並未說明哪些共同因子攸關證券的期望報酬率，能否適當定義，並合理衡量其敏感度，成為APT的要害所在。反觀CAPM，只要有足夠的假設，透過β係數解析證券定價，在理論上既嚴謹又清晰易懂，二者誠屬各有擅長！

考題集錦

一、選擇題

_____1. 下列敘述何者不正確？

(A)資本市場線（capital market line）的斜率永遠為正

(B)資本市場線是最佳的一條資本分配線（capital allocation line）

(C)所有的證券都必須落在資本市場線上

(D)對一個充分分散風險的投資組合而言，其非系統風險（unsyste-matic risk）可忽略不計

(E)根據資本資產訂價理論（capital asset pricing model），合理評價的證券其詹森α係數（Jensen's alpha）永遠為零

【90.台大財金所】

_____2. 下列是有關 CAPM 之敘述：

Ⅰ.所有投資者投資於無風險資產和風險資產之投資比例都相同。

Ⅱ.投資人投資在風險資產之金額中，分配於各風險性資產之比例，隨投資人風險偏好而有別。

Ⅲ.市場投資組合完全無系統風險。

Ⅳ.攸關資產評價者為資產之β值，而非其報酬率之變異數。

(A)僅Ⅰ對　(B)僅Ⅱ、Ⅲ對　(C)僅Ⅳ對　(D)僅Ⅰ、Ⅳ對

【90.1 分析人員】

_____3. 假定無風險利率為 10%，市場投資組合預期報酬率為 16%，而 A 股票的貝他係數為 1.5，則 A 股票的預期報酬率為？

(A)17.5%　(B)18%　(C)18.5%　(D)19%　【89.中原財管所】

_____4. 在考慮投資報酬率及風險時，下列何者為非？

(A)β愈大，其系統風險愈高

(B)portfolio 中之股類愈多時，其標準差愈低

(C)根據 CAPM，一投資之風險加倍，則其報酬亦可能加倍

(D)β值可能小於0

(E)以上答案皆對 【89 朝陽財金所】

_____ 5. 以下關於 APT 之敘述，何者為正確？

(A)在 APT 之理論架構下，市場投資組合為一效率組合（efficient portfolio）

(B)APT 理論清楚地描述影響證券期望報酬率之影響因素為何

(C)在無套利之前提下，APT 結論為：證券之期望報酬率為其對於某些經濟敏感度（factor beta）之線性組合

(D)以上皆是 【90.2 分析人員】

_____ 6. 下列哪一個財務理論屬規範性經濟學（Normative Economics）範圍？

(A)投資組合選擇理論　(B)資本資產訂價理論　(C)套利訂價理論

(D)效率市場理論　(E)以上皆非 【86 政大財管所】

_____ 7. 在資本市場均衡時，A 證券之市場風險(β)為 1.2，報酬率為 16%；B 證券之市場風險為 1.6，報酬率為 20%。試問當時無風險利率，及市場投資組合報酬率各為多少？

(A)6%，12%　(B)4%，12%　(C)4%，14%　(D)6%，16%

(E)6%，14% 【88 台大財金所】

_____ 8. 假設投資人預期明年股票市場報酬率（R_m）的機率分配如下：

機率	R_m
0.05	7%
0.30	8%
0.30	9%
0.30	10%
0.05	12%

假設無風險利率 R_f=6.05%，B 股票的貝它（Beta, β）值等於 2.0，B 股票今年股利是 2 元（D_0=2 元），而且股利的預期成長率為固定的 7%，試問下列何種水準的股價滿足投資在 B 股票的風險水準下之預期報酬率？

(A)21.72 元　(B)56.94 元　(C)25.00 元　(D)42.38 元　(E)37.50 元

【88 政大國貿所】

_____9. 某 T 公司股票的報酬率和市場報酬率（Market Return）如下所示：

年度	T 股票	市場
1	−14%	−9%
2	16%	11%
3	22%	15%
4	7%	5%
5	−2%	−1%

假設在無風險利率為9%，且 T 股票的要求報酬率（Required Return）是15%，則在假設市場處於均衡狀態下，市場的要求報酬率為何？

(A)4%　(B)9%　(C)10%　(D)13%　(E)16%　【88 政大國貿所】

_____10. 在理論假設方面：

Ⅰ. Markowitz 投資組合理論，隱含投資人之效用函數為二項式，或報酬率成常態分配。

Ⅱ. CAPM 須假設投資人之效用函數為二項式，或報酬率成常態分配。

Ⅲ. APT 須假設投資人之效用函數為二項式，或報酬率成常態分配。

Ⅳ. CAPM 假設投資人皆有 homogeneous expectation，但市場均衡時，投資人仍然有不同融資決策。

(A)Ⅰ, Ⅳ正確　(B)Ⅰ, Ⅱ, Ⅳ正確　(C)Ⅱ, Ⅳ正確　(D)Ⅰ, Ⅲ正確

(E)Ⅰ, Ⅱ, Ⅲ正確　【87 台大財金所】

_____11. 在 CAPM 中，零貝他證券之預期報酬率為：

(A)市場報酬率　(B)無風險報酬率　(C)市場報酬率與無風險報酬率的差　(D)零報酬率　【91.1 分析人員】

_____12. 假設市場在 CAPM 之均衡狀況下，無風險利率為5%，某 A 公司股票之 β 值為1.2，且其股票之預期報酬率為17%，試問證券市場線之斜率為？

(A)0.05　(B)0.1　(C)0.2　(D)0.5　　　　　　　【91.1 分析人員】

_____13.若二股票的β值分別為 0.8 與 1.4，且二股票報酬率之相關係數為
0，則一個由這二種股票所構成的等權投資組合，其β值為何？

(A)0.8　(B)0.9　(C)1.0　(D)1.1　　　　　　　【91.1 分析人員】

_____14.續上題，若相關係數為−1，則此投資組合之β值為何？

(A)0.7　(B)0.9　(C)1.0　(D)1.1　　　　　　　【91.1 分析人員】

_____15.下列敘述何者為真？

(A)若一資產之β係數為 0，則其與市場投資組合之相關係數為 0

(B)在均衡下，若一資產期望報酬等於無風險利率，則其β係數必
定為 0

(C)若一資產與市場投資組合相關係數為正，則其β係數必定為正

(D)上述皆為真　　　　　　　　　　　　　　　【91.1 分析人員】

_____16.一證券與市場投資組合相關係數為 0.75，且標準差為 0.2，若市場
投資組合之平均報酬為 15%，而標準差為 25%，無風險利率為
10%，此資產β係數為何？

(A)1.0　(B)1.2　(C)0.75　(D)0.6　　　　　　　【91.1 分析人員】

_____17.假設資本資產定價模型成立，某個股票的β＝1.5，市場風險溢
酬＝8%，無風險利率＝4%，而某權威證券分析師指出該檔股票在
一年以內至少上漲 12%，你是否應該投資該股票？

(A)否，因為該檔股票的風險較市場投資組合為大

(B)否，因為該檔股票的預期報酬率低於必要報酬率

(C)是，因為其報酬率遠高於無風險利率

(D)是，因為考量風險之後，該投資顯然划算　　　【90.2 分析人員】

_____18.證券A之貝他係數（Beta）為 1.5，證券B之貝他係數為 0.9，以下
之論點何者為正確？

(A)證券 A 之總風險較高　　(B)證券 A 之市場風險較高　　(C)證券 B
之總風險較低　　(D)以上皆是　　　　　　　　【90.2 分析人員】

_____19.假設A證券期望報酬率為 8%，標準差為 40%，而B證券期望報酬

率為 13%，標準差為 60%。A、B 兩證券報酬率相關係數為−1。請
問在市場均衡狀況下，無風險利率應為多少？

(A)0.4%　(B)8%　(C)10%　(D)無法計算　　　【90.4 分析人員】

_____ 20. 某投資組合之貝它（Beta）值等於零，下列敘述何者正確？

Ⅰ. 該投資組合為無風險投資組合，其報酬率標準差為零

Ⅱ. 該投資組合之期望報酬率等於無風險利率

Ⅲ. 該投資組合報酬不受市場因素變動之影響

Ⅳ. 該投資組合必為債券投資組合

(A)Ⅰ與Ⅱ　(B)Ⅰ與Ⅲ　(C)Ⅰ與Ⅳ　(D)Ⅱ與Ⅲ　【90.4 分析人員】

_____ 21. 一證券的報酬率標準差與貝它係數的關係如何？

(A)報酬率標準差高者，其貝它係數也必定高

(B)貝它係數高者，其報酬率標準差也必定高

(C)貝它係數高者，其報酬率標準差通常較低

(D)兩者無明確的關係　　　　　　　　　　　【90.4 分析人員】

_____ 22. 設無風險利率為 4%，市場預期報酬率為 11%。證券 X 之貝它係數
為 1.3，其報酬率預期為 12%，則投資者應：

(A)買入證券 X，因其價格低估　(B)賣出證券 X，因其價格高估

(C)賣出證券 X，因其價格低估　(D)買入證券 X，因其價格高估

【90.4 分析人員】

_____ 23. X 股票的貝他（Beta）值為 1.5，Y 股票的貝他值為 0.75。下列敘
述何者正確？

Ⅰ. X 股票的期望報酬率為 Y 股票的 2 倍

Ⅱ. X 股票的總風險是 Y 股票的 2 倍

Ⅲ. X 股票受市場因素變動影響程度是 Y 股票的 2 倍

Ⅳ. X 股票與 Y 股票受市場因素影響時，價格將呈反向變動

(A)Ⅰ、Ⅱ　(B)Ⅲ、Ⅳ　(C)Ⅱ、Ⅲ　(D)Ⅲ　　【90.4 分析人員】

_____ 24. Suppose stock A has a beta of 1.5. The market risk premium is 8% and the
risk-free rate is 6%. What is A's cost of equity capital?

(A)6%　(B)8%　(C)10%　(D)16%　(E)18%　　　【90 成大財金所】

_____ 25. If a firm's beta increases, the market value of its stock

(A)does not change　(B)increases　(C)decreases　(D)insufficient informa-

tion to answer this question　　　　　　　　　　【90 朝陽財金所】

_____ 26. You manage an equity fund with an expected risk premium of 10% and a

beta of 1.4. The rate on Treasury bills is 6%. Your client chooses to invest

$60,000 of her portfolio in your equity fund and $40,000 in a Treasury bill

money market fund. What is the expected return and beta on your client's

portfolio?

(A)expected return=8.4%　　beta=0.84

(B)expected return=8.4%　　beta=1.40

(C)expected return=12%　　beta=0.84

(D)expected return=12%　　beta=1.40　　　　　【90.朝陽財金所】

_____ 27.

Stock	Expected Return	Beta
H	12.0%	0.9
I	17.0%	1.5
J	16.3%	1.8
K	11.4%	0.8

If the risk-free rate is 7.5% and the expected return on the market is 12.5%,

which of the following statements is true?

(A)Stock H is undervalued in the market

(B)Stock I is overvalued in the market

(C)Stock J is overvalued in the market

(D)Stock K is undervalued in the market　　　　【90 朝陽財金所】

請根據以下之圖形，回答下述之三個問題　【90.2 分析人員】

期望報酬率

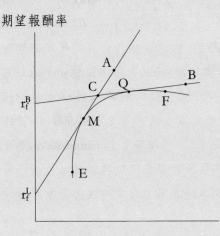

r_f^L：存款利率
r_f^B：借款利率
E：最小風險之投資組合
F：最佳報酬率之投資組合

____28.在存款利率低於借款利率之假設下，效率前緣應為：

(A)r_f^LCA　(B)r_f^BCA　(C)r_f^LMQB　(D)以上皆非

____29.如果存款及借款利率均為r_f^L，則圖形上 M 點之經濟意義為：

(A)風險中立投資者之最佳投資組合

(B)市場投資組合（market portfolio）

(C)以上皆是

(D)無足夠資訊做正確判斷

____30.如果存款及借款利率均為r_f^L，則風險規避（risk-averse）投資者之最佳資產配置應為下列何者？

(A)由市場投資組合及無風險資產所構成之投資組合

(B)100%置於 F

(C)100%置於 E

(D)以上皆非

二、計算題

1.設某公司股價達均衡時，其預期報酬率為 16%，報酬率之標準差為

40%，另設整體市場之風險貼水為9%，無風險利率為6%，市場報酬率之標準差為30%，若 CAPM 成立，則該公司股票報酬率與市場報酬率之相關係數為何？ 【89.台大財金所】

2. 個別資產報酬率的標準差為3.2，由市場指標估算的報酬率具有標準差1.6，而且此二個報酬率的相關係數為0.6，則該個別資產的貝它係數為何？市場指標的貝它係數為何？若無風險利率為8%，市場指標期望報酬率為24%，則上述個別資產的期望報酬率應是若干？ 【85高考】

3. 在 CAPM 中，設無風險利率8%，市場投資組合的預期報酬率 $E(R_m)$ =15%，設某公司股票報酬率變異數0.16，股票報酬率與市場報酬率的共變數等於0.121，市場報酬率變異數0.11，則該公司股票預期報酬率 $E(R_m)$ 為？ 【81.台大財金所】

三、問答題

1. 假設市場中，風險性資產的報酬服從一個二因子的套利定價模型（APT）如下：

$$R_i = \mu_i + b_{i1}f_1 + b_{i2}f_2 + \varepsilon_i$$

其中，R_i 為資產 i 的報酬率，f_1 與 f_2 為期望值為零的因子，而 ε_i 則是與因子波動無關的非系統因子，無風險利率為6%。若你發現有以下三個分散良好的基金：

基金	期望報酬率	b_{i1}	b_{i2}
A	15%	1.0	0.6
B	14%	0.5	1.0
C	10%	0.3	0.2

請回答以下問題：

(1)在 APT 中，b_{i1} 與 b_{i2} 被稱為什麼？

(2)請利用 A 與 B 二種基金計算這二個因子的因子溢酬（factor premium）？

(3)利用這三種基金，請構建一個套利策略。 【91.1 分析人員】

2. 請比較 CAPM 與 APT 的異同。　　　　　　　　　【83 淡江金融所】

3. 何謂資本市場線（Capital Market Line, CML）？何謂證券市場線（Security Market Line, SML）？此二者有何不同之處？試述之。

【85 政大國貿所】【83 銘傳金融所】

4. Under the single-index model the relationship between returns to the market and returns to a security on a portfolio is expressed by the equation.

$$r_i = A + \beta r_M + e_i$$

(1) What is the single-index model's key assumption and what does it imply about the residual returns to securities in a portfolio?

(2) Define each term in the equation.

(3) What type of event is assumed to cause period-to-period movement along this line? What term in the equation accounts for this variability?

(4) What type of event produces deviations from this equation? Explain. What term in the equation accounts for this variability?　　　　　【85 銘傳金融所】

第參篇　　證券市場實務

第 *6* 章　證券市場結構

　　證券市場包括**證券發行市場**和**證券流通市場**兩部分，分別具有資
金募集和**流動性提供**的功能。證券發行市場為資金需求者與資金供給
者提供直接金融的公開市場，降低了企業的資金成本，也促進了資本
形成；證券流通市場提供證券變現的場所，形成證券的市場價格，使
資金這項重要的社會資源得以有效率分配。若證券投資人預期變現困
難，將影響其投資認購證券的意願，發行市場亦將漸形萎縮；反之，
證券發行不足，流通市場亦將造成流通不足，影響證券的流動性，因
此證券發行市場與證券流通市場必須相輔相成才能健全發展。

　　證券市場的參與者，依其性質可分為：

1. 監督主管機關

證券暨期貨管理委員會。

2. 服務管理機構

　　集中市場（Centralized Market）為台灣證券交易所，店頭市場
（Over-the-Counter Market, OTC Market）為櫃檯買賣中心，以及負責交
割結算和證券保管的台灣證券集中保管股份有限公司。

3. 證券商

分為承銷商、經紀商、自營商。

4. 證券周邊（服務）事業

包括證券金融業、證券投資信託業、證券投資顧問業。

5. 發行人

證券掛牌交易的發行公司，在集中市場為上市公司，在店頭市場為上櫃公司，以及民國 91 年元月開始交易的興櫃股票發行公司，此外尚有發行公債的各級政府 註1。

6. 投資人

分為自然人和機構法人。

圖 6-A 為台灣證券市場的組織結構及各參與者的相互關係，為簡明起見，未納進期貨市場體系，將在第陸篇衍生性金融商品中專章介紹。

第一節　組織機構

一、證券暨期貨管理委員會

1. 沿　革

民國 49 年 9 月「證券管理委員會」成立，隸屬於經濟部，民國

70 年 7 月改隸財政部，民國 86 年 4 月因應證券市場的發展與規模擴大，更名為「證券暨期貨管理委員會」（簡稱證期會），為台灣證券市場的主管機關。

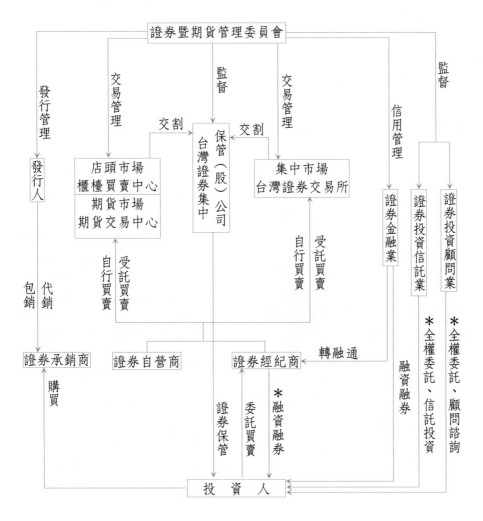

圖 6-A　台灣證券市場組織結構圖

*業者必須符合相關規定，經證期會校准始得為之。

2.組織編制

　　證期會現行組織置主任委員1人，綜理會務；副主任委員1人或2人，襄理會務；並置委員7人至8人，其中2人或3人專任，餘由財政部金融局局長、經濟部商業司司長、法務部檢察司司長、中央銀行金融業務檢查處處長、行政院經濟建設委員會財務處處長兼任。

　　證期會下設八組七室，其組織與職掌如圖6-B。

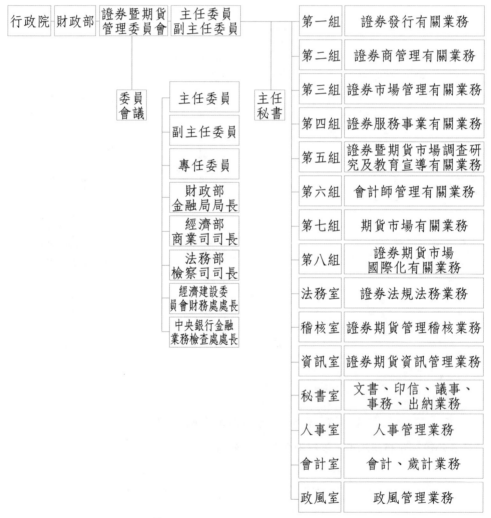

行政院	財政部	證券暨期貨管理委員會	主任委員 副主任委員

委員會議	主任委員		主任秘書	第一組	證券發行有關業務
	副主任委員			第二組	證券商管理有關業務
	專任委員			第三組	證券市場管理有關業務
	財政部金融局局長			第四組	證券服務事業有關業務
	經濟部商業司司長			第五組	證券暨期貨市場調查研究及教育宣導有關業務
	法務部檢察司司長			第六組	會計師管理有關業務
	經濟建設委員會財務處處長			第七組	期貨市場有關業務
	中央銀行金融業務檢查處處長			第八組	證券期貨市場國際化有關業務
				法務室	證券法規法務業務
				稽核室	證券期貨管理稽核業務
				資訊室	證券期貨資訊管理業務
				秘書室	文書、印信、議事、事務、出納業務
				人事室	人事管理業務
				會計室	會計、歲計業務
				政風室	政風管理業務

圖6-B　證期會組織架構

3.工作方針

證期會的基本任務是「發展國民經濟，保障投資」及「健全期貨市場，維護期貨交易秩序」，為達成這些任務，證期會訂定四項工作方針：

(1)健全資本市場發展，促進資本證券化、證券大眾化；

(2)改進證券期貨市場運作，力求交易公平、公正與公開；

(3)發展證券期貨服務事業，發揮溝通儲蓄與投資之功能；

(4)加強會計師管理，提升其執業水準及查帳技能。

二、台灣證券交易所

台灣證券交易所股份有限公司（簡稱證交所）成立於民國 50 年 10 月，民國 51 年 2 月正式開業，是台灣證券市場中唯一的集中交易場所，採股份有限公司制，由各公民營企業機構共同出資，然依證券交易法規定，證交所的董事、監察人，至少應有三分之一由主管機關指派非股東之專家擔任 註2。

1.組織型態

交易所的組織型態原有「會員制」及「公司制」兩種，先進國家多採前者，亦即由證券商會員共同組成非以營利為目的之社團法人，並推選代表管理事務，然而，證券商本身參與市場，舉凡上市、交易、融資融券與其利害關係殊深，會員制交易所必須依賴會員的自律自治，始能維護市場秩序與制度公正。

台灣證交所為公司制，但民國 89 年 7 月修正之證券交易法第 128 條規定，其股份轉讓之對象，以證券商為限。另根據證券交易法第 125 條第 2 項規定，公司制交易所存續期間不得逾 10 年，唯主管機關得視證券交易發展情形延長之，於今已逾 40 年而仍將繼續維持，此

因證交所本身不參與買賣，立場超然公正，便於管理，證期會並將以提高專家董事比率至二分之一，提高證交所特別公積金額度俾保障交易安全，以及降低其所收取的經手費率，來促進證交所的公益性及非營利性。

2.業務範圍

證交所下設上市、交易、結算、電腦作業、市場監視等 15 部，業務範圍包括：

(1)有價證券上市之審查及上市後之管理。

(2)有價證券上市買賣交易、給付及結算。

(3)有價證券股價監視與異常管理。

(4)有價證券上市買賣電腦作業及資訊管理。

(5)經營上市買賣證券商之管理。

(6)證券交易資訊之提供。

(7)研究發展與投資人教育宣導。

(8)其他經目的事業主管機關核准之事項。

此外，另遴選專家學者組成「有價證券上市審議委員會」，企業申請上市時，先由該委員審議通過，始能報請董事會核議，若董事會同意，乃將上市契約報請證期會核准。

三、櫃檯買賣中心

1.沿 革

有價證券在證券商的營業櫃檯以議價方式進行的交易行為，而非在集中市場上市以競價方式交易者，稱為櫃檯買賣或店頭交易，所形成的市場稱為店頭市場（Over-the-Counter Market）。民國 77 年台北市證券商同業公會成立「櫃檯買賣服務中心」，但店頭市場發展不如預

期，企業上櫃意願不高，店頭交易冷清，乃於民國 83 年由北、高兩市證券商同業公會、證交所等單位捐助成立「財團法人中華民國證券櫃檯買賣中心」（簡稱櫃買中心），期能擴大市場規模，提高效率與流動性。

2.組織、業務

櫃買中心有董事 15 人，監察人 5 人，其中三分之二由主管機關指派專家、學者擔任，另三分之一由捐助單位遴聘。下設上櫃、交易、電腦、稽核、管理等 5 部，業務範圍包括：

(1)有價證券上櫃之審查、上櫃後之管理。

(2)有價證券櫃檯買賣交易、給付及結算。

(3)有價證券股價監視與異常管理。

(4)有價證券櫃檯買賣電腦作業及資訊管理。

(5)經營櫃檯買賣證券經紀商、證券自營商財務業務之查核。

(6)其他經目的事業主管機關核准之事項。

另設「上櫃審議委員會」，功能一如證交所的上市審議委員會，負責申請上櫃公司之審議

3.店頭市場的角色

(1)與集中市場既相輔又互競

店頭市場與集中市場具有垂直分工的關係，相輔相成建構完整的證券市場。然就提供交易服務，爭取企業掛牌而言，兩者又有相互競爭的意味。

(2)為集中市場的預備與後備市場

上市的條件通常高於上櫃，所以大企業在集中市場流通，規模較

小的企業只能在店頭市場流通，俟其規模擴大，經營績效提高之後，亦可轉至集中市場上市掛牌，故為集中市場的預備市場。另一方面，上市公司因故下市，可以先降至店頭市場交易，店頭市場就成為集中市場的後備市場。

(3)提供投資人更多的投資選擇

店頭市場的存在，使得證券市場的投資標的增加，投資人可根據本身的偏好從中選擇，上櫃公司論規模、營運雖遜於上市公司，然皆各行各業中嶄露頭角者，其中不乏具有發展潛力的公司，有人譬之為「沙堆中挑選黃金」，惟應注意店頭市場的流動性風險。

(4)有助於中小企業的籌資與經營

上市的規定較為嚴格，中小企業往往無法符合上市的標準。在經濟發展過程中，常導致中小企業資金需求不能得到滿足。店頭市場的存在，對於未能符合上市標準，但能達上櫃標準的中小型企業而言，實有助於其資金的籌措。此外，擴大股東結構，提高公司知名度，易於網羅人才等附加效益，均有助於企業的永續經營與發展。

四、台灣證券集中保管股份有限公司

台灣證券集中保管股份有限公司（簡稱集保公司）係依證券交易法第18條及證券集中保管事業管理規則第3條規定，由證交所、復華證券金融股份有限公司及各證券商共同集資成立，並於民國79年1月正式營業。

證交所本為集中市場的結算機構，但為減輕投資人、證券商、證交所點數股票的繁重工作，及股票搬運的風險，並可以防止偽造、變造或瑕疵股票的流通，增進交易安全，目前集中市場、店頭市場的結算交割作業，以及證券的保管，皆委託集保公司辦理，並於民國84年

2 月起，全面採行款券劃撥交割制度，舉凡證券之結算、交割、保管、過戶等均採電腦一貫化作業之制度。投資人只要參與此制度，即由證券商發予存摺，日後只需憑此存摺，就可以自動轉帳方式登錄買賣紀錄，及辦理交割、過戶，並可隨時憑摺領出及送存。

集中保管之有價證券分為混藏保管與分戶保管兩種作業方式辦理：

1.混藏保管

採二階段法律架構，即投資人委託證券商辦理有價證券送存或領回事宜，再由證券商與集保公司進行作業，因此在混藏制度下，有價證券之管理僅依類別作庫存管理，並沒有依客戶別作區分。

2.分戶保管

採一階段法律架構，對象以公開發行公司董事、監察人、特定股東持有該公司有價證券及信託投資公司或保險機構投資購買之有價證券為限，即委託人與集保公司直接簽訂契約，由集保公司負責有價證券之送回或領回事項，因此在分戶保管制度下，有價證券之管理會依客戶別及送存先後作庫存管理。

表 6-C　集中保管有價證券業務概況表

單位：百萬股

年度	混合保管			分戶保管			總庫存上市（櫃）證券股數		上市（櫃）證券股數		庫存股數占上市（櫃）證券比例		
	上市 (A)	上櫃 (B)	合計	上市 (C)	上櫃 (D)	合計	上市 (A+C)	上櫃 (B+D)	上市 (E)	上櫃 (F)	上市 (A+C)/E	上市 (B+D)/F	總比率 (A+B+C+D)/(E+F)
86	118,737	15,003	133,740	6,037	3,235	9,272	124,774	18,238	202,546	31,645	61.60	57.63	61.07
87	171,792	22,111	193,903	7,148	5,249	12,397	178,940	27,360	268,950	38,239	66.53	71.55	67.16
88	205,507	30,977	236,484	8,105	7,503	15,608	213,612	38,480	303,439	50,496	70.40	76.20	71.23
89	247,825	42,193	290,017	10,334	9,256	19,590	258,159	51,449	367,579	67,064	70.23	76.72	71.23
90	289,608	46,372	335,980	12,826	7,843	20,669	302,434	54,215	410,404	73,231	73.69	74.03	73.74

註：1.資料來源：台灣證券集中保管股份有限公司
　　2.本表有價證券包括股票、認購（售）權證、受益憑證（一受益憑證換算為一股）、轉換公司債（面額新台幣 100 元換算為 1 股）。

第二節　證券商

　　我國證券商以分業制度為原則，區分為承銷商（Underwriter）、經紀商（Broker）、自營商（Dealer）。只經營一種業務的證券公司稱為專業證券商，而以專營經紀業務者占絕大多數，又稱專業經紀商；經營其中兩者或三者都經營者為綜合證券商，而以三者都經營占絕大多數，角色類似美國的投資銀行；金融機構兼營證券業務者稱為兼營證券商，包括中央信託局、三商銀等 21 家公、民營行庫。

表 6-D　我國證券業家數統計表

年度	證券商總家數		經紀商	自營商	承銷商	辦理融資融券	外國證券商	
	總公司	分公司					分公司	辦事處
80	353	74	340	55	61	－	2	6
81	294	133	277	68	59	33	2	8
82	272	189	254	68	57	46	1	15
83	262	235	245	72	57	49	1	23
84	247	320	232	72	55	54	7	22
85	229	420	212	79	58	56	13	19
86	221	663	199	95	71	60	15	16
87	215	911	188	108	81	60	11	8
88	212	987	184	112	84	58	11	5
89	190	1,092	158	105	75	54	13	4
90	183	1,094	151	105	75	51	14	4

資料來源：證券暨期貨管理委員會

　　按照「證券商設置標準」以及「證券商管理規則」的規定，各類證券商的資本額必須達到一定標準，且應提存營業保證金如表 6-E，始能營業。

表 6-E　證券商最低資本額及營業保證金之規定

類　　別	承銷商	經紀商	自營商	分公司
最低資本額	4 億元	2 億元	4 億元	每 1 家增加 3 千萬元
營業保證金	4 千萬元	5 千萬元	1 千萬元	每 1 家增加 1 千萬元

一、承銷商：發行市場

承銷是指接受發行公司委託，辦理證券發行的工作。證券承銷商之主要業務包括：公司上市、上櫃以及申請以第二類股票上櫃掛牌之輔導工作、公開招募承銷、發行新股承銷、公司債承銷、受益憑證、台灣存託憑證之承銷、企業財務顧問等。

承銷方式可分**包銷**（Firm Commitment）和**代銷**（Best Effort）兩種，概述如下：

1. 包　銷

在承銷期間屆滿後，承銷商如未能將有價證券全數銷售完畢，則必須自行認購剩餘數額，就發行人而言，確定能募集資金成功，承銷商則承擔了承銷風險，因此主管機關規定，包銷的總金額不得超過其流動資產減流動負債餘額之 15 倍。包銷的報酬則較高，但不得超過包銷總金額的 5%。

證券交易法第 71 條第 2 項允許另一種包銷方式，即承銷商先行認購後再行銷售，或於承銷契約訂明保留一部分自行認購 [註3]，使承銷商更積極扮演投資銀行的角色，並強化承銷商對發行人的議價能力。

2.代　銷

在承銷期間屆滿後，承銷商如未能將有價證券全數銷售完畢，則將剩餘數額退還發行人，承銷商幾無承銷風險，所以代銷的手續費較低，不得超過代銷總金額的 2%。

承銷商的收入來源計有上市（櫃）前輔導費、包銷報酬、代銷手續費、抽籤處理費等，唯因承銷商家數眾多，殺價競爭激烈，前三項收入常不足以支應成本，抽籤處理費及包銷購股票的資本利得反而較為重要，但若股價行情不佳，實現或未實現資本損失亦為承銷商的最大虧損來源。

承銷商可發揮的功能有下列三項：

1. 風險承擔的購買功能

尤指包銷而銷售情形不佳時，承銷商對剩餘證券的認購而言。

2. 分銷的功能

為使承銷的證券儘速分散銷售給投資大眾，承銷商常組成承銷團分配銷售工作，其中有主辦承銷商一家，通常銷售配額最高，而且要擔負撰寫輔導評估報告、協助證券上市（櫃）等前期工作；協辦承銷商多家，通常只負責銷售。

3. 保護的功能

為減少本身的承銷風險，及兼顧投資大眾的利益，承銷商必須審慎評估證券承銷價格，及發行計畫的時機、條件等可行性，在安定操作的規範下，也有維持證券市價穩定的義務，並增進本身信譽，對投資人而言，是一種保護的功能。

二、自營商：流通市場

自營是指自行買賣有價證券的業務，所以也自負買賣盈虧，其實原先賦予自營商的社會責任是調節市場供需，藉以穩定股市，亦即證券商管理規則第 30 條所述，自行買賣或出售承銷取得之有價證券「應視市場情況有效調節市場之供求關係，並注意勿損及公正價格之形成及其營運之健全性」。

為防止可以直接進場交易，又免繳買賣手續費（賣出仍須付證券交易稅）的自營商操縱股市，法規上對其交易有若干限制，諸如：

(1)對同一種證券，如果證券自營商與經紀商的申報價格相同且同時發生，則經紀商的買賣應優先成交。

(2)禁止賣空，也就是不得申報賣出未持有之有價證券。

(3)對於同一有價證券於賣出成交後，當日不得再行買入，而買入成交後，當日則不得再行賣出，亦即不得進行當日沖銷。

(4)證券自營商除由金融機構兼營另依銀行法處理者外，其持有任何一公司股份總額，不得超過該公司發行股份總額 10%；其持有任何一公司所發行之有價證券之資產總額不得超過本身資產總額 10%。

(5)證券交易發現證券自營商買賣證券足以影響正常市況時，得報請主管機關限制其對一部或全部證券之買賣數量。

三、經紀商：流通市場

經紀是指接受客戶委託，代客買賣有價證券並收取手續費，目前為彈性費率制，上限為成交金額的 1.425‰，一般俗稱的「號子（House）」就是經紀商的營業場所。

第三節　投資人

1. 投資人的類別

投資人一般區分為自然人和機構法人兩種，自然人包括本國自然人和僑外自然人；機構法人則包括政府機構、公司法人、金融中介機構等。金融中介機構的分類則又包含：(1)存款型金融機構如銀行、信託投資公司、郵政儲金等；(2)投資型金融中介機構，主要為證券投資信託公司（共同基金）；(3)人壽保險公司。

2. 外　資

投資國內資本市場的外國資金一般稱為外資，可分為以下三類：

(1)外國專業投資機構：分為銀行、保險公司、基金管理機構、證券商及其他投資機構等五大類。

(2)境內外華僑及外國人：分為自然人和一般法人。

(3)海外基金：為國內證券投資信託公司在國外發行募集的信託基金。

我國引進僑外投資係採逐步開放的政策，可分三個階段，第一階段係自民國 72 年起，以海外基金方式間接投資；第二階段自民國 80 年起，核准外國專業機構投資人（Qualified Foreign Institutional Investors, QFII）直接投資；第三階段自民國 85 年起，全面開放僑外自然人、法人直接投資。現行每一 QFII 投資金額上限為 30 億美元（89/11/21 調整），自然人及一般法人分別為 5 百萬美元和 5 千萬美元（86/6/2 調整），至民國 90 年止，外資累計總匯入淨額達 414 億美元。

3.開戶與交易

　　我國投資人開戶人數逐年成長，民國 77 年超過 100 萬戶，民國 88 年超過 1000 萬戶，幾達全國人口的半數，足見證券投資是國人重要的理財方式。

　　在股票交易市場上，本國自然人比重一向偏高，但有逐年下降的趨勢，民國 90 年仍高達 84.4%，本國法人和僑外法人則逐年成長，分別占 9.7% 和 5.9%，一般認為機構法人享有資訊優勢，分析技術也較為專業，**外資、投信、自營商統稱三大法人**，其買賣動向往往成為投資大眾跟進的指標。

註釋

註 1：證券交易法第 5 條：「本法所稱發行人，謂募集及發行有價證券之公司，或募集有價證券之發起人。」

註 2：證券交易法第 126 條：「公司制證券交易所之董事、監察人至少應有三分之一，由主管機關指派非股東之有關專家任之。」

註 3：承銷商自行認購比率相關規定如下：

(1)公開發行公司股初次上市、上櫃案件：除科技事業初次上市承銷案件維持現行規定應自行認購承銷股數之 50% 以外，應自行認購比例不得低於總股份數 10%，最高不得超過 25%。

(2)上市、上櫃公司現金增資、發行可轉換公司債案件及非採洽商銷售之普通公司債集案件：應自行認購比例，不低於總承銷股份數 5%，最高不得超過 15%。

(3)特別股案件及未上市、未上櫃公司現金增資對外公開銷售案件：得先行認購，認購比例上限為總承銷股份數 15%（僅訂上限）。

(4)未上市、上櫃公司有價證券公開招募案件：維持現行規定，應自行認購承銷股數 50% 以上，但未來三年的釋股計畫已經目的事業主管機關核准，並出具會計制度健全意見書者，得免由承銷商自行認購。

考題集錦

一、選擇題

_____ 1. 目前我國的證期會（SFC）是隸屬於哪一個單位所主管？

(A)經濟部　(B)財政部　(C)中央銀行　(D)經建會

【88 朝陽財金所】

_____ 2. 下列有關集中保管事業之敘述何者正確？

(A)證券集中保管事業之管理規則由行政院訂定

(B)每一證券集中交易市場，得以設立二家證券集中保管事業

(C)證券集中保管事業不以股份有限公司為限

(D)證券集中保管事業實收資本額得由發起人分次認足

【90.2 分析人員】

_____ 3. 買賣證券之投資人與證券經紀商之法律關係為何？

(A)承攬　(B)行紀　(C)買賣　(D)租賃　　【90.1 分析人員】

_____ 4. 公司制證券交易所之董事、監察人，至少應有多少比例由主管機關指派非股東之有關專家任之：

(A)三分之一　(B)四分之一　(C)五分之一　(D)二分之一

【90.1 分析人員】

_____ 5. 依據我國法令，證券交易所之組織分為：

(A)社團法人制及特許制　(B)會員制及非會員制　(C)會員制及公司制　(D)公司制及非公司制　　【91.1 券商高業】

_____ 6. 以我國證券市場現況而言，下列何者之組織型態並非股份有限公司？

(A)證券交易所　(B)證券商　(C)證券櫃檯買賣中心　(D)證券集保事業　　【91.1 券商高業】

_____ 7. 下列何項非台灣證券交易所之功能？

(A)有價證券交易資訊之提供　(B)代客買賣證券　(C)有價證券上市之審查　(D)提供有價證券集中交易之場所　　【91.1 券商高業】

_____8. 我國證券市場對證券商的設置係採：

(A)申報制　(B)兼採特許及准則制　(C)許可制　(D)登記制

【90.4 券商高業】

_____9. 證券集中保管事業保管之有價證券是：

(A)上市股票　(B)上市受益憑證　(C)上櫃股票　(D)以上皆是

【90.3 券商高業】

_____10. 經營有價證券之行紀或居間買賣者為何？

(A)證券經紀商　(B)證券自營商　(C)證券承銷商　(D)公債交易商

【90.2 券商高業】

_____11. 比較會員制證券交易所與中華民國櫃檯買賣中心之組織結構？

(A)前者為社團法人，而後者為財團法人

(B)前者為財團法人，而後者為社團法人

(C)兩者皆為社團法人

(D)兩者皆為財團法人　　　　　　　　　　　【91.1 券商業務員】

_____12. 集保公司以何種方式保管各公開發行公司董事、監察人及特定股東所持有之記名股票？

(A)混合保管　(B)分戶保管　(C)依雙方約定　(D)以上皆可

【90.4 券商業務員】

_____13. 證券交易所之業務為何？

(A)辦理融資融券　(B)集中保管有價證券　(C)經營供給有價證券集中交易市場　(D)提供投資人證券投資之意見【90.4 券商業務員】

_____14. 台灣證券交易所集中交割之有價證券收付作業，委由下列何者辦理？

(A)證券結算事業　(B)證券金融事業　(C)證券集中保管事業

(D)證券暨期貨市場發展基金會　　　　　　　【90.4 券商業務員】

_____15. 證券服務事業包含之事業，不包含下列哪一個？

(A)證券投資信託事業　(B)證券金融事業　(C)金融機構　(D)信用評等事業　　　　　　　　　　　　　　　【90.3 券商業務員】

_____16. 證券集中保管事業之業務範圍為

(A)發行受益憑證募集證券投資信託基金

(B)有價證券買賣交割或設質交付之帳簿劃撥

(C)接受委任，對證券投資有關事項提供研究分析意見或建議

(D)以上皆是　　　　　　　　　　　　　【90.3 券商業務員】

____17.下列何者不是次級市場上完成的？

(A)首次發行的股票　(B)店頭市場的交易　(C)台灣股票交易所的交易　(D)紐約股票交易所的交易　　　　　　【90.2 券商業務員】

第 7 章　股票承銷制度

　　證券發行市場又稱初級市場（Primary Market），企業或政府部門需求資金時，一則以間接金融方式向銀行借貸，再則以直接金融方式發行證券，在資本市場中募集。證券發行市場除了有證券發行者與證券購買者之外，承銷商扮演重要的仲介角色，居間聯繫資金需求者和供給者，一方面協助企業發行證券，一方面提供投資人投資機會，此外，第六章曾提及發行市場與流通市場有相輔相成的密切關係，承銷商亦扮演顧問角色，輔導企業上市上櫃，方能在流通市場掛牌交易，本章將以實務面介紹上市、上櫃、增資等承銷制度，以及承銷方式與價格訂定，藉以認識股票初級市場，至於債券初級市場則於第十六章債券市場與分析中介紹。

第一節　上市上櫃

　　企業初次申請股票上市或上櫃（Initial Public Offering, IPO）的流程大致相似，都是必須達到一定條件，並經過申請、審核、洽定上市（櫃）日期等步驟，向證交所申請上市的條件較嚴，向櫃檯買賣中心

申請上櫃的條件較寬,主要皆有設立年限、實收資本額、獲利能力、股權分散等規定,且無「不宜上市」(有價證券上市審查準則第 9 條)或「不宜上櫃」(證券商營業處所買賣有價證券審查準則第 10 條)等情事,分別敘述如下:

一、股票上市

1.設立年限

屆滿 5 年。

2.實收資本額

最近二個會計年度均達 6 億元以上。

3.獲利能力

營業利益及稅前純益符合以下兩項標準之一,且最近一個會計年度無累積虧損者:

(1)營業利益及稅前純益占年度決算之實收資本額比率,最近二年度均達 6%以上者,或是最近二年度平均達 6%以上,且最近一年度之獲利能力較前一年度為佳。

(2)營業利益及稅前純益占年度決算之實收資本額比率,最近五年度均達 3%以上。

4.股權分散

記名股東人數須在 1000 人以上,其中持有股份 1000 股至 5 萬股之股東人數不少於 500 人,且其所持有股份合計占發行股份總額之 20%以上或滿 1000 萬股者。

二、科技事業上市

科技事業為政策性重點扶植產業，若經中央目的事業主管機關出具明確意見書，上市條件特別予以放寬如下：

(1)申請上市時之實收資本額達新台幣 2 億元以上。

(2)產品開發成功且具有市場性，經提出中央目的事業主管機關出具明確意見書者。

(3)經證券承銷商書面推薦，且保留承銷股數 50%由證券承銷商自行認購。

(4)申請上市會計年度財務預測，最近一期財務報告及最近一會計年度之財務報告淨值不低於實收資本額之 2/3 者。

(5)記名股東人數在 1000 人以上，且持有 1000 股至 5 萬股之股東人數不少於 500 人。

三、不宜上市

申請股票上市的發行公司雖符合上市條件，但有下列各款情事之一，證交所認為「不宜上市」：

(1)遇有證券交易法第 156 條第 1 項第 1、2 款 註1 所列情事，或其行為有虛偽不實或違法情事，足以影響其上市後的證券價格，並有影響市場秩序或損害公益之虞者。

(2)吸收合併他公司尚未屆滿一完整會計年度者。但存續公司與被合併公司合併前獲利能力均符合上市規定者，不在此限。這是防止符合上市條件者挾帶不符合上市條件者一併上市，即所謂「挾帶上市」。

(3)財務或業務未能與他公司獨立劃分者。例如進貨金額高度集中（70%以上），或與他人共同使用貸款額度而無法劃分等。

(4)有足以影響公司財務正常營運之重大勞資糾紛或污染環境的情

況，尚未改善者。

(5)經發現有重大非常規交易尚未改善者。此指進銷貨的交易條件有違常理，取得或處分資產的合法性、必要性有疑慮者。

(6)申請上市年度已辦理及辦理中之增資發行新股併入最近各年度之決算實收資本額計算，不符合上市規定條件者。這是防止上市前大量增資灌水，稀釋每股獲利能力。

(7)有無息或低於一般利率水準的非金融機構借款，經設算利息支出後，不符合上市規定條件者。這是防止利益輸送，虛增公司獲利。

(8)有迄今未有效執行書面會計制度、內部控制制度、內部稽核制度，或不依有關法令及一般公認會計原則編制財務報表等情況，且情節重大者。

(9)所營事業嚴重衰退者。此指營業收入、營業利益、稅前純益與同業比較明顯衰退，或連續三個會計年度連續負成長。

(10)申請公司於最近五年內，或現任董事、監察人、總經理或實質負責人於最近三年內，有違反誠信原則之行為者。例如被銀行列為拒絕往來戶、有退票紀錄、逃漏稅捐等。

(11)董事、監察人及持股超過發行股份 10% 之股東，於申請上市會計年度及其最近一個會計年度中，有大量的股權轉移情況者。此指包括出售、贈與、放棄現金增資洽特定人認購逾發行股份 10%。

(12)申請公司之董事會或監察人，有無法獨立執行其職務者。

(13)其他因事業範圍、性質或特殊狀況，經證交所認為不宜上市者。

證交所在經理部門審查會議前，還要針對申請上市公司向社會大眾辦理意見徵詢，然後經上市審議委員會之審議、證交所董事會之核議、主管機關之核備而告完成，上市契約經主管機關核准及證交所函知後，股票應在 3 個月內上市買賣，若申請延期，得再延長 3 個月，

但以一次為限。

　　股票申請上市的過程可謂嚴謹，考驗可謂嚴格，工程浩繁而費時良久（承銷商輔導期間至少2年），然就股東的利益上來說，一個經營良好的公司在股票上市後，其獲利能力會反映在股價上，原有股東可因此獲得豐厚的資本利得。此外，對於原股東而言，股票上市使得股票能在市場上進行交易，增加了流動性，原股東就可以適當的調節其持股比例，調節其投資風險，還可享受股利所得在 27 萬以內免納所得稅之獎勵優惠。並且由於上市公司的營運受到政府機關的監督，其財務和業務的作業流程較為透明，除了可以增加投資人的信心之外，還可以作為融資融券或金融機構貸款的擔保品，並且就公司的經營和控制而言，上市公司在股權上較為分散，有助於主要股東掌握公司的經營權。

四、股票上櫃

1. 設立年限

屆滿 2 個會計年度。

2. 實收資本額

5 千萬元以上。

3. 獲利能力

(1)營業利益及稅前純益占實收資本額之比率最近年度達 4%以上，且其最近一會計年度決算無累積虧損者；或

(2)近二年度均達 2%以上者；或

(3)最近二年度平均達 2%以上，且最近一年度之獲利能力較前一年度為佳者。

4.股權分散

持有股份1000股至5萬股之記名股東人數不少於300人，且其所持股份總額合計占發行股份總額10%以上或逾5百萬股。

5.強制集保

董事、監察人及持有公司已發行股份總數10%以上股份之股東，將其持股總額依櫃買中心規定比率，委託指定機構集中保管，並承諾自股票在櫃檯買賣之日起2年內不予出售，所取得之集中保管證券憑證不予轉讓或質押，且2年期限屆滿後，集中保管之股票允按櫃買中心規定比率分批領回 註2。

6.券商推薦

經2家以上證券商書面推薦，並於承銷契約中訂明初次上櫃時，推薦證券商自行認購的比例。

7.在櫃買中心所在地設有證券過戶處所或股務代理機構

五、櫃檯買賣第二類股票

對於新興科技事業如網路、電腦軟體等行業，其開業年度或獲利狀況多未達上櫃標準，但為提供這類有潛力的中小企業一個籌資管道，以及提供投資大眾較透明的資訊，從而提高這類股票的市場流動性與交易保障，乃參考香港創業板市場、美國 NASDAQ 市場及日本高成長與新興股票市場（Market of the High-Growth and Emerging Stocks），於民國89年3月實施櫃檯買賣第二類股票制度，本著掛牌從寬，管理從嚴的原則，協助創新型事業進入資本市場。二類股票的上櫃條件如下：

1. 設立年限

滿一個完整會計年度。

2. 實收資本額

3000 萬元以上。

3. 淨　值

最近一個會計年度無累積虧損，或淨值在 20 億元以上。

4. 強制集保

董事、監察人及持有公司已發行股份總數 5%以上股份之股東，將其持股總額依櫃買中心規定比率，委託指定機關集中保管，並承諾自股票在櫃檯買賣之日起 4 年內不予出售，所取得之集中保管證券憑證不予轉讓或質押，且 4 年期限屆滿後，集中保管之股票允按櫃買中心規定比率分批領回者。

5. 券商推薦

經 2 家以上證券商書面推薦，並於承銷契約中訂明初次上櫃時，推薦券商自行認購的比例。

6. 由專業股務代理機構辦理股務

二類股制度於民國 89 年 3 月正式實施後，迄民國 91 年 2 月底止，計有關貿網路等 18 家上櫃公司，原本各界寄以厚望，但適逢網路股夢景幻滅，市場交易冷清，申請上櫃及輔導的熱潮退燒，有「冷凍櫃」之稱。

六、不宜上櫃

「不宜上櫃」的條款訂於證券商營業處所買賣有價證券審查準則第 10 條，共 12 款，與訂於有價證券上市審查準則第 9 條的「不宜上市」13 款條文事實幾乎完全相同，僅少其第 12 款「申請公司之董事或監察人，有無法獨立執行其職務者」。

股票上櫃的作業程序與上市類似，只是上櫃的輔導期間較短，僅須 12 個月，上市則一般為 2 年。上櫃買賣滿 1 年，若各項條件符合上市標準，可申請轉上市，但證交所於每年 6 月底採批次審查，不接受其他時間的個案申請。

表 7-A　公開發行公司：上市上櫃公司及未上市上櫃公司概況

單位：億元

年度	上　市　公　司				上櫃公司				未上市上櫃公司	
	家數	資本額	上市面值	上市市值	家數	資本額	上櫃面值	上櫃市值	家數	資本額
80	221	6430	6167	31840	9	37	37	105	717	7668
81	256	7610	7356	25455	11	44	44	97	803	10192
82	285	9083	8910	51454	11	39	39	96	852	11336
83	313	10998	10711	65043	14	97	97	269	917	12048
84	347	13466	13246	51084	41	1730	1730	2457	999	12181
85	382	16612	16268	75288	79	2641	2641	8334	1110	13455
86	404	21062	20663	96961	114	3148	3148	10268	1501	14620
87	437	27340	26966	83926	176	3813	3813	8876	1801	15187
88	462	30862	30565	117873	264	5137	5049	14684	2018	16096
89	531	36613	36301	81914	300	6771	6672	10505	2257	15186
90	584	40952	40627	102388	333	6814	6747	14121	1953	15179

資料來源：證券暨期貨市場重要指標，證期會編印，民國 91 年 1 月 15 日。

從表 7-A 可知，迄民國 90 年底為止，我國上市公司有 584 家，上櫃公司有 333 家，面值總計分別為 4 兆元和 6747 億元，家數與資本額

皆逐年成長，未上市上櫃的公開發行公司一旦經營有成，符合上市或上櫃標準，只要沒有特殊限制或考量，大都希望上市或上櫃掛牌買賣，形成我國活力十足，蓬勃發展的資本市場。

第二節　公司增資

增資發行新股可分為四類：⑴**盈餘轉增資，又稱盈餘配股**；⑵**資本公積轉增資，又稱公積配股**；⑶**現金增資**；⑷**合併增資**。⑴、⑵兩類皆為無償配發原股東股票股利，⑷只涉及存續和消滅公司，這些都毋須對外承銷新股，唯現金增資係自社會大眾募集新資金，以利公司營運而辦理增資，故稱有償認購，依照證券交易法第 28 條之 1 的規定，上市上櫃公司現金增資必須提撥 10% 以時價對外公開發行，承銷方式將在下一節介紹。

一、增資要件

1. 公司非將章程規定之股份總數全數發行後，不得增加資本。（公司法第 278 條第 1 項）

2. 我國採授權資本制，公司可依實際需要分次增加實收資本，但增資後第一次發行之股份，不得少於增加股份總數的 1/4。（公司法第 278 條第 2 項）

3. 增資係公司章程的變更，須經股東會特別決議通過（2/3 出席，過半數同意）方可為之。

二、增資程序

1. 董事會擬具增資方法，然後召開股東會，並向股東會提出增資之變更章程議案。

2.股東會特別決議通過。

3.由董事會發行新股或催繳增加之股款。

4.向經濟部申請變更登記。

5.公開發行公司辦理增資，必須向證期會提出申請，證期會則依「發行人募集與發行有價證券處理準則」辦理。

目前證期會審核有價證券之募集與發行兼採**申報生效**及**申請核准**制並行。所謂申報生效，即發行人為募集及發行有價證券，依規定檢齊相關書件向證期會提出申報，除因申報書件應行記載事項不充分，為保護公益有必要補充說明或經證期會退回者外，其案件自申報日起屆滿 30 日生效。所謂申請核准，即證期會以會計師依規定查核簽證及複核發行人所提出相關書件之審核結果，予以形式審查，如未發現異常情事即儘速予以核准。

第三節　配售方式與承銷價格

證券交易法第 10 條規定，承銷方式有包銷和代銷兩種，在第六章第二節中已有說明，本節則介紹實務上的配售方式，以及承銷價格的訂定。

一、公開申購

公開申購是在承銷價格確定下，由投資人表達認購意願，若申購數量大於承銷數量，則採電腦抽籤方式決定中籤的投資人，是最早也最普遍使用的配售方式。股票初次上市（櫃）或現金增資時，可採 100%公開申購配售，也可以和競價拍賣或詢價圈購搭配銷售，此因競價拍賣或詢價圈購時，產生符合「時價發行」觀念的承銷價格，可供公開申購時準用，若是 100%公開申購，則必須制定公式以資計算承

銷參考價格。

1. 初次上市（櫃）

以 3 家性質、產業別相似的上市公司為採樣公司，然後以採樣公司的平均本益比、平均股利率以及金融機構一年期定存利率，分別還原發行公司的每股稅後盈餘或每股股利以推算每股合理市價，再考量發行公司每股淨值，並賦予每項之權數，以加權平均計算得之。

表 7-B　上市（櫃）股票承銷參考價之計算

項目	計算方式	權數
A	三年度平均每股稅後盈餘×採樣公司三年度平均本益比	40%
B	三年度追溯調整平均每股股利÷採樣公司三年度平均股利率	20%
C	最近期經會計師查核簽證財務資料之每股淨值	20%
D	當年度預估每股股利÷金融機構一年期定存利率	20%

2. 現金增資

不低於該公司送件前 10、20、30 個營業日擇一計算之平均收盤價，並考慮是否高於扣除權值影響後股價的七成，所以也含有「時價發行」的觀念。

公開申購方式的優點：

(1)電腦抽籤配售公平，且易達成股權分散。

(2)方法簡單易懂，適合一般投資大眾參與。

(3)承銷價格常低於應有市價，相當於提供價格優惠，吸引潛在投資人。

公開申購方式的缺點：

(1)承銷價格與時價有差距，造成超額供給或需求。

⑵承銷期間過長，投資風險增加。

⑶產生人頭戶申購現象。民國 86 年 11 月實施新版公開申購制度，規定申購人必須在證券商開有交易戶、銀行戶、集保戶，銀行戶中必須有足夠的股款可供驗資，中籤股票全部採帳簿劃撥方式撥付，雖可有效防範人頭戶冒名抽籤的現象，但公開申購件數劇減，對承銷商收入影響極大。

⑷中籤者為散戶大眾，股票上市（櫃）後較易形成短期套利賣壓。

⑸小股東過多，使得股務成本增加。

二、競價拍賣

股票初次上市（櫃）且係原股東之股票提出承銷者，得以銷售總數的 50% 進行競價拍賣，其餘 50% 採用公開申購配售，但公營事業及對非特定人公開招募不受此限。競價拍賣前先由承銷商和發行公司議定最低承銷價格（底價），再由投資人參與投標，並依投標價格高低順序得標。至於公開申購部分的承銷價格訂定，則與競價拍賣的結果有關，其規定如下：

1. 投標總數量小於拍賣數量

以最低承銷價格為公開申購的承銷價格，未拍賣成功的部分則分配予承銷團成員，一同辦理公開申購。

2. 投標總數量大於拍賣數量

⑴全部得標價格未超過最低承銷價格的 1.5 倍：以 1.5 倍以內部分的數量加權平均得標價格為公開申購的承銷價格。

⑵全部得標價格皆超過最低承銷價格的 1.5 倍：以最低承銷價格的 1.5 倍為公開申購的承銷價格。

競價拍賣的優點：

(1)承銷價格由投標人共同決定，較符合市場供需狀況。

(2)法人參與較多，傾向長期持有，上市（櫃）後短期賣壓較小。

競價拍賣的缺點：

(1)股權較集中，雖有限制每一投標人的最高得標數量，但出價權利在彼，有心人士仍可透過關係企業或人頭戶進行股權收購。

(2)承銷價格與合理市價較接近，沒有價差優惠將影響公開申購的意願。

此外，參與競價拍賣應預繳投標金額 20%的保證金以及投標處理費。

三、詢價圈購

詢價圈購（Book Running）為國際承銷市場較常採用的制度，首先由主辦承銷商與發行公司議定可能的承銷價範圍，然後藉由投資人圈購，彙整市場需求的價格與數量，主辦承銷商與發行公司再據此議定實際的承銷價格，若搭配公開申購配售，此即為公開申購的承銷價格。但圈購人遞交圈購單，僅係向承銷商表達認購意願；承銷商受理圈購，亦僅係探求市場認購意願，雙方都不受圈購單的內容拘束，只有在承銷商以實際承銷價對圈購人進行配售並獲承諾，交易始告確立，承銷商得要求其繳交部分價金作為圈購保證金，以避免承諾人未依約繳款認股的風險。

詢價圈購適用於：(1)現金增資；(2)募集公司債；(3)募集台灣存託憑證；(4)公開招募等情況，除了以現金增資辦理股票上市（櫃）時規定採用 50%詢價圈購、50%公開申購配售之外，其餘情況都是全部詢價圈購，或是部分詢價圈購、部分公開申購搭配方式進行。

詢價圈購與競價拍賣所決定的承銷價格都具有市場性，但詢價圈購的過程較繁複，承銷風險也較高，因此承銷商會優先配售給圈購承

諾紀錄良好的投資人，紀錄不良的投資人會受喪失未來投資機會的無形約束，自然形成一種承銷商與投資人之間的規範，詢價圈購制度的施行，更能考驗承銷商「承」接案件和配「銷」效率的實力。

四、洽商銷售

洽商特定人銷售有價證券，僅限於普通公司債、認股權證、共同基金的承銷，亦即公平性質疑較少的有價證券承銷。

以上所介紹的各種承銷配售方式，其適用情形及制度選擇彙整如表 7-C。

表 7-C　承銷制度之適用

適用情形	承銷制度選擇
股票初次申請上市、上櫃	1. 以現金增資發行新股，提出一定比率公開承銷 　(1)公開承銷股數採 100%公開申購配售 　(2)公開承銷股數採 50%詢價圈購、另 50%公開申購配售 2. 非以現金增資發行新股，提出一定比率公開承銷 　(1)公開承銷股數採 100%公開申購配售 　(2)公開承銷股數採 50%競價拍賣、另 50%公開申購配售
已上市、上櫃公司辦理現金增資	• 提出公開承銷部分採 100%公開申購配售 • 現金增資額度除員工認股外，採 100%詢價圈購 • 採部分詢價圈購、部分公開申購配售
募集公司債、台灣存託憑證、基金或公開招募案件	• 採 100%公開申購配售 • 採 100%詢價圈購 • 採部分詢價圈購、部分公開申購配售 • 採全數洽商銷售（僅限於普通公司債、認股權證及基金之承銷）

資料來源：圖解中華民國證券暨期貨市場，90 年版，證券暨期貨市場發展基金會。

註釋

註1：證券交易法第 156 條第 1 項第 1 款：「發行該有價證券之公司遇有訴訟事件或非訴訟事件，其結果足以使公司解散或變更其組織、資本、業務計畫、財務狀況或停頓生產，而有影響市場秩序或損害公益之虞者。」第 2 款：「發行該有價證券之公司，遇有重大災害，簽訂重要契約，發生特殊事故，改變業務計畫之重要內容或退票，其結果足使公司之財務狀況有顯著重大之變更，而有影響市場秩序或損害公益之虞。」

註2：證券商營業處所買賣有價證券審查準則第 3 條第 1 項第 4 款有關規定第 3 點：「……提交保管之股票自開始櫃檯買賣日起，屆滿 2 年後得領回其五分之一，其後每滿半年可領回五分之一。」亦即屆滿 2 年後分 5 次領回，每次 1/5，每次間隔半年，屆滿 4 年始全數領回。

考題集錦

一、選擇題

_____ 1. 股票已經上市之公司，在發行新股時，原則上其新股股票於何時起上市買賣？

(A)向股東交付之日起　(B)證期會核准時起　(C)新股製作完成時起

(D)每月第一個營業日　　　　　　　　　　　【90.3 分析人員】

_____ 2. 實證結果顯示新股初次上市（initial public offerings）平均而言其短期價格為__，長期價格為__。

(A)低估；高估　(B)低估；合理　(C)高估；高估　(D)高估；合理

(E)高估；低估　　　　　　　　　　　　　　【90.台大財金所】

_____ 3. 證券承銷商包銷有價證券，於承銷契約所訂之承銷期間屆滿後，對於約定包銷之有價證券，未能全數銷售者，其剩餘數額之有價證券，應如何處理？

(A)自行認購　(B)再行銷售　(C)退還發行　(D)洽特定人認購

　　　　　　　　　　　　　　　　　　　　　【91.1 券商業務員】

_____ 4. 按證券交易法之規定，依約定包銷或代銷發行人發行有價證券之行為，稱為：

(A)募集　(B)發行　(C)上市　(D)承銷　　　【91.1 券商高業】

_____ 5. 依公司法規定，同次發行之股份，其發行條件相同者，在金額方面：

(A)應歸一律

(B)員工所認價格與對外所發行之價格，可以不同

(C)原股東所認價格與對外所發行之價格，可以不同

(D)視所認股份之多寡，可以有不同價格　　　【91.1 券商高業】

_____ 6. 申請股票上市公司應經證券承銷商書面推薦者係：

(A)國家經濟建設之重大事業　(B)科技事業　(C)金融事業　(D)觀光旅館事業　　　　　　　　　　　　　　　【91.1 券商高業】

____7.證券承銷商辦理有價證券之承銷,現行有幾種配售方式?

　　(A)二　(B)三　(C)四　(D)五　　　　　　　　【91.1 券商高業】

____8.下列何種承銷方式較可產生公平合理之發行價格?

　　(A)競價拍賣　(B)詢價圈購　(C)公開申購配售　(D)洽商銷售

　　　　　　　　　　　　　　　　　　　　　　　　【91.1 券商高業】

____9.依發行人募集與發行有價證券處理準則之規定,申請核准之適用

　　範圍:A.以資本公積轉做資本,B.募集設立,C.發行轉換公司債,

　　D.上市或上櫃公司辦理減少資本者

　　(A)A、B　(B)C、D　(C)A、C　(D)B、D　　【90.4 券商高業】

____10.證券承銷商委託證券經紀商分銷其證券時,分銷價格與承銷價格:

　　(A)應一致　(B)可不一致　(C)未規定　(D)應部分一致,部分可不

　　一致　　　　　　　　　　　　　　　　　　　　【90.4 券商高業】

____11.申請上櫃之公開發行公司,其持有股份一千股至五萬股之記名股

　　東人數,至少應有幾人才符合上櫃標準?

　　(A)二百人　(B)三百人　(C)五百人　(D)一千人　【90.4 券商高業】

____12.一般發行公司初次申請股票上市條件,公司獲利能力應符合標準

　　之一為營業利益及稅前純益占年度決算之實收資本額比率,最近

　　五年度均達多少者?

　　(A)百分之三以上　(B)百分之五以上　(C)百分之六以上　(D)百分

　　之十以上　　　　　　　　　　　　　　　　　　【90.4 券商高業】

____13.申請股票上櫃必須有幾家以上證券商書面推薦?

　　(A)一家　(B)二家　(C)三家　(D)五家　　　　【90.3 券商高業】

____14.櫃檯買賣中心證券商營業處所買賣有價證券審查準則第十條第八

　　款所謂公司營運狀況顯有重大衰退者,係指發行公司「最近幾個

　　會計年度」之營業收入及營業利益,均連續呈現負成長情形?

　　(A)一個會計年度　(B)二個會計年度　(C)三個會計年度　(D)四個

　　會計年度　　　　　　　　　　　　　　　　　　【90.3 券商高業】

____15.以下何者為散戶最常使用的申購股票方式?

(A)競價拍賣　(B)詢價圈購　(C)洽特定人承銷　(D)公開申購

【90.3 券商高業】

____16. 下列何種案件，可採競價拍賣方式承銷？

(A)公開招募案件　(B)現金增資案件　(C)可轉換公司債案件　(D)台灣存託憑證案件　　　　　　　　　　　　【90.3 券商高業】

____17. 證券承銷契約約定，承銷期間屆滿後，未能全數銷售者，其剩餘數額得退還發行人。試問此一契約，法律上屬於：

(A)包銷　(B)確定包銷　(C)代銷　(D)行紀　【90.3 券商高業】

____18. 下列哪一行業在申請上櫃時，必須先取得目的事業主管機關的同意？A.證券業，B.保險業，C.電子業，D.金融業

(A)A、B、C、D　(B)A、B、C　(C)A、B、D　(D)B、C、D

【90.3 券商高業】

____19. 申請一般類股票櫃檯買賣之公司，其設立年限至少應滿？

(A)三年　(B)四年　(C)五年　(D)六年　【90.3 券商高業】

____20. 下列何項標準，非科技事業（符合「證券商營業處所買賣有價證券審查準則」第三條第三項標準者）股票在櫃檯買賣之必要條件？

(A)實收資本額標準　(B)股權分散標準　(C)獲利能力標準　(D)推薦證券商家數　　　　　　　　　　　　　　　【90.2 券商高業】

____21. 證券承銷商辦理有價證券之承銷，其承銷價格不得以何種方式為之？

(A)競價拍賣決定　(B)承銷商與發行公司議定　(C)承銷商與有價證券持有人議定　(D)發行公司決定　　　　　　　【90.1 券商高業】

____22. 申請股票上市之發行公司，其公司資本額最近二個會計年度決算之實收資本額應達多少以上？

(A)均達新台幣六億元以上者　(B)後一年達新台幣六億元以上，前一年達新台幣三億以上者　(C)均達新台幣三億元以上者　(D)後一年達新台幣三億元以上即可　　　　　　　　　【89.4 券商高業】

____23. 一般企業申請股票在櫃檯買賣，其決算營業利益及稅前純益占實收資本額之比率，下列四個標準，哪一標準是對的？

(A)最近二年度均達百分之一以上　(B)最近二年度均達百分之二以上　(C)最近二年度均達百分之三以上　(D)最近二年度均達百分之四以上
【90.4 券商業務員】

____24.證券主管機關審核有價證券之募集與發行係採用何種制度？

(A)採申報生效制　(B)兼採申報生效及申請核准制　(C)採實質審查及申請核准制　(D)採申請核准制
【90.3 券商業務員】

____25.股份總數得分次發行，但第一次應發行之股份，不得少於股份總數多少比例？

(A)二分之一　(B)三分之一　(C)四分之一　(D)五分之一
【90.3 券商業務員】

____26.證券承銷商共同承銷時，應指定一承銷商為哪種承銷商？

(A)特定承銷商　(B)指定承銷商　(C)主辦承銷商　(D)共同承銷商
【90.3 券商業務員】

二、問答題

1. 目前我國證券市場有關新股上市或現金增資之承銷制度中，已採行之承銷方式有哪三種？請說明此三種承銷方法之意義各為何？又此三種方法有哪些相同與相異之處？
【86 銘傳金融所】

2. (一)簡述我國證券 Underwriting 的三種方式。

(二)何謂競價標售？保謂詢價圈購？國內現行做法有何缺失？
【86 高雄科大金融所】

第 **8** 章　股票交易市場

　　證券流通市場又稱次級市場（Secondary Market），其功能為交易變現及形成市場價格，本章將介紹股票交易的流程、市場管理制度及資訊揭露的相關規定，諸多法令規章雖然細瑣，但是為了維持公平、公正、公開的證券交易，提供安全、健全的投資管道，不能成為破壞秩序者的提款機，遊戲規則必須兼顧興利與防弊。本章涵蓋股票次級市場，至於債券次級市場，將於第十六章債券市場與分析中介紹。此外，股票信用交易屬證券金融領域，則於第九章證券周邊事業中介紹。

第一節　交易流程與規定　

　　投資人想要在證券市場進行交易，首先要辦理開戶手續，交易時必須委託證券經紀商輸入其與交易所主機連線的電腦，經交易所撮合成交（D日），次一營業日（D＋1營業日）交付買進之價款或賣出之證券履行交割，再次一營業日（D＋2營業日）買進應收之證券或賣出應收之價款劃撥入帳，整個交易流程才算全部完成。

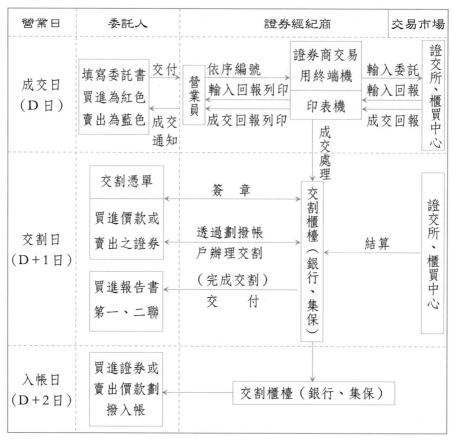

圖 8-A　台灣證券交易流程圖

一、開　戶

　　證券交易為民法中的買賣行為，因此委託人（客戶）必須具備行為能力，委託人如有違反交易契約（例如不如期履行交割義務）在案未滿 3 年，或滿 3 年但未結案，以及違反法令規章經證期會通知停止買賣證券未滿 5 年等情況，經紀商應拒絕接受開戶，已開戶者應拒絕接受委託買賣契約。

　　由於客戶之成交與交割相隔一個營業日，經紀商接受現股買賣委

託又不得收取保證金，因此，經紀商承受營業風險，有賴開戶時對客戶的財力及信用做徵信審核，是為經紀商風險控管的第一步。

二、委　託

客戶委託買賣的意思表示方式可分：(1)當面委託；(2)電話委託；(3)電報或書信委託；以及民國 86 年才興起的(4)網路下單（或語音按鍵下單）。隨著網路的普及和券商節約人工接單的成本考量，網路下單仍有成長空間，這種客戶DIY的交易方式在幅圓遼闊的美國發展頗為成功，但在券商密布，服務業仍重視人際關係的台灣，仍以電話委託和當面委託為大宗。

委託書以顏色區別買進或賣出，**買進委託書為紅單，賣出委託書為藍單**，即時股價顯示系統也以紅色代表上漲，綠色代表下跌，因此市場常以滿堂紅或紅單滿場飛隱喻買氣旺盛，天天天藍或藍色的憂鬱隱喻賣壓沈重。至於電話委託，因國語之買、賣音近，投資人最好以「買進」或「賣出」、「進」或「出」表達意思，證券名稱宜冠以代號避免混淆（例如 2808 台北國際商銀和 2830 台北銀行；證交所雖有制式簡稱，但有些極相近，例如中國國際商銀簡稱「中銀」，台中國際商銀簡稱「中商銀」等），以次再表達委託數量和價格，營業員宜覆誦核對，並可資錄音為證。

委託報價本有市價委託（Market Order）和限價委託（Limit Order）兩種，市價委託係投資人希望儘量按照委託當時的成交價成交，不限定價格，以競價的撮合原則來看，營業員會以當日漲停板價格輸入處理市價買進委託，以當日跌停板價格輸入處理市價賣出委託，但有時因輸入過慢或該股交易零星，而使實際成交價格與委託當時市場價格有些差距，為了減少爭議，證交所於民國87年8月討論將下單報價方式全部改為限價委託。**限價委託則由委託人限定價格，買進成交時在限定價格或其以下價格成交，賣出成交時應在限定價格或其以上價格**

成交。

此外，客戶如未特別約定，委託應視為當日有效，收盤後自動失效。

三、交易時間

台灣股市的交易時間為每週一至週五上午 9:00 開盤至下午 13:30 收盤，但 8:30 開始即可下單，民國 89 年 4 月起又實施「盤後定價交易」，投資人可於下午 14:00 至 14:30 委託經紀商申報買賣股票，於 14:30 以當日收盤價一次撮合完畢，撮合的優先順序以電腦隨機排列定之。

四、交易單位

台灣股市以 1000 股為一個交易單位（Lot），俗稱一張，盤中每筆委託數量可由 1 張至 499 張的任何整數單位，此外：

1. 零股交易

不足一個交易單位，也就是 999 股及以下的畸零股數，多因公司增減資及股票分割而產生，可以在場外交易，但若在集中市場內交易，則應在 15:00 前申報，若成交，以當日收盤價扣減 0.5% 為買賣價格，各自營商有被分派收購各指定之上市公司零股，也有專營收購零股的人士，經零股合併成整數單位後再於盤中賣出。

2. 鉅額交易

一筆 500 個交易單位（含）以上為鉅額交易，應於 14:30 到 15:00 申報，次一營業日開盤時進行撮合，鉅額委託可分沒有確定買賣對象的「應買應賣」和已有確定買賣對象的「要買要賣」，撮合時如無「應買應賣」，則以特定買賣對象撮合「要買要賣」；如有「應買應賣」，則併同「要買要賣」按各筆申報數量比例撮合，如有餘數按申

報先後順序分配成交。

五、漲跌幅與升降單位

台灣上市（櫃）公司股價有每日最大漲跌幅的限制，即漲停板與跌停板，為前一營業日收盤價加減 7%，但受限於股價變動的基本升降單位（Ticks，俗稱「檔」），當日漲跌停板都在 7% 或 7% 以內。

表 8-B　升降單位（檔次）的規定

股價範圍	升降單位
5 元（不含）以下	0.01 元
5 元（含）～15 元（不含）	0.05 元
15 元（含）～50 元（不含）	0.1 元
50 元（含）～150 元（不含）	0.5 元
150 元（含）～1000 元（不含）	1　　元
1000 元（含）以上	5　　元

台灣證交所自民國 51 年開業以來，漲跌幅規定曾經歷多次變動，從最早的 5% 到 1%、3%、5%、7% 皆有，大抵因經濟因素（如石油危機）或非經濟因素（如中美斷交）造成或預期股市重挫則縮小之，危機度過則恢復之，儼然以價格機制為政策手段，姑不論效果如何，政府似有緩跌總比急跌好的心態，尤可議者為漲跌幅不對稱以宣示護盤意向，例如民國 63 年 2 月第一次石油危機時，政府宣布漲幅維持 5%，跌幅縮小為 1%，3 月時見股價跌勢難遏，更改為漲幅 5%，跌幅 1 檔；民國 88 年 921 大地震及民國 89 年 3 月 20 日總統大選過後，都曾實施為期一週的漲幅 7%，跌幅 3.5% 規定。

六、競　價

　　競價是買賣訂單撮合的方式之一，分為**連續競價**和**集合競價**兩類。連續競價是指只要符合成交條件，便即時將買賣訂單配對撮合，所以市價隨供需狀況不斷地改變；集合競價則允許市場有一段時間累積買賣訂單，再於特定時間將符合成交條件者，以同一價格一次撮合。

　　台灣集中市場與店頭市場的電腦撮合方式相似，都是採集合競價制度，只是撮合頻率高，累積買賣委託單的時間間隔短（約 30～45秒），感覺好像連續競價，競價的原則以「**價格為第一優先**」，亦即**買進報價愈高或賣出報價愈低就愈優先撮合**，若報價相同則以「**時間為第二優先**」，亦即**申報時間愈早則愈優先撮合**。只有在開盤時，第一盤只考慮價格優先，不考慮時間順序，對於開盤前的委託單，相同報價者是以電腦隨機排列順序。準此，市價委託亦即以漲停板價買進，以跌停板價賣出，意味藉「價格為第一優先」的優勢，凌駕申報時間落後的不利，反而能提早成交，只是以成交條件寬鬆為讓步，必須接受市場所決定的價格；限價委託則意味可能要耐心等待，甘冒可能失去成交機會的風險，但成交價格必定滿意。

　　台灣集中市場另有「兩檔限制」的規定（91.7.1.取消），店頭市場則無。兩檔限制是指下一成交價格不能高於或低於現行揭示市價向上或向下 2 個檔次（升降單位），因此在店頭市場為爭取價格優先而高掛買單、低掛賣單，結果成交價格不理想的機率較高，在集中市場如果報價與市價之間超過 2 檔且為空檔，買進（賣出）揭示報價必須先移動至 2 檔內始得成交，不會像店頭市場那般瞬間跳空成交。

　　此外，證券交易法 150 條規定，除了零股之外，上市股票不得場外交易，上櫃股票則既可透過櫃買中心競價交易，也可以和證券自營商進行場外議價交易。議價是店頭市場的特有交易方式，店頭市場的股票等價成交系統，或債券等殖成交系統，即保有這種交易精神，然

不及競價撮合的效率和公正。

七、交易成本

買賣股票的主要交易成本有稅賦（Tax）和手續費（Commission）兩種，稅賦又分證券交易稅（Transaction Tax，簡稱證交稅）和證券交易所得稅（Capital Gain Tax，簡稱證所稅）。證所稅係買賣股票獲利才併入綜合所得課徵，虧損還能抵免，符合租稅公平的原則，民國77年9月宣布翌年起實施，股市連跌19支停板，實施後人頭戶問題嚴重，稽徵作業困難，一年後即停徵迄今，因此台灣股市的交易成本只有證交稅和手續費兩種：

1. 證交稅率

0.3%，只有賣方負擔。

2. 手續費率

集中市場上限為0.1425%；店頭市場一律為0.1425%且至少20元。買賣雙方都須支付給經紀商。集中市場原採0.1425%固定手續費率制，但券商私下對大戶退佣嚴重，且多冒開發票藉以報銷，官民兩皆不便，民國85年9月改採分級費率制，按每月交易金額1000萬元、5000萬元、1億元、1.5億元分為5級，由小而大分為收取0.1425%、0.1325%、0.12%、0.11%、0.1%，但券商同業的競爭激烈有甚於此，民國89年7月改採上限費率制，由券商自訂並應於營業處公告，手續費率更加彈性化。

另與投資人無涉而是券商支付給證交所的服務報酬，稱為經手費，費率為經紀商手續費收入的5%，自營商經手費則以交易金額的萬分之0.75計。店頭市場經紀商經手費計算方法同於集中市場，自營商則為交易金額的萬分之0.7125。

有關世界各地股市的交易成本，茲舉先進國家美、英、日，亞洲四小龍之星、港、韓，亞洲四小虎之印尼、馬來西亞，以及中國大陸為例，以資比較：

表 8-C　各國股市交易成本

國家地區	證券交易稅	資本利得稅	手續費
美國	0	20%	議價
英國	0.5%*	40%	議價
日本	0.3%	1.本國人併入個人所得稅申報。 2.外國人 20% 中央稅及 6% 地方稅，美、德、荷、瑞典人免稅。	按交易金額分： 1. 500 萬日元以下：0.9% ＋2500 日元 2. 1000 萬日元以上：0.1% ＋53500 日元
新加坡	交易：0.05% 過戶：0.2%	無	彈性費率，0.3%～1%
香港	0.15%*	無	議價，聯交所另收 0.011%
南韓	0.3%	27.5%	議價
印尼	0.1%	無	議價，上限 1%
馬來西亞	0	無	彈性費率，0.5%～1%
中國大陸	0.3%*	20%	彈性費率，0.43%～0.7%

資料來源：整理自 The Salomon Smith Barney Guide to World Eguity Market, Published by Euromoney Publications DLC and Salomon Smith Barney, 1998.

*為印花稅，且買賣雙方都課徵。

八、交　割

買賣股票成交後，買方付款賣方付券的手續為交割（Clear），亦即買賣雙方銀貨兩訖。台灣證交所採用的交割方式有下列三種：

1. 普通交割

成交日之次一營業日辦理交割事宜，一般股票交易為之。

2. 全額交割

委託當日應先收足款券始得申報交易，因此交割日與成交日為同一天，如未成交，經紀商退回預繳之款券。鉅額交易及證交所列為全額交割股之交易為之。

3. 特約日交割

辦法由證交所擬訂，報請主管機關核定後實施。

我國於民國 84 年 2 月起，實施全面款券劃撥制度，投資人於委託買賣前都必須開設款、券劃撥帳戶，以劃撥方式交付款券，亦即劃撥交割。

九、過　戶

買入股票辦理過戶，就是在股東名簿上將原持有者姓名及有關事項改為買進者，投資人才能正式成為股東，享有股東應有之權益，參加股票集中保管的客戶，集保公司自動提供這項服務，未參加者應自行前往發行公司的股務或股務代理單位辦理過戶事宜。

第二節　變更交易方式與下市

上市公司若經營不善，以致觸犯台灣證券交易所營業細則第 49 條、第 50 條、第 50 條之 1 者，按情節輕重，證交所將分別處以：(1)

變更交易方式改列全額交割股；(2)停止買賣；(3)終止上市（下市）。

一、全額交割

台灣證券交易所營業細則第 49 條第 1 項規定，上市公司發生下列情事之一者，證交所對其上市之有價證券得變更原有交易方式為全額交割：

1. 依證券交易法第 36 條 註1 規定公告並申報之最近期財務報告顯示，淨值已低於實收資本額 1/2。

2. 未於營業年度終結後 6 個月內召開股東常會完畢。但有正當事由經主管機關核准，且於核准期限內召開完畢者不在此限。

3. 年度或半年度財務報告經其簽證會計師出具「保留意見」，包括未能將其保留之原因充分揭露，或未能將可能影響之科目及其應調整金額充分揭露等事由。

4. 違反上市公司重大資訊查證暨公開等規定，經通知補辦而未依限期辦理且情節重大。

5. 董事或監察人累積超過 2/3（含）以上受停止行使職權之假處分裁定。

6. 依公司法第 282 條 註2 規定向法院聲請重整。

7. 公司全體董事變動 1/2 以上，有股權過度集中，致未達上市股權分散標準，或其董事、監察人、總經理有違反誠信之行為，經證交所限期改善而未改善。

8. 證交基於其他原因認為有必要者。

全額交割股的交易每天只撮合兩盤，第 1 盤在 9:00 至 9:30；第 2 盤在 11:30 至 12:00，且各盤買賣委託限當盤有效。

上述變更交易方式的原因消失後，證交所可將該股恢復為普通交割，諸如楊鐵、國豐、寶隆、合發等公司股票。

二、停止買賣

台灣證券交易所營業細則第50條第1項規定，上市公司發生下列情事之一者，證交所應報經主管機關核准後，將其有價證券停止買賣：

1. 未依規定期限辦理財務報告或投資控股公司未編製合併財務報告。

2. 公司被聲請重整，在法院裁定前暫被法院處分其股票禁止轉讓。

3. 檢送之書表或資料有不實之記載，經證交所要求仍逾期不為解釋。

4. 不辦理證券過戶且在證交所限期前未予改善。

5. (1)經通知更正或重編財務報告而逾期未辦理；(2)年度或半年度或合併財務報告經其簽證會計師出具「無法表示意見」或「否定意見」，但因對繼續經營假設或被訴事件等產生疑慮而出具無法表示意見者不在此限。

6. 違反上市公司重大資訊查證暨公開等規定，情節重大有停止有價證券買賣之必要。

7. 違反申請上市時出具之承諾。

8. 依有價證券上市審查準則第6條 註3 規定上市之公司，所興建之工程發生重大延誤或重大違反特許合約之事項。

9. 其他有停止有價證券買賣必要之情事者。

上述停止買賣的原因消失後，證交所得報請主管機關核准後，公告恢復其有價證券買賣。

三、終止上市

台灣證券交易所營業細則第50條之1第1項規定，上市公司發生下列情事之一者，證交所應報經主管機關核准後，將其有價證券終止上市：

1. 經有關機關撤銷公司登記或予以解散。

2. 經有關機關撤銷其股票或公司債之發行核准。

3. 經法院裁定宣告破產。

4. 經法院裁定准予重整確定或因公司無經營價值，駁回重整聲請確定。

5. 公司營業範圍有重大變更，證交所認為不宜繼續上市買賣。

6. 特別股發行總額低於新台幣 2 億元。

7. 有價證券停止買賣滿 6 個月後，停止買賣的原因仍未消失。

8. 有拒絕往來或存款不足之金融機構退票紀錄。

9. 最近期財務報告或合併財務報告顯示公司淨值為負數。

10. 公司營業全面停頓暫時無法恢復，或無營業收入。

11. 有影響市場或損害公益情事，經主管機關命令停止全部有價證券買賣 3 個月以上。

12. 與其他公司合併而消滅者。

13. 重大違反上市契約規定。

14. 申請上市時提供虛偽隱匿之資料，經還原設算不符合上市規定，且自上市日至裁判確定日未逾 5 年者；已逾 5 年者，虛偽隱匿情事至裁判確定時仍存在，且經還原設算裁判確定之當年度不符合上市規定。

15. 其他有終止上市必要之情事者。

四、管理股票

相對於集中市場的全額交割股，店頭市場則有管理股票制度，為下市股票開放一線生機，發行人得在終止上市公告日 1 個月內，經 2 家證券商推薦，向櫃檯買賣中心申請列為管理股票，民國 90 年就有國產汽車、台中精機等多家成為管理股票，但也有申請未獲准者，例如民國 87 年的萬有紙業，被迫完全退出股票流通市場。

管理股票的交割方式一如全額交割股，必須預先收足款券始能交易。

第三節　興櫃股票

我國未上市（櫃）股票的交易，已往只能透過地下盤商仲介，不僅發行公司資訊不明，財務、業務資料也不能即時公開，買賣價量等交易資訊沒有公正客觀的揭示管道，成交後的款券交割則因買賣雙方互不信任，多半相約在股務機構或金融機構，一手交錢一手交貨並逕過戶，既不方便又缺乏效率。為提供未上市（櫃）股票一個合法、安全、透明的交易市場，櫃檯買賣中心於民國 91 年 1 月 2 日正式開辦「興櫃股票」交易。

一、申請條件

興櫃股票是指已經申報上市（櫃）輔導的公開發行公司普通股股票，在沒有上市（櫃）掛牌前，先在證券商營業處所議價買賣者，申請資格沒有獲利能力、資本額、設立年限、股權分散等要求，只須符合下列條件：

1. 已經申報上市（櫃）輔導。
2. 經 2 家以上證券商書面推薦。
3. 在櫃買中心所在地設有專業股務代理機構辦理股務。

經櫃買中心審核完畢後，將公司概況資料包括股票代號、公司名稱、董事長、總經理、實收資本額、主要營業項目、主要產品、最近 5 年簡明損益表及資產負債表於櫃買中心網站（網址：http:// www. otc. org. tw）向大眾揭示 5 個營業日，第 6 個營業日就可以開始報價交易。

二、暫停買賣

有下列情事發生，興櫃股票將暫停買賣：

1. 僅餘 1 家證券商推薦。

2. 未依證券交易法規定揭露年度或半年度財務報告。

3. 未依規定公開重大訊息，且未於限期內改善。

4. 在櫃買中心所在地已無專業股務代理機構辦理股務。

三、終止買賣

有下列情事發生，興櫃股票將終止買賣：

1. 股票已上市或上櫃掛牌。

2. 股票暫停買賣達 3 個月，且暫停交易原因仍未消滅。

3. 已無證券商推薦。

4. 經法院裁定宣告破產、准予重整確定、或駁回重整之聲請確定。

5. 經主管機關撤銷公司登記或予以解散。

6. 經主管機關撤銷其股票或公司債之發行核准。

四、交易規定

興櫃股票的交易採與推薦證券商議價交易的方式，係由推薦證券商先行報價，投資人參考其報價後，可直接與推薦證券商議價交易，或委託經紀商與推薦證券商議價交易，推薦證券商的報價一律為確定報價，且對其報價的價位及數量的範圍內有應買應賣之義務，不得拒絕成交。

1. 開　戶

自行與推薦證券商議價者，必須在推薦證券商開立櫃檯買賣帳戶；委託經紀商議價者可在任何一家經紀商開立櫃檯買賣帳戶並委託

之。凡已開立櫃檯買賣帳戶者，可用原帳戶交易，只要再簽署興櫃股票風險預告書和興櫃股票議價買賣授權書即可。

2. 交易時間

興櫃股票交易時間為 9:00 至 15:00，較上市（櫃）股票交易時間更長。

3. 交易單位與漲跌幅

興櫃股票最低交易單位為 1 股，沒有漲跌幅限制，都與上市（櫃）股票交易極為不同。

4. 交易成本

(1)證券交易稅：賣出時繳賣出金額的 0.3%。

(2)手續費：自行與推薦證券商議價者免手續費；委託經紀商議價者上限手續費率 0.5%，但未滿 50 元者以 50 元計收。

5. 交　割

(1)買　進

應付款項應於成交當日存（匯）入投資人的劃撥銀行帳戶，買進的股票在成交日次一營業日上午就會撥入投資人集保帳戶。

(2)賣　出

所賣股票至少須在成交日前一日送存集保，應得款項在成交日次一營業日上午就會撥入投資人銀行帳戶。

截至民國 91 年 2 月底，列入興櫃股標交易的公司已達 115 家，招商成績斐然，其中電子產業在 100 家以上占最大宗，生物科技、塑

膠、其他產業亦有之。全體興櫃股票的每日成交金額約在 1 億元左右，仍有成長空間，個股股價有高達每股 300 元者（驊訊），顯示其中不乏具有價值及潛力的標的。

第四節　資訊透明化與監視保護措施

投資的目的是追求證券的未來增值，為了防止虛偽訛詐，維護證券市場的公益，有賴於資訊透明化及各種市場管理機制的運作，最後以善良投資人的保護措施補救之，茲分述如下：

一、資訊公開

資訊公開制度可分為兩個部分，分別為發行時的初次公開和交易期間的持續公開。

1. 初次公開

初次公開係以公開說明書形式為之，內容包括公司概況、營運概況、財務概況、營運及資金運用計畫、特別記載事項、公司章程及重要決議等事項，記載內容如有虛偽或隱匿的情形，有過失的發行人及其負責人、證券承銷商、以及錯誤部分的簽章人（如公司職員、會計師、律師、工程師、專門技術人員）應負連帶賠償的責任。

2. 持續公開

持續公開的事項又包括財務報告和內部人交易兩部分：

(1)財務報告

即證券交易法第 36 條的規定事項，見註 1。

⑵內部人交易

內部人包括發行公司的董事、監察人、經理人、持股 10%以上的股東，法律的規範並及於內部人的配偶、未成年子女及利用他人名義持有者。內部人每個月應定期申報下列事項：

① 持股變動：上個月變動情形，每月 5 日前，內部人向發行公司申報；每月 15 日前，發行公司向證期會申報。
② 設定質權：亦即以股票為抵押品向金融機構借貸，內部人應即通知發行公司，發行公司於 5 日內向證期會申報。

二、內部人短線交易與內線交易的規範

1.短線交易

內部人對其公司上市（櫃）股票，在 6 個月內一買一賣因而獲利者，公司應請求將其利益歸於公司，是為歸入權的行使，董事會或監察人逾期不行使時，股東得請求行使，因此財團法人中華民國證券暨期貨市場發展基金會（簡稱證基會）購買所有上市上櫃公司股票各1000 股，就是以股東身份監督，必要時代位行使，甚至提起訴訟，統計自民國 83 年 7 月至民國 89 年底止，此類案件共結案 1801 件，應行使金額總計 19.4 億元，已歸入金額則達 7.1 億元。

2.內線交易

內部人及基於職業或控制關係獲悉消息之人，以及從前述人等處獲悉消息者，在該重大影響股票價格的消息未公開前，不得買賣該股票，亦即「揭露否則禁止」的原則，以確保市場交易的公平、效率與透明，違反者對從事相反買賣之人負損害賠償責任，法院最高可處罰至 3 倍。

三、重大訊息的查證與公開

為使投資人即時瞭解上市公司狀況，強化資訊公開的效果，證交所訂有「上市公司重大訊息說明記者會作業程序」、「上市公司重大訊息之查證暨公開處理程序」等規定，櫃買中心亦有類似規定比照辦理，上市（櫃）公司違反者得處罰違約金，情節嚴重的甚至可以對其股票採取預收款券交易，或報准主管機關予以停止買賣。

符合重大訊息的事項頗多，其中以不利事件居多，諸如：(1)喪失債信；(2)重大訴訟；(3)發生災難、罷工、環境污染；(4)占 10%以上的買主或供應商停止業務往來；(5)減產、全部或部分停工等。也有僅為變動事項，按規定公告週知，諸如：(1)公司發言人、代理發言人、財務主管變動；(2)變更會計年度；(3)股東會或臨時股東會重要決議事項等。有些可視為有利事件，諸如策略聯盟、完成新產品開發、或收購他人企業等。此外，需視狀況做價值研判的亦不少，諸如：(1)取得或處分資產（占資本額 20%或新台幣 1 億元以上）；(2)進行重大投資計畫（占資本額 20%或新台幣 1 億元以上）；(3)媒體報導或投資人提供訊息足以影響證券行情等。

四、財務預測

財務預測是指企業依其計畫及經營環境對未來財務狀況、營運成果所做的預估，為避免企業管理階層和投資人之間產生資訊不對稱的情形，證期會訂有「公開發行公司財務預測資訊公開體系實施要點」，企業申請上市（櫃）時應公開財務預測，上市（櫃）之後還要連續三年度公開財務預測，此外：(1)現金增資、發行轉換公司債；(2)董事變動累計達 1/3 以上；(3)有公司法第 185 條第 1 項各款情事 註4 之一者；(4)與其他公司合併；(5)因災害、簽訂產銷契約、部門變動預計影響營業收入達 30%以上；(6)最近年度之營業收入衰退達 30%以上。這些情

形都必須公開財務預測，符合前三項者還要連續做二年度。除此，雖未規定但自願公開者亦得為之。

　　財務預測須經董事會通過，且當關鍵因素或基本假設發生變動，以致稅前損益變動20%以上，且金額達3千萬元及占實收資本額0.5%，則應公告申報更新財務預測。

五、股市監視制度

　　證交所於民國79年8月起實施股市監視制度，目的在監控市場異常情形，防止人為操縱，作業方式包括：

1. 線上監視

　　在交易時間內，對於異常交易或證券商異常委託，可透過市場即時公告或電話告知。

2. 離線監視

　　收盤後分析一段時間個股漲跌幅度、週轉率、集中度等交易資料，如有異常，以書面通知證券商或公告交易資訊。

　　個股交易發生價、量變化過劇等異常現象會予以警示，連續警示達處置標準則將該股改為人工撮合，每5分鐘撮合1次，或採預收5成以上款券的交易方式，直到交易恢復正常一段時間為止。證券商如有異常委託情形，則可能被限制申報買進或賣出該證券金額。以上所有處置都有具體量化標準，以避免監視單位黑箱作業，這些具體量化標準規範極細但眾人皆知，有心人士是否可以刻意規避而不被警示注意？沒錯，如此一來交易就正常了，有心人士也很難達到操縱的目的，這不正是股市監視制度的意義所在！

六、投資人保護

1. 證券投資人保護基金

參考美國的投資人保護制度，我國於民國 82 年由證交所、集保公司、復華證券金融公司、證券商公會等單位捐助 10 億元成立「證券投資人保護基金」，用以補助投資人的未受償債權，亦即投資人完成買賣交割，但未自證券商取得相對之給付。補助金額每人每次以 100 萬元為上限，且每次事件全體投資人的補助總額不超過 1 億元。

2. 投資人服務與保護中心

證基會於民國 87 年 3 月設立該中心，提供投資人諮詢、申訴、調解的服務，也接受投資人檢舉不法，具有監督上市（櫃）公司的功能。

註釋

註 1：證券交易法第 36 條第 1 項：（第 2、3、4、5、6 項略）

Ⅰ.已依本法發行有價證券之公司，應於每營業年度終了後四個月內公告並向主管機關申報，經會計師查核簽證、董事會通過及監察人承認之年度財務報告。其除經主管機關核准者外，並依左列規定辦理：

一、於每半年營業年度終了後二個月內，公告並申報經會計師查核簽證、董事會通過及監察人承認之財務報告。

二、於每營業年度第一季及第三季終了後一個月內，公告並申報經會計師核閱之財務報告。

三、於每月十日以前，公告並申報上月份營運情形。

註 2：公司法第 282 條：

Ⅰ.公開發行股票或公司債之公司，因財務困難，暫停營業或有停業之虞，而有重建更生之可能者，得由公司或左列利害關係人之一向法院聲請重整：

一、繼續六個月以上持有已發行股份總數百分之十以上股份之股東。

二、相當於公司已發行股份總數金額百分之十以上之公司債權人。

Ⅱ.公司為前項聲請，應經董事會以董事三分之二以上之出席，及出席董事過半數同意之決議行之。

註 3：有價證券上市審查準則第 6 條：「申請股票上市之發行公司，屬於國家經濟建設之重大事業，經目的事業主管機關認定，並出具證明文件，合於下列各款條件者，同意其股票上市：一、由政府推動創設，並有中央政府或其指定之省（直轄市）級地方自治團體及其出資百分之五十以上設立之法人參與投資，合計持有

其申請上市時已發行股份總額百分之五十以上者。……」

註4：公司法第185條第1項各款情事：(1)締結、變更或終止關於出租全部營業，委託經營或與他人經常共同經營之契約；(2)讓與全部或主要部分之營業或財產；(3)受讓他人全部營業或財產，對公司營運有重大影響者。

考題集錦

一、選擇題

_____1. 所謂兩檔限制是指以何價位為基準的上、下兩檔限制？

(A)昨日收盤價　(B)最近成交價　(C)今日開盤價　(D)以上皆非

【91.1 分析人員】

_____2. 台灣證券交易所某股票的價格為$56，則其升降單位（檔次）應為何？

(A)$0.05　(B)$0.1　(C)$0.5　(D)$1.0　(E)$5.0　【91.1 分析人員】

_____3. 證券集中交易市場之電腦自動交易之買賣申報有效期間為

(A)當日有效　(B)二天有效　(C)三天有效　(D)七天有效

【91.1 券商業務員】

_____4. 如果以限價賣出，其成交價位最可能是

(A)下一盤跳動之成交價　　(B)下兩盤跳動之成交價

(C)委託價位以下之成交價　(D)委託價位以上之成交價

【91.1 券商業務員】

_____5. 櫃檯買賣有價證券之發行人，應於發生對股東權益或證券價格有重大影響事項之日起幾日內，向證期會申報？

(A)當日　(B)二日內　(C)三日內　(D)五日內　【91.1 券商業務員】

_____6. 甲公司之股票雖在櫃檯買賣中心掛牌，但是嗣後經營發生困難，並經法院裁定宣告破產確定，櫃檯中心應如何處理？

(A)通知甲公司停止該公司有價證券之櫃檯交易

(B)報請主管機關停止甲公司之有價證券櫃檯買賣契約

(C)報請主管機關核准終止甲公司有價證券櫃檯買賣

(D)逕行終止甲公司有價證券櫃檯買賣　　【91.1 券商業務員】

_____7. 股票交易之手續費是

(A)只對買進收取　(B)只對賣出收取　(C)買進、賣出均收取

(D)以上皆非 【91.1 券商業務員】

___ 8. 下列何種債券不在集中市場交易？

(A)公債 (B)一般公司債 (C)可轉換公司債 (D)國庫券

【91.1 券商業務員】

___ 9. 證券商經營證券業務，下列何項行為非法令所禁止者？

(A)接受顧客全權委託買賣

(B)提供客戶上市公司年報

(C)於本公司或分支機構之營業所外，辦理有價證券買賣之交割事宜

(D)提供特定利益負擔損失，以勸誘顧客買賣 【91.1 券商商業】

___ 10. 公開發行公司董事，對公司之上市股票從事短線交易，獲得之利益，應歸於何人所有？

(A)請求之股東 (B)公司 (C)證券交易所 (D)主管機關

【91.1 券商高業】

___ 11. 上市公司與上櫃公司每月應公告、申報上月份營運情形，請問應於幾日內公告、申報？

(A)五日內 (B)十日內 (C)十五日內 (D)二十日內

【90.3 券商高業】

___ 12. 依現行法令，上市（櫃）公司半年度財務報告應於何時公告？

(A)六月三十日 (B)七月三十一日 (C)八月三十一日 (D)九月三十日

【90.3 券商高業】

___ 13. 主管機關對已在證交所上市之有價證券，於發生下列何項情形時，得命令停止其全部或一部之買賣？

(A)發行該有價證券公司之行為，有虛偽不實或違法情事，足以影響證券價格而有損害公益之虞

(B)該有價證券市場價格發生連續暴漲或暴跌，並使他種有價證券隨同為非正常漲跌，有影響市場秩序之虞

(C)發行該有價證券公司遇重大災害其結果足使公司財務狀況有重

　　大變更，而有影響市場秩序之虞

　　(D)以上皆是　　　　　　　　　　　　　　　【90.3 券商高業】

____14.下列哪一項不是證券交易法施行細則第七條所列,發生對股東權
　　益或證券價格有重大影響之事項?

　　(A)存款不足之退票　(B)董事長變動　(C)變更簽證會計師　(D)四
　　分之一董事發生變動　　　　　　　　　　　【90.2 券商高業】

____15.證券商年度財務報告,應於每營業年度終了後幾個月內依規定公
　　告並申報?

　　(A)一個月　(B)二個月　(C)三個月　(D)四個月　【89.4 券商高業】

____16.台灣證券交易所股票鉅額交易的最小單位為:

　　(A)五十張　　　(B)五百張　　　(C)五千張　　　(D)五萬張

　　　　　　　　　　　　　　　　　　　　　　【91.1 券商高業】

____17.於集中市場買賣有價證券,撮合成交時其優先順次之決定,下列
　　何項為錯誤?

　　(A)開市前輸入之申報,依電腦隨機排列方式決定優先順序

　　(B)限價之較高買進申報優先於較低買進申報

　　(C)開市後輸入之申報,依輸入時序決定優先順序

　　(D)限價申報優先於市價申報　　　　　　　　【91.1 券商高業】

____18.集中市場開盤之成交價格之決定原則為:

　　(A)最大量成交　　　　　(B)價格優先,其次時間優先

　　(C)時間優先　　　　　　(D)二檔限制　　　　【91.1 券商高業】

____19.目前櫃檯買賣中心的交易型態,以何者為主要之方式?

　　(A)櫃買中心等價(殖)成交系統撮合　(B)店頭議價　(C)人工喊價

　　(D)場外交易　　　　　　　　　　　　　　　【91.1 券商高業】

____20.政府債券之交易,最主要在哪種市場進行?

　　(A)銀行同業拆放市場　(B)證券集中交易市場　(C)證券店頭市場

　　(D)以上三市場皆可　　　　　　　　　　　　【91.1 券商高業】

____21.櫃檯買賣之證券經紀商接受客戶委託以等價成交系統買賣者,應

先收足款項方可買進的證券是

(A)上市股票　(B)上櫃股票　(C)管理股票　(D)公司債

【91.1 券商高業】

____22.證券經紀商採電腦自動交易作業買賣申報應以何方式為之？

(A)市價、限價皆可　(B)以市價申報為限　(C)以限價申報為限

(D)市價、限價及停止損失限價皆可　　　【90.4 券商高業】

____23.鉅額證券買賣之申報，於何日開市時撮合成交？

(A)申報當日　(B)次一營業日　(C)次二營業日　(D)次三營業日

【90.3 券商高業】

____24.於買進、賣出之範圍內，以最大成交量成交之競價方式稱為：

(A)集合競價　(B)連續競價　(C)任意撮合　(D)統一撮合

【90.3 券商高業】

____25.集中交易市場股票撮合成交時，買賣申報之優先順序：

(A)開市前輸入之同價位申報，依輸入時序決定優先順序

(B)開市前輸入之同價位申報，依電腦隨機排列方式決定優先順序

(C)開市後輸入之同價位申報，依電腦隨機排列方式決定優先順序

(D)較低買進申報優先於較高買進申報，較高賣出申報優先於較低
賣出申報　　　　　　　　　　　　　　【89.4 券商高業】

____26.證券交易法第一百五十七條之一所謂「基於職業」獲悉消息之人，
不包括下列何者？

(A)獲悉傷者為某龍頭電子公司董事長救護車司機

(B)因路過得悉市場大戶心臟病發之路人甲

(C)因紀錄得悉某上市公司將因違背環境保護法被罰停工半年之法
院書記官

(D)因聽到董事長及總經理談話得知股利將增加一倍之董事長特別
助理　　　　　　　　　　　　　　　　【89.4 券商高業】

第9章　證券周邊事業

　　證券市場演進至今，已臻成熟精巧的地步，自認具有投資能力（企業家精神）但欠缺投資實力（金錢或證券）者，證券金融業提供借款借券的服務；反之，具有投資實力但自認投資能力不足者，證券投資信託業（投信）、證券投資顧問業（投顧）可以接受委託提供專業的理財或諮詢服務。因此，這些證券周邊事業滿足了富裕者、貧乏者、積極理財者、怠惰理財者等各種類型的人之需要，理論上增進了社會總效用，也成為現代證券市場不可或缺的一環。

第一節　證券金融

　　證券金融意指證券市場中的借貸行為，又稱信用交易，包括融資（Margin Purchase）和融券（Short Selling）兩種，以有別於不需借貸的現金和現券（股）交易，其意義分述如下：

1. 融　資

　　借錢買股票，將來再賣股票還錢。表示投資人預期未來股價上

漲,於是繳交部分自備款,另向授信機構(證券金融公司或證券商)借入部分價款來買股票。賣出時股價果然上漲,則賺取價差利益,不幸下跌則賠掉價差損失,此外還要按照持有期間長短,支付融資利息給授信機構。

2.融　券

借股票來賣,將來再買股票還券。表示投資人預期未來股價下跌,於是繳交保證金向授信機構借股票賣出,買股票償還時股票果然下跌,則賺取價差利益;若不幸上漲,則賠掉價差損失。融券的交易成本為融券手續費,約 0.065%,但是保證金和融券時的賣出價款都暫存於授信機構,會按賣買期間長短支付融券利息給投資人。

一般人的買賣交易觀念多為「**先買後賣**」。這是源自於生活經驗中較普遍的實物交易,亦即取得實物後始能轉手出售,而證券交易更為靈活,不但可以「**先買後賣**」,而且證券金融更提供「**先賣後買**」(融券放空,放空)的管道。總之,**不論孰先孰後,必須一買一賣皆完成才算了結,才能結算買賣價差的損益**,結算損益的方法皆相同,為

$$買賣淨損益=(賣出價格-買進價格)\times 數量-交易成本$$
$$\pm 融資(券)利息支出(收入) \qquad (9\text{-}1)$$

其中交易成本包括買賣手續費、賣出時負擔證券交易稅等。

一、沿　革

我國證券金融業的發展演變過程如下:

1. 例行交易時期：（民國 51～62 年）

當時買賣雙方在成交後都要先繳交一定比例的交易證據金，再於某特定時日辦理現金交割，在此期間內買賣雙方均可反向沖銷，交割時便按差價收支款項，類似投機對賭，增添交割風險，政府遂將證據金比例調為 100%，例行交易便形同虛設。

2. 銀行代辦時期：（民國 63～68 年）

由於全球不景氣，台灣股市低迷，行政院決議由台銀、土銀、交銀、中信局等 4 家金融機構試辦證券融資業務，至此正式實施信用交易制度，但是只准融資不准融券，故為跛足信用交易時期。

3. 復華獨占時期：（民國 69～79 年）

民國 69 年復華證券金融股份有限公司成立，接手 4 家金融機構代辦的融資業務，並隨即開辦融券業務，受當時法令的限制，復華證金是市場上唯一的證券金融公司。地下證券融資行為俗稱「墊款」，出資人為「金主」，配合金主向客戶招攬墊款生意的營業員俗稱「丙種」經紀人。

4. 雙軌並行時期：（民國 79～83 年）

民國 79 年 10 月起，政府修法使證券經紀商得報准自辦融資融券業務，因此就證券金融業務的角度，證券經紀商分為自辦券商和復華證金的代理券商兩種，成為自辦、代理雙軌並行制，而自辦券商款券不足時得向復華證金申請轉融通。

5. 開放證券金融公司設立時期及現階段：（民國 83 年迄今）

在自由化和市場競爭的考量下，民國 83 年起開放證券金融公司

的申請，次年即有環華、富邦、安泰等 3 家成立，目前連同復華共有 4 家證金公司相互競爭，而市場占有率前十大的證券商多傾向自辦，只有規模較小的專業經紀商，限於財力和券源仍以代理居多，倒是在自由化和幾次主力炒作失利後，丙種墊款這種地下金融行為近乎消聲匿跡。

從民國 84 年以來，融資融券信用交易約占市場交易的 4 成以上，加計資券相抵（當日沖銷）則超過 5 成，而融資交易又遠大於融券交易，以民國 90 年為例，融資交易金額 12 兆 3943 億元，融券交易金額 1 兆 6944 億元，資券相抵金額 4 兆 7821 億元，分別占市場交易的 33.68%、4.61% 和 13%，其中 4 家證金公司合計約占信用交易總值的 3 成，自辦券商合計約占 7 成。

二、開立信用帳戶

開立信用帳戶的條件較普通交易嚴格，要有交易紀錄及財力證明以資授信審核，其規定如下：

1. 年滿 20 歲有行為能力的中華民國國民，或依中華民國法律組織登記的法人。

2. 開立受託買賣帳戶滿 3 個月。

3. 最近一年委託買賣成交 10 筆以上，累積成交金額達申請融資額度 50%。未滿一年規定相同。

4. 最近一年之年所得與各種財產合計達申請融資額度 30%。

民國 90 年 7 月起放寬的融資融券額度規定，每戶融資額度上限 3000 萬元，單一上市個股不得超過 1500 萬元，單一上櫃個股不得超過 1000 萬元；每戶融券額度上限 2000 萬元，單一上市個股不得超過 1000 萬元，單一上櫃個股不得超過 700 萬元。信用期限都是 1 年。

三、融資比率與融券保證金成數

　　融資比率（融資比率＋自備款比率＝1）和融券保證金成數本隨股價指數的漲跌而調整，當指數上漲至某一區間，兩項比率自動調降，具有抑制信用擴張和降低放空成本的煞車效果；反之，當指數下跌至某一區間，兩項比率自動調高，具有鼓勵信用擴張和增加放成本的助漲效果，藉以機動平衡股市供需，穩定股價。此外，證期會也可依市場狀況予以調整，則成為政府對股市發展介入的政策工具之一，因而時有改變，現行規定如下：

表 9-A　融資比率與融券保證金成數

類　　別	融資比率	融券保證金成數
上市股票	60% （89 年 6 月起）	90% （90 年 7 月起）
上櫃股票	50% （90 年 7 月起）	90% （90 年 7 月起）

　　亞洲金融風暴過後，國內股市低迷不振，甚至還有股價在平盤下不得放空，股價在 10 元以下不得放空等不對稱式信用交易規定，足見資券授信政策是政府調控股市冷熱的一張王牌。

實例 王先生融資買進上市股票台積電 5,000 股，每股成交價 90 元，照表 9-A 規定及手續費率 0.1425%計，融資金額、融資自備款金額及王先生應繳交總額各為多少?

解： 90 元 × 5,000（股）＝450,000 元……成交金額
　　　450,000 元 × 60%＝270,000 元……融資金額①

450,000 元 × （1 － 60%）＝180,000 元……融資自備款②

450,000 元 × 0.1425%＝641 元……手續費

180,000 ＋ 641＝180,641……王先生應繳交總額③

融資交易是信用擴張行為，投資損益率都因財務槓桿效果（Financial Leverage Effect）而擴大，財務槓桿效果則與融資自備款比率負相關（融資比率＝1 － 自備率比率，故又與融資比率正相關），假設自備款比率為 K，財務槓桿效果為 1/K，例如，自備 60 元融資 40 元購買價值 100 元的某證券，交易成本和利息支出不計，若該證券上漲 30% 賣出了結並償還融資，則淨賺 30 元，以當初自備資本 60 元計算，獲利率是 50%（＝30 元 ÷ 60 元），這是因為自備款比率 K＝0.6（＝60 元 ÷ 100 元），所以獲利率擴大為 30% × 1/0.6 ＝ 50%。同理，若該證券下跌，虧損率也按財務槓桿效果擴大 1/K 倍。

因此自備款比率愈低，亦即融資比率愈高，表示信用擴張程度愈大，財務槓桿效果也就愈大，有以小博大的意味；反之，自備款比率愈高，亦即融資比率愈低，表示信用擴張程度愈小，財務槓桿效果也就愈小，自備款比率最高時 K＝1，融資比率為 0，不借貸即全無財務槓桿效果可言。

四、整戶擔保維持率

證券金融的授信機構對客戶融資，除按規定比率收取融資自備款，並以融資買進的全部證券作為擔保品；對客戶融券，除按規定比率收取融券保證金，並以融券賣出之價款作為擔保品，授信機構的風險在於股價走勢不利客戶，造成擔保品市值不足，因而波及授信安全，亦即客戶融資買進後股價下跌，或客戶融券放空後股價上漲，因此以「擔保品價值／授信價值」的形式設計整戶擔保維持率，每日按收盤價計算，該比率愈大授信愈安全，該比率愈小授信愈有風險，低

至某一程度時（現行為 120%），將通知客戶就其個別證券維持率低於 120% 者補繳差額，俗稱追繳令（Margin Call），若於通知送達之日起二個營業日內不補繳則處分其擔保品，俗稱斷頭，亦即賣出融資股票或買回放空股票，以避免情勢惡化危及授信。

$$整戶擔保維持率 = \frac{①融資擔保品證券市值 + ②融券擔保價款及融券保證金}{③原融資金額 + ④融券標的證券市價}$$

$$\times 100\% \tag{9-2}$$

整戶擔保維持率的要旨有下列三點：

1. 會隨每日收盤價變動的只有①、④兩項，②、③兩項則否。

2. 若只做融資，則②、④項為 0，整戶擔保維持率 ＝ ① / ③；若只做融券，則①、③項為 0，整戶擔保維持率 ＝ ② / ④。

3. 整戶擔保維持率若低於 100%，表示擔保品市值小於授信市值，不但投資人血本無歸，授信機構也可能受累，所以通知追繳的最低設定比率攸關授信安全。民國 87 年 6 月，財政部為因應股市持續不振的追繳賣壓（券商、證金公司強制賣出未補繳融資戶的股票擔保品，亦即斷頭），將該比率從 140% 調降為 120% 迄今，證券金融業務的風險控管能力更趨重要。

實例　李小姐於 2 月 1 日融資買進華通 4,000 股，每股 45 元，融券賣出廣達 2,000 股，每股 100 元，融資比率為 60%，融券保證金成數為 9 成，若 3 月 1 日、4 月 1 日華通、廣達的收盤價分別為 48 元、95 元、40 元和 172 元，其整戶擔保維持率各為多少？

解：　先求公式（9-2）中不變動的第②、③項：

原融資金額 ＝ 股價 × 股數 × 融資比率

$$=45 \times 4,000 \times 60\%$$

$$=108,000 \cdots\cdots 代入（9\text{-}2）中第③項$$

融券擔保價款＝（股價×股數）×（1－證券交易稅率－

買賣手續費率－融券手續費率）

$$=（100 \times 2,000）\times（1 - 0.3\% - 0.1425\% -$$

$$0.065\%）$$

$$= 200,000 - 600 - 285 - 130$$

$$= 198,985$$

融券保證金＝股價×股數×90%

$$= 100 \times 2,000 \times 90\%$$

$$= 180,000$$

$$198,985 + 180,000 = 378,985 \cdots\cdots 代入（9\text{-}2）中第②項$$

$$3 月 1 日整戶擔保維持率 = \frac{（48 \times 4,000）+ 378,985}{108,000 +（95 \times 2,000）} = 191.60\%$$

$$4 月 1 日整戶擔保維持率 = \frac{（40 \times 4,000）+ 378,985}{108,000 +（172 \times 2,000）} = 119.24\%$$

五、資券償還

「借錢還錢，借券還券」，最普遍了結信用交易的方式就是做反向買賣動作，亦即融資買進股票者賣出股票還款，委託時應申明「融資賣出」；融券賣出股票者則買進股票還券，委託時應申明「融券買進」，此外亦可現金償還融資款，因而取得做為擔保品的股票，或是現券償還借券，因而取回融券擔保價款和保證金。

六、停止融資融券

為了配合開股東會、發放股利等整理股東名簿的作業，停止過戶前信用交易的規定如下：

*1.*停止過戶日前 5 個營業日起，停止融資買進 3 日。

2.停止過戶日前 7 個營業日起，停止融券賣出 5 日。

3.已融券者，應於停止過戶日 6 個營業日前還券了結，此因融券的股票來源是融資者的擔保品，融資者仍享有股東權益。

4.除權除息交易日起停止融資現金償還 2 日。

上述規定圖示如下：

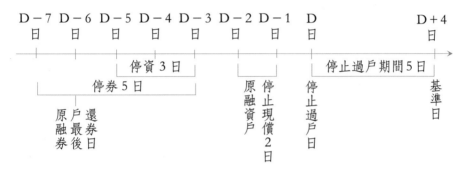

圖 9-A　停止融資融券規定

七、當日沖銷

當日沖銷俗稱當沖、當軋或搶帽子，係在同一交易日內對相同股票一買一賣的投機式操作，希望賺取極短線的價差，視同先融資買進再融券賣出，或先融券賣出再融資買進，然後採資券互抵的交易方式，故又稱資券互抵，目前僅於上市股票，上櫃股票暫不實施。

第二節　證券投資信託與共同基金

證券投資信託公司（簡稱投信公司）的主要業務是發行各類型受益憑證，募集證券投資信託基金（又稱共同基金，Mutual Fund），發

行時每受益單位面額是 10 元,發行後每受益單位的淨值隨該基金投資標的的市值變化而漲跌,也就是受益人最重視的管理績效。因此,投信事業就是社會投資大眾以購買共同基金的方式,將資金全權委託投信公司代為管理,管理績效由受益人共同承受,投信公司只按基金規模大小以及既定的管理費率收取管理費而已,基金虧損不負擔,基金獲利也不分紅。

一、投信事業的基本架構

1.受益人

投資人將資金全權委託投信公司管理,取得受益憑證,就成為共同基金的受益人,但是受益人對投資操作的執行不能干涉,只能在受益人大會上,對信託契約規定事項發揮類似股東的影響力,諸如基金型態的改變等。受益人也不是投信公司的股東,不能享有投信公司股東的權益,受益人只能就其本身投資考量和基金績效決定是否繼續維持全權委託關係,如否,處分受益憑證並結算投資損益。

2.投信公司

我國投信公司規定最低實收資本額 3 億元,發行契約型共同基金,主要收入來源是共同基金的管理費、銷售手續費(常因促銷而打折),管理績效良好,信譽卓著的投信公司,其管理資產規模大,管理費收入就會增加,否則就會萎縮,甚至無法生存。截至民國 90 年底,我國共有 41 家投信公司,各類型基金 335 個,管理資產共計 1 兆 9 千億元。

3.基金經理人

一家投信公司通常發行多個共同基金,分別由基金經理人負責管

理，基金經理人必須具備 3 年以上證券投資分析、專業投資機構證券投資決策或買賣執行的工作經驗，在投信公司賦予的權限內做出投資決策，由於基金淨值每日公布，投資內容也按規定每週或每月公布，基金經理人直接背負管理績效的壓力。

4.保管機構

為了確保受益人資金的安全，基金資產的保管由保管機構（通常是銀行）負責，並執行資金和證券的交割結算作業，保管機構按基金規模和保管費率收取保管費。

證券投資信託主要涉及受益人、投信公司和保管機構三方，其完整的架構與關係如圖 9-B 所示：

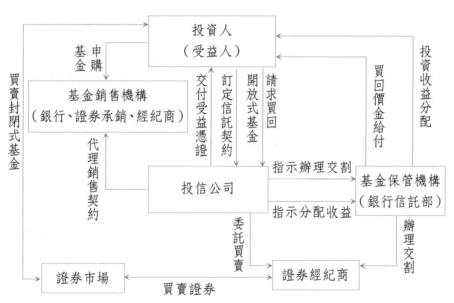

圖 9-B　證券投資信託的基本架構圖

資料來源：作者修改自「中華民國證券暨期貨市場」，90 年版，證券暨期貨市場發展基金會編著。

二、共同基金的類型

1.按交易方式分類

可分為開放式基金和封閉式基金，分述如下：

(1)開放式基金（Open-end Fund）

開放式基金係指受益人得隨時請求投信公司按單位淨值買回受益憑證，投資人亦得隨時按單位淨值向投信公司申購受益憑證成為受益人，基金的總發行單位數不固定，會因續有申購而增加，因受益人請求買回而減少，故名之為「開放式」。基金成立後開始投資，每個營業日基金資產價值都會隨投資盈虧而變化，因此逐日按投資證券市值計算淨資產價值（Net Asset Value, NAV），再將淨資產價值除以發行單位數，就是單位淨資產價值，簡稱單位淨值，基金投資盈虧便直接反映在單位淨值的變化上。受益人請求買回後，以次一營業日單位淨值計算買回價金，5日內取回，變現性頗佳。

(2)封閉式基金（Closed-end Fund）

封閉式基金在發行期滿後，投信公司就不再接受申購或請求買回，發行單位數就此固定，故名之為「封閉式」，但封閉式基金必須上市掛牌，受益憑證按每日市場價格買賣交易。封閉式基金也可以計算出每日的單位淨值，是為其「理論價值」；而市場買賣供需力量則決定基金市價，是為其「市場價格」，理論價值與市場價格不盡相符便產生「基金的溢（折）價」，其計算方法如下：

$$溢（折）價比率 = \frac{單位市價 - 單位淨值}{單位淨值} \quad \begin{array}{l} > 0 \text{為溢價} \\ < 0 \text{為折價} \end{array} \qquad (9\text{-}3)$$

　　民國 81 年開放新投信公司設立的要件之一,即是必須募集一個規模在 40 億元以上的封閉式基金,出發點是希望投信公司能有穩定的管理費收入來源,但揆諸世界各國,除非有特殊投資限制,封閉式基金多為折價,如果折價過甚亦即受益人僅能以遠低於淨值的市價變現,勢必損害受益人權益,因此證期會規定,上市滿 2 年且連續 20 個交易日平均折價幅度大於 20%的封閉式基金必須召開受益人大會,經受益權單位數 1/2 以上出席,出席單位數 1/2 以上同意,即可改型為開放式基金,從民國 85 年以後封閉式基金紛紛改型,至民國 90 年 11 月底僅剩 5 支,而且也少有募集新的封閉式基金了。

　　開放式基金與封閉式基金的異同比較如表 9-C 所示:

表 9-C　開放式基金與封閉式基金比較

	開放式基金	封閉式基金
發行單位數	每日增減 (投資人申購則增, 請求買回則減)	固定不變
買賣方式	投資人↔投信公司 (申購或請求買回)	發行時:投資人→投信公司 發行後:投資人↔投資人 (集中市場交易)
單位價值	單位淨值	單位淨值
單位交易價格	單位淨值	單位市價
操作策略	考量基金規模的變化 傾向中短線	按照基金固定規模 傾向中長線
資金運用	保留彈性以應付請求買回	可全數運用於投資
管理費收入	不穩定	較穩定
收益分配	無 (反映在單位淨值上)	有 (市價要除息)

2. 按投資標的分類

可分為股票型基金、債券型基金、平衡型基金，分述如下：

(1)股票型基金

主要投資於股票市場，又可依其投資目的區分，以賺取資本利得為主的稱為成長型股票基金；以賺取股利為主的稱為收益型股票基金，一般而言，成長型的風險與期望報酬都較收益型為高。由於股票種類繁多，以投資股票的特徵來細分，可以有很多方式，諸如以產業區分，有高科技基金、金融業基金、外銷基金等；以上市公司的規模區分，有大型股基金、小型股基金等；投資於國外地區的基金有以區域或國家來劃分的，諸如歐洲基金、日本基金、新興國家基金等；也有標榜交易市場特徵的，例如店頭市場基金。

(2)債券型基金

主要投資於到期日在一年以上的債券，在國外又依債券的不同區分為政府債券基金或公司債基金；也有依到期日的長短區分為長期債券基金或短期債券基金，基金淨值隨債券價格而變動，亦即主要受市場利率變動的影響，但我國債券基金投資人似以節稅（受益憑證為有價證券，證券所得免稅）和規避價格風險為目的，債券型基金的收益以利息和債息為主，避免投資市場價格波動劇烈的債券，例如交易活絡的公債。

(3)平衡型基金

投資組合兼有股票和債券，又分為以股票為主的平衡型基金，投資於股票的資產多在 50%以上；以債券為主的平衡型基金，投資於股票的資產則多在 50%以下，在規定的投資比例範圍以內，基金經理人

依其對市場的預測機動調整。

3.我國投信公司發行的基金

按募集地、投資地的不同，可分為國內基金、海外基金、國際基金，分述如下：

(1)國內基金

在國內募集，投資於國內有價證券。不論淨資產總值、基金數量皆占最大宗。

(2)海外基金

在國外募集，投資於國內有價證券。早期限制外國法人直接投資台灣股市時的產物，民國 84 年以來，一直維持 9 支此類基金而未增減，例如「國際ROC」、「光華福爾摩莎」等，淨資產總值約僅占我國全體基金規模 1%。

(3)國際基金

在國內募集，投資於國內外有價證券，例如「怡富大歐洲」。不過這類基金有時也被稱為海外基金，蓋以其投資地在海外名之，容易混淆不清。

此外，外國基金公司募集發行的共同基金統稱「外國資金」，須經證期會核准始得在台灣銷售。

表 9-D　證券投資信託基金發行概況表

年度	開放式基金								封閉式基金			
	投資國內有價證券				投資國外有價證券		投資國內外有價證券		投資國內有價證券		投資國外有價證券	
	國外募集		國內募集		國內募集				國內募集			
	基金數	淨資產總額 NT 億元	基金數	淨資產總額 NT 億元	基金數	淨資產總額 NT 億元	基金數	淨資產總額 NT 億元	基金數	淨資產總額 NT 億元	基金數	淨資產總額 NT 億元
74	1	35.00	0	0.00	0	0.00	0	0.00	0	0.00	0	0.00
75	4	75.00	1	17.00	0	0.00	0	0.00	0	0.00	0	0.00
76	4	130.00	4	74.00	0	0.00	0	0.00	0	0.00	0	0.00
77	4	116.00	4	49.00	3	34.00	0	0.00	4	221.00	0	0.00
78	4	177.00	7	132.00	4	20.00	0	0.00	4	385.00	0	0.00
79	4	113.00	8	104.00	4	11.00	0	0.00	6	315.00	0	0.00
80	6	172.00	8	94.00	4	9.00	0	0.00	9	496.00	0	0.00
81	6	153.00	8	81.00	4	7.00	0	0.00	10	495.00	0	0.00
82	6	414.00	10	140.00	4	10.00	0	0.00	20	1,311.00	0	0.00
83	7	564.78	34	568.42	4	9.37	0	0.00	21	1,352.70	0	0.00
84	9	526.12	56	1,035.94	8	58.68	1	10.57	17	846.49	1	40.42
85	9	720.18	81	2,766.45	10	39.05	3	31.95	21	1,157.07	1	34.49
86	9	487.47	108	3,704.47	13	177.08	5	147.39	21	1,053.16	0	0.00
87	9	302.45	152	6,126.38	15	266.85	7	149.93	17	614.01	0	0.00
88	9	436.80	196	9,026.92	15	535.54	7	215.56	9	375.62	0	0.00
89	9	225.66	251	10,463.12	21	398.21	14	410.78	6	197.11	0	0.00
90	9	165.65	286	18,256.13	19	262.25	16	308.18	5	132.20	0	0.00

資料來源：證券暨期貨市場重要指標，證期會編印，民國 91 年 1 月 15 日。

第三節　證券投資顧問與全權委託投資

證券投資顧問事業是指收取報酬，而經營或提供有價證券價值分析、投資判斷建議，為委任人執行有價證券投資的業務，包括投資諮詢、舉辦投資講習、發行刊物出版品、投資推介外國有價證券（多為共同基金）等，但由於我國投資人缺乏付費使用資訊的習慣，一般投資人只求立見效果的投機明牌，法人投資機構則自行僱用分析人員，證券投資顧問事業的業務發展空間有限，截至民國 90 年底共計有 223 家。

民國 89 年 10 月財政部訂定「證券投資顧問事業證券投資信託事業經營全權委託投資業務管理辦法」，為投顧業和投信業提供一項新的業務機會。**全權委託投資**係依委任人個別要求或投資目的，訂定投資範圍或標的進行投資操作，俗稱**代客操作**。與共同基金相比較，全權委託投資好比量身裁製的服裝，共同基金好比尺碼齊全、花色式樣任君挑選的成衣，專人服務的代客操作成本較高，目前規定委託金額必須在 1,000 萬元以上。全權委託投顧或投信業者投資證券的程序如下：

　　1. 委任人與符合資格的投顧或投信公司簽訂全權委託投資契約。

　　2. 由委任人選定符合資格的金融機構擔任委託資產的保管機構，且與該機構簽訂委任契約，由保管機構代理委任人辦理開戶、交割、款券保管、帳務處理等事宜。

　　3. 委任人、受託操作公司、保管機構共同簽訂三方權益協定書，確認彼此之間的權利義務關係。

　　4. 保管機構代理委任人至其指定的證券經紀商開立證券買賣帳戶。

　　5. 委任人將委託投資的現金或資產交付保管機構保管。

　　6. 受託操作公司於約定範圍內執行證券投資。

根據投信投顧公會的統計，民國90年底計有65家投信、投顧公司被核准從事全權委託投資業務，全權委託投資金額已達818.4億元，其中政府基金委託代操503億元占第一位，其次為本國法人275億元，本國自然人和企業職工退休基金各約37.4億元及0.9億元，可見這項新種業務仍以法人為主，特別是號稱四大基金（勞工退休基金、勞工保險基金、郵儲基金、公務人員退撫基金）的政府基金。

第四節　基金績效評估

　　不論是個別投資人或法人投資機構，在一段期間的投資過程之後，都希望適當地評估投資組合績效，尤其在證券投資信託事業百家爭鳴，各式共同基金紛然雜陳的市場中，市場公正人士或機構，希望藉由有效的基金績效評鑑指標表達各種基金的投資表現，投資人也需要使用該指標，做為選擇委託操作的參考。

　　基金績效的評估，必須考量投資理論的基本定則──風險與報酬成正比，甄別基金績效的方法便是「優勢原則」的具體表現，亦即在相同的風險度量之下，報酬率愈高愈好，或是在相同的報酬率度量之下，風險愈低愈好。

一、夏普指標（Sharpe Index, Sp）

$$S_p = \frac{R_p - R_f}{\sigma_p} \qquad\qquad (9\text{-}4)$$

其中　R_p 為投資組合 P 的平均報酬率

　　　R_f 為無風險利率

　　　σ_p 為投資組合 P 的報酬率標準差

夏普指標是一種經風險調整後的超額報酬率，也就是每承擔一單位的風險之下，投資組合所能獲得的超額報酬率，相當於在風險—報酬率平面上，代表各投資組合的直線的斜率，該指標度量愈高，亦即直線愈陡，表示基金績效愈佳。

表 9-E　2000～2002 年甲、乙基金報酬率、股價指數漲跌、國庫券年利率

年度	甲基金	乙基金	股價指數	國庫券利率
2000	5%	3%	－ 4%	5.5%
2001	8%	12%	10%	5%
2002	11%	21%	12%	4.5%
平均報酬率	8%	12%	6%	5%
標準差	2.45%	7.35%	7.11%	

以表 9-E 所列資料為例，如果只比較 3 年平均報酬率表現，乙基金優於甲基金，但甲基金的夏普指標度量為（8% － 5%）/ 2.45% ＝ 1.22，優於乙基金的夏普指標度量（12% － 5%）/ 7.35% ＝ 0.95，但雙雙擊敗大盤表現，市場投資組合的夏普指標度量為（6% － 5%）/ 7.11% ＝ 0.14，圖 9-F 顯示三者夏普指數績效表現。

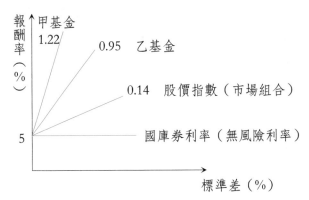

圖 9-F　夏普指標度量：甲、乙基金、股價指數

二、崔諾指標（Treynor Index, T_p）

$$T_p = \frac{R_p - R_f}{\beta_p} \tag{9-5}$$

其中　R_p、R_f的定義與（9-4）相同，

β_p為投資組合的貝它值，$\beta_p = \dfrac{\text{Cov}\,(R_p, R_m)}{\sigma_m^2}$，

R_m、σ_m^2分別為市場投資組合的報酬率及其變異數

　　由於貝它值是系統風險的度量，崔諾指標的意義為每承擔一單位的系統風險之下，投資組合所能獲得的超額報酬率，在以貝它值為橫軸，報酬率為縱軸的平面上，我們也可以畫出如同圖 9-F 的直線，代表各種不同投資組合的直線，直線的斜率即表示該投資組合的崔諾指標，該指標度量愈高，亦即直線斜率愈陡，表示基金績效愈佳。

　　從夏普指標和崔諾指標的定義可以看出，夏普指標的分母為投資組合的總風險，包括系統風險和非系統風險，也就是說夏普指標是用來評估非充分分散投資組合的績效，例如高科技基金、中小基金。崔諾指標的分母僅含系統風險，所以適用於充分分散投資組合的績效評估，也就是投資範圍涵蓋整個市場或區域的基金，例如台灣基金、歐洲基金等。

三、詹森指標（Jensen's Alpha, α_p）

$$\alpha_p = (R_p - R_f) - \beta_p\,(R_m - R_f) + \varepsilon_p \tag{9-6}$$

　　其中　R_p、R_f的定義與（9-4）相同，β_p、R_m的定義與

（9-5）相同，

　ε_p 為迴歸式的誤差項

　詹森指標的設計原理來自於 CAPM，實務上若以平均值表示，證券市場線（SML）可以寫成：

$$R_p = R_f + (R_m - R_f)\ \beta_p \qquad (9\text{-}7)$$

然後以超額報酬率（$R_p - R_f$）為因變數，市場投資組合的風險貼水（$R_m - R_f$）為自變數，加上時間和誤差項可以寫成迴歸式如下：

$$(R_p - R_f)_t = \alpha_p + \beta_p (R_m - R_f)_t + \varepsilon_p \qquad (9\text{-}8)$$

經移項整理之後，（9-8）可以改寫為（9-6），所以詹森指標 α_p 就是迴歸式的截距，當然，α_p 必須經由統計學上的顯著性檢定，判定其具有顯著性，詹森指標的投資績效評估才可被接受。詹森指標的應用方式如下：

　1. $\alpha_p > 0$，表示投資組合 P 的表現比整體市場好，亦即基金表現擊敗大盤。

　2. $\alpha_p = 0$，表示投資組合 P 的表現和整體市場一樣，亦即基金表現平平，沒有特別突出。

　3. $\alpha_p < 0$，表示投資組合 P 的表現比整體市場差，亦即基金表現輸給大盤。

　根據 CAPM，在效率市場時，一個投資組合承受 β_p 的系統風險，理論上應獲取 $R_f + (R_m - R_f)\beta_p$ 的預期報酬率，（9-8）顯示，實際上該投資組合獲取 $\alpha_p + R_f + (R_m - R_f)\beta_p$ 的報酬率，α_p 被視為該投資組合的「超額報酬率」，代表投資組合管理者亦即基金經理人的天賦才能或操作技術，所以詹森指標特別針對 α_p 做迴歸分析，並用以檢定基

金的管理能力。

四、風險調整績效指標（Risk-Adjusted Performance Index, RAPI）

$$RAPI_p = (\sigma_B / \sigma_p)(R_p - R_f) \qquad (9\text{-}9)$$

其中　R_p、R_f、σ_p 的定義與（9-4）相同，

σ_B 為基準投資組合（Benchmark Portfolio）的報酬率標準差

RAPI 係由當時任職於美國摩根史坦利公司的莫迪格里尼（Leah Modigliani）女士和她的諾貝爾經濟學獎得主祖父法蘭柯·莫迪格里尼（Franco Modigliani），在 1997 年共同提出的，該指標假設投資人皆可以相同的利率水準進行借貸，經由借貸可將投資組合風險調整至滿足其需求的水準為止，因此，一旦確定了基準投資組合 B，並將接受評估投資組合 P 的風險水準調整至與其一致，便依等比例調整投資組合 P 的超額報酬率，RAPI 應用方式如下：（R_B ＝基準投資組合報酬率）

1. $RAPI_p > R_B$，表示投資組合 P 的表現比基準投資組合好。

2. $RAPI_p = R_B$，表示投資組合 P 的表現與基準投資組合相同。

3. $RAPI_p < R_B$，表示投資組合 P 的表現比基準投資組合差。

基準投資組合可選定為市場投資組合，或是某類股的指數，因此 RAPI 的限制是只能比較投資目標相同的基金，RAPI 的特色是其度量有明確的意義，即表示一個加權後的超額報酬率，權數為 σ_B / σ_p，σ_p 愈小則權數愈大，反之則權數愈小。例如富邦店頭基金的報酬率及其標準差分別為 10%、1.2，店頭市場指數的標準差為 1.5，無風險利率為 4%，則富邦店頭基金的 RAPI 為（1.5 / 1.2）×（10% － 4%）＝ 7.5%。

考題集錦

一、選擇題

_____ 1. 假設乙基金的貝他值為 1.2，而且它的崔諾指標值與詹森指標值分別等於 15% 和 6%，請問此時市場所提供的平均風險貼水是：

(A)7% (B)8% (C)9% (D)10% 【91.1 分析人員】

_____ 2. 假設乙客戶以每股三十八點九元價格融券賣出股票五千股，假定融券手續費為千分之一，融券保證金成數為七成，次日股價為四十一元，則其擔保維持率為何？

(A)百分之一百五十 (B)百分之一百六十 (C)百分之一百七十

(D)百分之一百八十 【91.1 券商高業】

_____ 3. 設原融資金額為 A，融券標的證券市值為 B，融資擔保品證券市值為 C，原融券擔保品及保證金為 D，請問計算擔保維持率時，分母為何？

(A)A+C (B)A+B (C)C+D (D)B+C 【91.1 券商高業】

_____ 4. 封閉型基金每單位淨資產價值（NAV）為 15 元，而市場每單位交易價格為 14 元，此現象稱該封閉型基金為：

(A)折價 (B)溢價 (C)平價 (D)價內 【91.1 券商高業】

_____ 5. 有關有價證券買賣之融資融券，下列何者正確？

(A)對委託人融資，應依證期會規定成數收取融資保證金

(B)對委託人融券，應依證期會規定之比率收取融券自備價款

(C)信用帳戶內之擔保品價值與委託人債務之比率低於規定比率時，委託人僅得以有價證券抵繳之

(D)委託人未於期限內補繳(C)之差額，證券金融事業即可處分其擔保品 【89.4 券商高業】

_____ 6. 下列何者，可成為證券投資信託基金之投資標的？

(A)興櫃股票

(B)未上市上櫃股票

(C)認購承銷之上市股票

(D)本證券投資信託事業所經理之各個證券投資信託基金

【91.1 分析人員】

_____ 7. 我國證券投信事業現行得募集之基金，非為下列哪種基金？

(A)封閉型基金　(B)開放型基金　(C)債券型基金　(D)對沖基金

【90.3 分析人員】

_____ 8. 有關代客操作，下列敘述何者不正確？

(A)所謂代客操作，主要是讓投資信託及顧問事業從事一種全權委託投資的活動

(B)代客操作是針對單一、個別的投資人進行投資時的量身訂作，完全是按照單一客戶的需求而訂的投資策略

(C)推行代客操作可謂將散戶盲目的投資行為轉換成較為理智、專業的法人投資行為

(D)以上皆非　　　　　　　　　　　　　　　【90.2 分析人員】

_____ 9. 下列有關證券投資組合績效評估之敘述，何者為正確？

(A)當顧客設定證券投資組合之風險水準時，夏普（Sharpe）指標為基金操盤經理人之最適合之績效評估指標

(B)當證券投資組合之簡森阿爾發（Jensen Alpha）值愈大時，表示證券投資組合之績效愈佳

(C)市場投資組合之簡森阿爾發值應大於零

(D)以上皆是　　　　　　　　　　　　　　　【90.2 分析人員】

_____ 10. 某投資組合的平均報酬率為 14%，其貝它係數為 0.8，其簡森（Jensen）績效指標等於 0.02。請問無風險利率與市場報酬率分別為多少？

(A)6%與 16%　(B)7%與 15.75%　(C)8%與 13%　(D)以上皆非

【90.4 分析人員】

_____ 11. 假設融資比率為六成，融券保證金成數為九成，整戶擔保維持率

為140%，A股票市價為40元，B股票之市價為80元，如果投資人融資買進 A 股票 2 股，融券賣出 B 股票 1 股，則其整戶擔保維持率為：

(A)140% (B)161.3% (C)181.3% (D)185.4% 【90.2 分析人員】

12. 債券型基金規模成長甚鉅，主要之利基即在於具有免稅的優勢。基於此利基，請問債券型基金較不會從事何項投資？

(A)公債附買回交易 (B)買定存單 (C)投資票券 (D)投資公司債

(E)以上都不會 【86.台大財金所】

13. 證券商計算委託人融資融券擔保維持率，不須使用下列哪一項？

(A)融資擔保證券市值 (B)原融券擔保品及保證金 (C)原融資金額

(D)融資自備價款 【91.1 券商業務員】

14. 以下有關開放型基金之敘述，何者為真？

(A)又稱共同基金，投資者可在次級市場買賣開放型基金

(B)基金購買價格是依照每單位受益憑證的淨資產價值（加上銷售手續費）

(C)一般而言，報酬率優於封閉型之基金報酬

(D)通常投資人可要求配息自動轉投資，以及基金轉換之便利

(E)以上有兩者為正確 【87 台大財金所】

15. 下列事項，何者為證券投資顧問事業之業務範圍？

(A)對證券投資人，提供建議 (B)舉辦證券投資講習 (C)發行證券投資出版品 (D)以上均是 【90.3 券商高業】

16. 如果你利用融資的方式，以市價每股 80 元買進一張之普通股，假設融資成數為買入總價的 50%，且該普通股不支付任何股利，則當市價下跌至每股 60 元時，此時你賣出該一張普通股，在不考慮融資利息的情況下，你的報酬率為：

(A)22% (B)-22% (C)-48% (D)-50% 【90.4 券商業務員】

17. 下列何者為崔納（Treynor）指標的定義？

(A)期望超額報酬／β (B)異常報酬／標準差

(C)異常報酬／變異數　　　(D)期望超額報酬／市場投資組合風險

【90.4券商業務員】

_____18.關於證券投資信託基金之管理，下列敘述何者錯誤？

(A)運用證券投資信託基金為上市或上櫃有價證券投資，應登記為基金保管機構名義下某證券投資信託基金專戶

(B)證券投資信託事業募集之證券投資信託基金，與證券投資信託事業及基金保管機構之自有財產，可合併管理

(C)信託基金應交由基金保管機構保管，不得自行保管

(D)基金保管機構，指受證券投資信託事業委託，保管證券投資信託基金之銀行　　　　　　　　　　【90.3券商業務員】

_____19.以下何者不是開放型基金的特性？

(A)可在集中市場買賣　　　　　(B)基金規模會改變

(C)以基金淨值為買賣價格　　　(D)可向基金公司要求贖回

【90.2券商業務員】

_____20. A growth stock portfolio and a value portfolio might be characterized

(A)each by their P/E relative to the index P/E; high P/E for growth and lower for value.

(B)as earning a high rate of return for a growth security and a low rate of return for value security irrespective of risk.

(C)low unsystematic risk and high systematic risk respectively.

(D)moderate systematic risk and zero systematic risk respectively.

(E)none of the above　　　　　　　　　　　　【90.政大金融所】

第 *10* 章 資本市場國際化

二十一世紀的今天，全球各國資本市場發展快速，通信資訊技術也早已跨越疆域的限制，資本在國際市場間移動極為普遍而且頻繁，所謂資本市場國際化可分為兩個方面：

1.資本輸入

(1)初級市場：本國企業在外國發行證券藉以募集資金。

(2)次級市場：外國人購買本國證券。

2.資本輸出

(1)初級市場：外國企業在本國發行證券藉以募集資金。

(2)次級市場：本國人購買外國證券。

根據證期會的統計，2000 年我國上市、上櫃公司發行海外存託憑證金額已占國內外各種主要籌資方式的 50.29%，再加計發行海外公司債，從海外資本市場籌資的比重高達 57.31%，超過國內資本市場（包括現金增資、發行一般公司債及可轉換公司債）的 42.69%。次級市場方面，1997 年亞洲金融風暴之後，亞洲各國證券市場的魅力大失，即使同受全球景氣趨緩之苦，歐美證券表現相對強勢。這些都說明資本

永遠都在尋找風險較低或報酬率較高的市場,世界各國也多致力於改善其資本市場條件以吸引外資,包括提供多樣化金融商品及放寬交易限制,身為世界村中的投資人更應對各國證券市場多所認識,以順應資本市場國際化的潮流趨勢,本章將先論述存託憑證(Depositary Receipt, DR),再介紹幾個重要外國證券交易市場的概況,最後探討股價指數的意義和不同的計算、調整方式,有助於我們觀察比較各國證券市場的動態。

表 10-A　台灣上市、上櫃公司籌資方式概況

單位:新台幣億元;%

籌資地區	證券種類	項　目	2000		1999		1998		1997	
			金額	%	金額	%	金額	%	金額	%
國內	股票	現金增資	1888	27.49	1538	39.89	3403	59.42	3984	66.96
國內	債券	一般公司債	759	11.05	1055	27.36	979	17.02	336	5.65
國內	債券	可轉換公司債	285	4.15	112	2.90	755	13.18	395	6.64
海外	債券	海外公司債	482	7.02	398	10.32	200	3.49	872	14.65
海外	DR	海外存託憑證	3455	50.29	753	19.53	390	6.81	363	6.10
		合　計	6869	100	3856	100	5727	100	5950	100

資料來源:證券暨期貨管理委員會。

第一節　存託憑證

外國發行公司或證券持有人如欲在本國境內發行或銷售證券時,先將證券寄存於保管機構(Custodian),再由存託銀行(Depositary Bank)據此簽發表彰外國證券的憑證在本國證券市場流通,這種憑證稱為存託憑證。

就籌資者而言，存託憑證是一種相當普遍的海外籌資工具；就投資者而言，可以在本地投資外國證券，避免因制度、語言、法律、稅務不同而產生的國際證券交易困難。存託憑證雖然不是股票，但存託憑證持有人實際上是該寄存股票的所有人，可經由存託銀行對原有股票主張相當之權利，諸如股利、剩餘財產的分配，但基於現實狀況的可行性考量，是否可以出席股東會並行使投票權，須視限制條款而定。

存託憑證的分類有以下兩種方式：

一、依發行公司是否參與區分

按照原有價證券發行公司是否參與存託憑證發行區分，又可分為參與型存託憑證（Sponsored DR）和非參與型存託憑證（Unsponsored DR）：

1. 參與型存託憑證

發行公司以現金增資發行的新股為標的，委由存託銀行發行存託憑證，對於發行公司具有海外集資的效果，通常是國內市場行情不佳，或預估外國市場承銷價格較佳時為之，發行公司通常承諾定期提供財務及業務資訊給存託銀行，並負擔發行費用。

2. 非參與型存託憑證

投資銀行或證券商將其由境外購得的外國證券存入保管機構，再委由存託銀行發行存託憑證，僅為流通目的，對於原有價證券發行公司並無籌措資金的功能，資訊的提供也較少。

二、依發行及交易的地點區分

1. 台灣存託憑證

外國證券在台灣集中市場上市交易的存託憑證，稱為台灣存託憑證（Taiwan Depositary Receipt, TDR），交易規定比照上市股票，每單位面額新台幣 10 元，1000 單位為一交易單位，不足一交易單位者比照零股交易作業規定，最低發行單位數為 2000 萬個單位以上。截至民國 91 年 3 月底，共計有福雷電子和東亞科技兩檔，發行公司均為新加坡籍，以首開 TDR 先河的福雷電子為例，該公司為民國 87 年 1 月 8 日以 27 元掛牌上市，發行總數 1.2 億個單位，表彰新加坡的 150 萬股，亦即 80 個單位相當於新加坡福雷普通股 1 股。

2. 海外存託憑證

本國企業委請存託銀行於境外依當地國之證券相關法令，發行表彰存放於保管機構之有價證券的憑證，統稱為海外存託憑證（Global Depositary Receipt, GDR），通常這類存託憑證都冠以當地（國）的名稱以示區別，例如，在美國發行交易的稱為美國存託憑證（ADR），在歐洲發行交易的稱為歐洲存託憑證（EDR）等。

以 1997 年 10 月 8 日在美國紐約證交所發行的台積電 ADR 為例，共發行 2100 萬個單位，每單位表彰台積電普通股 5 股，亦即存託保管總股數 1.05 億股，當時發行價格為每單位 24.78 美元，以當時匯率（NT$28.485/$）計算，紐約掛牌的台積電 ADR 所表彰的台積電每股價格換算新台幣為 141.17 元，與 10 月 7 日台灣股市台積電收盤價 141.5 元極接近。

第二節　外國證券交易市場

一、美　國

美國證券集中市場可以區分為全國性證券交易所 2 個和地區性證券交易所 8 個：

1. 全國性證券交易所

(1)紐約證券交易所（New York Stock Exchange, NYSE）

(2)美國證券交易所（American Stock Exchange, AMEX）

2. 地區性證券交易所

(1)中西部證券交易所（Midwest Stock Exchange）：芝加哥地區。

(2)太平洋證券交易所（Pacific Stock Exchange）：加州舊金山、洛杉磯地區。

(3)波士頓證券交易所（Boston Stock Exchange）：波士頓地區。

(4)費城證券交易所（PBW Stock Exchange）：費城、巴爾的摩、華府地區。

(5)辛辛那提證券交易所（Cincinnati Stock Exchange）：俄亥俄州辛辛那提地區。

(6)檀香山證券交易所（Honolulu Stock Exchange）：夏威夷地區。

(7) Intermountain 證券交易所：猶他州鹽湖城地區。

(8) Spokane 證券交易所：華盛頓州地區。

以交易金額論，紐約證交所獨大，約占全美國 8 成以上，美國證交所次之，僅占 5%，8 個地區性證券交易所合占其餘部分就顯得微不

足道。紐約證交所的歷史最悠久，可上溯 1792 年 24 個證券經紀商簽訂的「扣子樹協定（Buttonwood Agreement）」，以會員方式經營證券業務改良至今，兩大全國性證券交易所的組織都採用「會員制」的精神，亦即會員席位有名額限制，而且可以自由買賣轉讓，取得會員席位者才能進入交易所的交易大廳（Floor）參與市場買賣。

紐約證交所也是世界最大的證券交易市場，2000 年交易金額 11 兆美元，遠高於排名第二、三位的倫敦股市（4.5 兆美元）、東京股市（2.3 兆美元），台灣證交所居第四（9,933 億美元）。正常交易時間為週一至週五，當地時間 09:30～16:00（台灣時間 22:30～05:00）。證券價格沒有漲跌停幅度的限制，升降單位以往都以 1/16 美元為一檔，現在債券交易仍沿用之，有時甚至有 1/32 美元為一檔的現象，股票價格則已改為 0.01 美元為最小升降單位。此外，美國沒有證券交易稅，但課徵證券交易所得稅（Capital Gain Tax，亦稱資本利得稅），這點與台灣迥異。

未達上市標準但符合上櫃規定的證券可以在店頭市場流通，並利用「全國證券商協會自動報價系統（National Association of Securities Dealer Automated Quotation, NASDAQ）」來執行報價，國人稱之為「那斯達克」，那斯達克中有甚多屬於電腦資訊產業的公司，與台灣電子產業的關聯性相當高，那斯達克股價指數的漲跌，有時比代表紐約證交所藍籌股 [註1] 的道瓊工業指數更能影響台灣股市行情。

二、英　國

英國主要的證券交易所是倫敦證券交易所（London Stock Exchange, LSE），交易金額向居全球第二位，但上市公司家數稍多於紐約證交所（2001 年 11 月 LSE 有 2,882 家，NYSE 有 2,807 家），其中外國公司比例相當高，約有近 500 家，可見其交易制度及基礎設施的完善，具有跨國性的世界級地位。

倫敦證交所的股票分為「阿法（Alpha）」、「貝他（Beta）」、「伽馬（Gamma）」三類，阿法類股票僅六十多種，皆為知名大型企業，貝他類股票約 500 種，其餘的為伽馬類股票，種類最多，但倫敦證交所僅提供前二類的確定買賣報價，伽馬類的報價只具有參考性，通常在真正交易時才能確定價格。

倫敦證交所採「會員制」組織，區分為證券經紀商（Broker）和證券自營商（Jobber），交易時間為週一至週五，當地時間 8:30～16:30（台灣時間 15:30～23:30），交易價格無漲跌停幅度限制，證券交易稅率為 0.5%。

三、日　本

日本共設有東京、大阪、名古屋、廣島、札幌等 6 個證券交易所，其中東京證交所的交易金額約占 9 成，上市公司家數約 2,100 家，皆為日本第一大及世界第三大證券市場，股價當日漲跌幅限制為 10%，證券交易稅率為 0.55%，交易時間為週一至週五，當地時間 09:00～11:00 及 12:30～15:00（台灣時間 08:00～10:00 及 11:30～14:00）。

東京證交所為會員制組織，區分為正規會員（Regular Member）和仲介會員（Saitori Member）兩種，正規會員可以受託代客買賣或自行買賣有價證券，享有出席會員大會、修正交易所規章及選舉交易所理事等權利；仲介會員則僅能為正規會員居間撮合交易，不能以本身名義從事經紀或自營業務，在交易所中也僅能就其相關業務的事項提出決議或異議，與正規會員的權利相差頗大。

東京證交所按上市公司規模大小又分為第一部和第二部市場，資本額較大者歸屬第一部，資本額較小者或新上市股票歸屬第二部，每一營業年度終了時，再視上市公司實際情況將股票重新歸類於第一部或第二部。此外，東京證交所於 1999 年新設「高成長與新興股票市場」（Market of the High-Growth and Emerging Stocks, MOTHERS），提

供新興科技公司可以掛牌交易的新園地，台灣櫃檯買賣第二類股票即仿效該市場的制度與精神。

四、香　港

香港證券交易所的成交金額在 1998 年以前居亞洲第三位，僅次於日本和台灣，1999 年起又被南韓趕上，但上市公司家數七百多家，略多於南韓，香港金融市場自由化程度高，很早就成為亞洲區域性金融中心，相關制度及基礎設施齊備，則為其他新興市場所不及，諸如其期貨、選擇權等衍生性金融商品交易發達，外資金融行業亞洲地區總部林立，有助於香港證券市場的發展，然其腹地有限，限制了本地製造業的發展，上市公司多為控股公司、服務業，諸如地產、酒店（觀光旅館）、銀行、貿易等，1997 年香港主權回歸大陸後，香港證交所允許大陸國營企業（H股）和陸資掌控的企業（紅籌股）申請到香港掛牌上市，此外新設「創業板」市場吸引新興企業。香港證交所股價無當日漲跌幅限制，證券交易稅率為 0.6%，交易時間為週一至週五，10:00～12:30 及 14:30～16:00（台灣時間相同），縮短中午休息時間，延長交易時間正在研議中。

五、中國大陸

中共在 1949 年建立政權之後，曾於 1949 年及 1950 年先後開辦天津、北京證券交易所，但都在 1952 年撤銷關閉，中斷近 30 年之後，1981 年首次發行國庫券才又恢復了證券市場的運作，1980 年代，債券市場規模遠大於股票市場，1989 年底的統計，各類債券包括國家債券、金融債券、企業債券的發行金額約人民幣 1,451 億元，股票發行金額只有人民幣 42 億元，1990 年代之後，股票市場才日益蓬勃，這點與台灣證券市場的發展不同，肇因於共產主義國家的公有制文化，對於股份這種十足的資本主義產物是心懷戒懼的。

1990 年上海證券交易所成立，1991 年深圳證券交易所緊接著成立，股票集中交易和集中過戶等制度方告奠基。1992 年上海真空電子器件股份有限公司及深圳南方玻璃股份有限公司率先發行 B 股以吸引外資，中國大陸的特定公司股票就有 A 股和 B 股之分：

1. 人民幣普通股

簡稱 A 股，專門發行供大陸居民投資、一般外國投資人不可以直接購買。

2. 人民幣特種股票

簡稱 B 股，以人民幣標明股票面值，而以外匯進行交易（上海以美元計價，深圳以港幣交易），為提供給境外投資人買賣的記名股票，交易須以大陸外匯調劑中心匯率折算外匯直接支付，投資收益和分紅派息在完稅後亦可自由匯出。

雖然同一家公司發行的 A 股與 B 股權利義務皆相同，但 B 股投資人多為較理性且傾向長期持有的外資法人，一般而言，A 股的股價較 B 股的股價高，波動也較 B 股為大，這種現象是制度使然但並不合理。

2000 年 12 月底止，上海證交所上市證券共計 572 個，A 股有 567家，總市值 2 兆 6904 億元人民幣，B 股 55 家，總市值 41.33 億美元；深圳證交所上市證券共計 517 個，A 股有 507 家，總市值 2 兆 1095 億元人民幣，B 股 59 家，總市值 253.76 億港幣。2001 年 2 月，大陸當局開放境內居民買賣 B 股，正朝向 A 股和 B 股合一的方向邁進。

第三節　　股價指數

股票市場有「經濟櫥窗」之稱，一個國家的經濟發展、產業狀

況、國民財富，乃至於政治社會環境、人民信心都反映在股價的變動上，股價指數就是用一個簡單的數字，綜合表達當時股票市場的價格水準，長期追蹤可以瞭解市場趨勢。

股價指數的計算方法可分為「簡單算術平均指數」和「加權指數」兩大類：

1. 簡單算術平均指數

$$簡單算術平均指數 = \frac{\sum\limits_{i=1}^{n} P_{it} \Big/ n}{\sum\limits_{i=1}^{n} P_{io} \Big/ n} \times 100 \qquad (10\text{-}1)$$

其中　P_{io} ＝第 i 個樣本的基期價格

P_{it} ＝第 i 個樣本的第 t 期價格

n ＝樣本總數

2. 加權指數

又分為巴氏（Passche）指數和拉氏（Laspeyres）指數兩種：

$$(1)巴氏指數 = \frac{\sum\limits_{i=1}^{n} P_{it} Q_{it}}{\sum\limits_{i=1}^{n} P_{io} Q_{it}} \times 100 \qquad (10\text{-}2)$$

$$(2)拉氏指數 = \frac{\sum\limits_{i=1}^{n} P_{it} Q_{io}}{\sum\limits_{i=1}^{n} P_{io} Q_{io}} \times 100 \qquad (10\text{-}3)$$

其中 P_{io}、 P_{it}、n 的定義同於（10-1），

此外，Q_{io} ＝第 i 個樣本的基期數量（權數），

Q_{it} = 第 i 個樣本的計算期數量（權數）

從（10-2）和（10-3）的對照可知，二者都是想比較市場上計算期（第 t 期）價格和基期價格的變化幅度，而巴氏指數是以計算期的量來加權，拉氏指數則以基期的量來加權，由於巴氏指數較能反映最近期的狀況而非老舊的資訊，所以廣受引用。此外，股價指數所用來加權的量，多指發行量而非交易量，亦即上市股份的數量，表示是以股票規模的大小為權數，規模愈大者，其價格的重要性愈高。

簡單算術平均指數未以數量加權，所以不適合統計涵蓋市場所有股票的價格，避免上市公司規模不等而權數相同所產生的失真，因此多採樣具有代表性的股票，選擇性納入指數的計算；加權指數本身具有規模大小的區別性涵義，可以較普遍的納入市場所有股票加以計算。前者簡便易懂，以紐約證券交易所的道瓊工業指數為代表；後者周全完整，台灣證券交易所的發行量加權股價指數即是，以下分別介紹之。

一、道瓊工業指數（Dow Jones Industrial Average Index, DJIA）

1882 年紐約華爾街（Wall Street）股市觀察家道氏（Charles H. Dow）和瓊斯（Edward Jones）合組道瓊公司，並於 1884 年發表道瓊工業指數，沿用至今已歷一百餘年，道瓊工業指數係以紐約證交所中的 30 家大型績優公司為樣本，經由簡單算術平均法計算而成，計算公式如下：

$$DJIA = \frac{\sum\limits_{i=1}^{30} P_{it}}{D} \qquad (10\text{-}4)$$

其中　P_{it} = 第 i 種證券在第 t 期的股價

D＝調整除數

道瓊工業指數的特色有以下二點：

(1)採樣公司家數一直保持 30 家，但為了反映市場代表性，採樣
公司是可以更換的，1999 年底英代爾（Intel）、微軟（Microsoft）兩家資訊電子公司被納入指數，取代了雪弗龍石油（Chevron）和固特異輪胎（Goodyear）即為一例。目前採樣公司有花
旗銀行（Citigroup）、通用汽車（GM）、波音飛機製造（Boeing）、可口可樂等知名企業，行業選取非常廣泛。

(2)計算道瓊工業指數時的分母 D 原先是 30，當採樣公司更換或股
價因發放股利、公司合併等因素而變動時，為了保持指數的連
續性，以調整分母 D 為因應，所以 D 又稱「調整除數」，1993
年 5 月 D＝0.4627。

舉例 假設有一道瓊式股價指數，原先採樣公司有 A、B、C 三家，股價分
別為 50 元、70 元、120 元，調整除數為 6，某日 C 公司除權，除權
參考價 90 元，則調整除數應改為多少？

解 假設調整除數改為 X 可維持除權前後的指數連續性，

則 $\dfrac{50+70+120}{6}=\dfrac{50+70+90}{X}$

$\qquad$ X＝5.25

由於採樣公司長期以來的除權、股票分割，調整除數愈來愈小，
同等的股價變動，反映成指數的變動就愈來愈大，產生虛胖的現象，
這正說明沒有一種指數是十全十美的，有所長必有所短，道瓊工業指
數簡明而巧妙地保持了連續性，但有放大反映股價變動之弊。

二、台灣證券交易所發行量加權股價指數（簡稱台灣加權指數）

台灣證券交易所在民國 51 年 2 月開業時採用簡單算術平均指數，民國 60 年改採巴氏加權指數，並以計算期發行量（發行股數）加權，基期則定為民國 55 年的全年平均股價，計算方式如（10-2）所示。

台灣加權指數納入所有上市普通股為樣本，但上市未滿月之股票、變更交易方式股票除外，從（10-2）可以看出，**台灣加權指數具有總市值的涵義**，亦即指數為計算期總市值對基期總市值的比值，因此指數的漲跌，與其說是觀察市場上普遍股價的起落，不如說是衡量總市值的增減更為貼切，當上市公司發行股數不斷因增資而增加時，指數有被墊高之虞，民國 90 年台灣加權指數從萬點跌到 5000 點左右，傳統產業股股價跌破面值者比比皆是，因而有「雞蛋股」、「水餃股」註 2 之稱，對比這些公司的股價，普遍低於民國 79 年指數在 3000 點左右時的水準。因此，以發行量加權使指數反映市場股價的普遍狀況，也有模糊焦點的遺憾。

發行量加權指數為了確保連續性，是以修正基期總市值來因應下列情形：(1)增減或更換採樣股票；(2)有償增資除權；(3)公司合併；(4)可轉換公司債轉換為股票；(5)公募、核配第三者認購新股。上市公司無償增資配股（即配發股票股利）或減資時，股價雖因除權而降低，因減資而上升，但市值不增減，所以不必修正基期總市值。

修正基期總市值的方式如下：

新基期總市值 = 舊基期總市值 ×

$$\frac{修正前一日計算期總市值 \pm 本日因故增減市值}{修正前一日計算期總市值} \qquad (10\text{-}5)$$

舉例 假設基期總市值為 20 億元，昨日總市值為 100 億元，昨日發行量加權指數為 500 點 [=（100÷20）×100]，今日恰有 A 公司股票下市，B 公司股票新上市，A 公司股票發行 1 億股，昨日收盤價為 2 元；B 公司股票發行 6000 萬股，每股上市掛牌價為 15 元，則今日開盤時基期總市值應調整為多少？

解 $$新基期市值 = 20 \times \frac{100 - (2 \times 1) + (15 \times 0.6)}{100}$$
$$= 20 \times \frac{107}{100}$$
$$= 21.4（億元）$$

又假設今日收盤計算總市值為 105 億元，今日收盤的發行量加權指數為 490.65 點 [（105÷21.4）×100]，反而比昨日下跌 9.35 點。

三、各國重要指數介紹

1. 標準普爾 500 指數（S & P 500 Index）：美國紐約證交所

美國標準普爾公司（Standard and Poors'）是國際著名的財務評等公司，該公司編製多種股價指數，其中以 S & P 500 指數最常被使用，該指數以紐約證交所中的 500 家上市公司股票為樣本，計算方法屬於加權指數模式，但既非巴氏指數，亦非拉氏指數：

$$S \& P \ 500 \ 指數 = \frac{\sum_{i=1}^{n} P_{it} Q_{it}}{\sum_{i=1}^{n} P_{io} Q_{io}} \times 100 \qquad (10\text{-}6)$$

符號定義同於（10-2）、（10-3）所用，n = 500

2. 紐約證券交易所指數（NYSE Indexes）：美國紐約證交所

1966 年紐約證交所編製綜合、工業、公共事業、運輸、金融等 5 種股價指數，其中以綜合指數（NYSE Composite Index）廣為使用，樣本涵蓋所有上市股票，是一種加權指數。

3. 那斯達克指數（NASDAQ Indexes）：美國店頭市場

美國「全國證券商協會（NASD）」以 1971 年 2 月為基期，編製綜合、工業、公共事業、運輸、銀行、保險、其他金融等 7 種店頭市場股價加權指數，其中工業指數影響台灣電子類股行情走勢頗大，最受國人注意。

4. 日經 225 指數（Nikkei 225 Index）：日本東京證交所

日經 225 指數以東京證交所第一部中的 225 家上市公司股價為樣本，採用道瓊式計算方法編製，由於樣本數較多，其中亦不乏中小型公司。

5. 金融時報 30 指數（Financial Times 30 Index, FT-30 Index）：英國倫敦證交所

英國金融時報以倫敦交易所 30 家大型公司股價為樣本編製而成，計算方式是採幾何平均法，公式如下：

$$FT\text{-}30 = \left\{ \frac{P_{1t}}{P_{1,t-1}} \times \frac{P_{2t}}{P_{2,t-1}} \times \cdots\cdots \times \frac{P_{30t}}{P_{30,t-1}} \right\}^{1/30} \times 100$$

其中　P_{it} = 第 i 種股票在 t 日的股價

6. CAC 40 指數：法國巴黎證交所

法國最著名的指數為 CAC40 指數，係取巴黎證交所前 40 大上市公司股價編製而成，另有樣本數較多的 CAC249 指數亦頗常用。

7. DAX 指數（Deutscher Aktienindex）：德國聯邦證交所

位於法蘭克福的德國聯邦證交所，取其交易最頻繁的 30 種股票價格編製而成。

此外，台灣鄰近地區較為人所熟悉的還有香港恆生指數（Hang Seng Index）和新加坡海峽時報指數（Strait Times Index），取樣上市公司家數分別為 33 家和 30 家。

註釋

註 1：藍籌（Blue Chip）：美國賭場的籌碼通常以顏色區別
其所代表的金額，藍色籌碼一向代表的金額最高，所
以藍籌股就是績優股的意思。

註 2：亞洲金融風暴過後，許多體質欠佳甚至財務報表不實
的上市公司，股價重挫，令人怵目驚心，不知下一個
又輪到誰？這類上市公司被稱為「地雷股」。其後，
有些上市公司股價跌至 3、4 元，每股市價和一粒雞
蛋或水餃差不多，故稱之為「雞蛋股」、「水餃股」，
此係指其股價而言，其中亦不乏因股市不振而被過度
低估者。其後，有些問題公司營運艱困，每股市價甚
至低於 1 元，好事者便冠以「螺絲釘股」之名，也是
形容其股價之低，幾無以復加。

考題集錦

一、選擇題

_____1. 下列有關股價指數之敘述，何者正確？

I. 台灣發行量加權股價指數與S&P500指數皆為市值加權。

II. 美國道瓊工業指數與摩根台股指數皆呈現高價股占比重較大之現象。

III. 日本日經225指數與日經300指數皆為價格加權。

IV. 當樣本公司有無償配股除權時，道瓊工業指數須調整固定除數，而台灣發行量加權股價指數則無須調整。

(A) I，II，IV　　(B) II，III，IV　　(C) I，IV　　(D) II，III

(E)以上皆非　　　　　　　　　　　　　　　　　　　　【87.台大財金所】

_____2. 我國企業赴海外以存託憑證方式籌措資金謂之發行：

(A)台灣存託憑證（TDR）　　(B)全球存託憑證（GDR）

(C)歐洲可轉換公司債（ECB）　　(D)浮動利率票券（NIF）

【91.1 分析人員】

_____3. 台灣加權股價指數是採何種計算方式？

(A)成交量加權　(B)市值加權　(C)價格加權　(D)以上皆非

【91.1 分析人員】

_____4. 以下關於美國存託憑證（ADR）之敘述何者正確：

(A)目前我國上市公司有台積電、聯電、旺宏等在費城交易所（PHLX）掛牌交易 ADR

(B)ADR 溢價指的是 ADR 市價經過匯率換算之價值超過其標的股票市價乘以ADR表彰股數後價值之比率，近幾個月以來台積電 ADR 溢價幅度約在 10%~20%之間

(C)由於 ADR 可以贖回，當 ADR 溢價幅度超過100%時，將面臨強大的贖回賣壓，因此 ADR 之溢價鮮有超過 100%者

(D)以上皆非　　　　　　　　　　　　　　　　　　　　【90.3 分析人員】

_____5. 下列何種股價指數最能模擬市場投資組合（Market Portfolio）？
(A)簡單股價平均　(B)市場價值加權指數　(C)價格加權指數
(D)股價幾何平均　　　　　　　　　　　　【90.4 分析人員】

_____6. 美國交易量最大之股票交易所為：
(A)紐約股票交易所　(B)太平洋股票交易所　(C)美國股票交易所
(D)中美股票交易所　　　　　　　　　　　【91.1 券商高業】

_____7. 外國企業來台以存託憑證方式籌措資金謂之發行：
(A)台灣存託憑證（TDR）　　(B)全球存託憑證（GDR）
(C)美國存託憑證（ADR）　　(D)歐洲存託憑證（EDR）
　　　　　　　　　　　　　　　　　　　　【90.4 券商高業】

_____8. 摩根台灣股價指數個股權重，是以組成股票何者決定？
(A)資本額比重　(B)市值比重　(C)盈餘比重　(D)營收比重
　　　　　　　　　　　　　　　　　　　　【90.2 券商高業】

_____9. 以下何者不是台灣加權指數之基值調整時機？
(A)新增或剔除採樣股票　　　　　　　(B)有償增資發行普通股
(C)可轉換特別股轉換為普通股的上市日　(D)無償增資發行新股
　　　　　　　　　　　　　　　　　　　　【90.1 券商高業】

_____10. 甲公司為在紐約證券交易所上市之公司，其可以向主管機關申請
來台募集與發行哪些有價證券？
(A)受益憑證、海外存託憑證、股票
(B)海外轉換公司債、受益憑證、股票
(C)公司債、受益憑證、台灣存託憑證
(D)公司債、台灣存託憑證、股票　　　　【89.4 券商高業】

_____11. 台灣證券交易所綜合股價指數編算方式為何？
(A)發行量加權　(B)非發行量加權　(C)平均數　(D)以上皆非
　　　　　　　　　　　　　　　　　　　　【90.3 券商業務員】

_____12. 在國內掛牌交易的福雷電係屬於：
(A)海外存託憑證　(B)美國存託憑證　(C)台灣存託憑證　(D)普通股

【90.2 券商業務員】

____13.下列何者指標適合尚未完全分散仍存有非系統風險投資組合績效
之評估？

(A)夏普指標　(B)崔納指標　(C)詹森指標　(D)貝它係數

【90.4 券商高業】

二、計算題

1.目前世界各國股市的股價指數，可依其加權計算方式的不同，區
分為三大類：即 Value Weighted Index（VWI）, Price Weighted Index
（PWI），以及 Equally Weighted Index（EWI）。假定某國股市僅採
樣三支股票作為計算股價指數的基礎，如下所示：

股票	基期股價	今日股價	今日發行上市總股數
A	150 元	150 元	50 股
B	40 元	80 元	100 股
C	10 元	30 元	500 股

試求：依照 VWI, PWI 及 EWI 加權計算方式，所得到的股價指數分別是
多少？（應寫五個答案）　　　　　　　　　　　　【88 朝陽財金所】

三、問答題

1. Define American Deposit Receipt (ADR). Please give two examples of Taiwanese
corporations that issuing ADR.　　　　　　　　　【90.成大財金所】

第肆篇　　權益證券投資分析

第*11*章　價值與價格

如果有人問投資、投機、賭博三種行為應如何區別？《韋氏大辭典》（*Webster's Dictionary*）的解釋及中文翻譯如下：

1. Invest: To commit money in order to earn a financial return.

投資：投入資金以賺取財務報酬。

2. Speculate: To buy or sell in expectation of profiting from the market fluctuation.

投機：從市場波動中買賣以期獲利。

3. Gamble: To bet on an uncertain outcome.

賭博：對不確定的結果下注。

就字義解釋的層面來看，應該足以釐清三者的不同，但從動機、行為到結果，三者又有諸多近似而不易分辨之處。投入資金難道不是下注？投資或投機時難道不是面對未來不確定的結果？財務報酬與買賣獲利應如何區分？

有些人從道德的觀點出發，刻意排除賭博，只對投資與投機做區別，以持有證券的期間長短來界定，長期持有為投資，短線進出為投機，但是長期與短線的分野點為何？一個月、三個月、一年都有，對於股票尤其沒有共識，如果有，也是屬於事後結果論，行為發生時並

不能區別。若以行為動機來界定，謀求股利或債息者為投資，謀求差
價利益（資本利得）者為投機，但是市場上投機不成，因套牢被迫投
資；或是原欲投資，因市價短期即達預期水準而賣出的例子屢見不
鮮。其實在投資人的心中，投資與投機兩種觀念本來就糾纏在一起，
面對未來不確定的市場，都有博輸贏的味道。

　　本書從實務踐履的角度詮釋上述三種行為，並據以提出增進該行
為能力的方法：投資、投機、賭博三者的共通處是三者都在做預測
（Forecast），並對預測的結果投注資金，然而不同的在於投資係對證
券價值（Value）做預測；投機係對證券價格（Price）做預測；賭博係
對隨機變數（Random Variable）做預測。研判證券價值的方法統稱基
本分析（Fundamental Analysis）；研判證券價格的方法歸納為技術分析
（Technical Analysis）；研判隨機變數的科學方式則只有機率論（Prob-
ability）。

表 11-A　投資、投機、賭博的異同

	投資	投機	賭博
行為模式	預測	預測	預測
探討對象	價值	價格	隨機變數
分析方法	基本分析	技術分析	機率論

第一節　投資評估與決策

一、證券價值與價格的動態關係

　　不論投資或投機，成敗的關鍵在於能否準確預測證券價格的變

動，證券如同一般商品，市場上對一證券的需求（買進做多）和供給
（賣出做空）帶來價格的變化，理論上證券價格應反映其價值，當證
券的價值改變，市場供給和需求兩股力量的角力結果，導引價格趨向
價值而達均衡，其關係與影響過程如下：（V 表證券價值，P 表證券
價格，D 表證券的市場需求，S 表證券的市場供給）

1. $V\uparrow \Rightarrow D > S \Rightarrow P\uparrow$ ⎫
2. $V\downarrow \Rightarrow D < S \Rightarrow P\downarrow$ ⎬ $V = P \Rightarrow D = S$

圖 11-B、圖 11-C 則為證券價值改變，市場供需反應，以及證券價
格調整的一般市場觀察可能路徑：

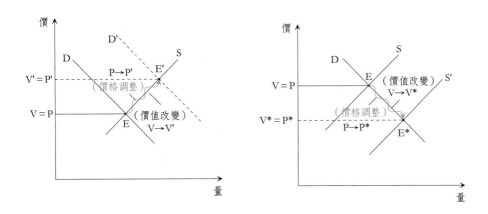

🔖 圖 11-B　證券價值由 V 提高至 V'　　🔖 圖 11-C　證券價值由 V 降低 V*

　　圖 11-B 中，假設證券的市場供給 註1 不變，證券價值提高（從 V
提高至 V'），將誘發證券的市場需求增加（從 D 增加至 D'），市場均
衡點由 E 點移至 E'點，證券價格也由 P 提高至 P'，但是證券價格的調
整通常是以波動狀態行進。圖 11-C 中，假設證券的市場需求不變，證
券價值降低（從 V 降低至 V*），將導致證券的市場供給增加（從 S 增
加至 S'），市場均衡點由 E 點移至 E*點，證券價格也由 P 降低至 P*，
同樣地，證券價格通常以波動式路徑進行調整。因此，對證券價值做

分析預測，可以研判證券價格變動的方向及幅度，與投資的**選股能力**（Selection）有關，技術分析則有助於在價格調整的路徑上選擇投資買點或賣點，即所謂投資的**擇時能力**（Timing）。

二、投資決策的原則

證券投資的決策是建構在眼前即時的證券價格和預測未來證券價值的關係上，在完全自由的市場中，每個人都是價格接受者（Price Taker），對於螢幕上跳動的市場價格，只能根據預測未來價值做出買進、賣出、觀望等投資決策，其原則如下：

1. 買進原則（The Buy Rule）

當現在證券價格小於評估未來價值時，表示該證券價值被低估（Undervalued），投資人應該買進該證券。

2. 賣出原則（The Sell Rule）

當現在證券價格大於評估未來價值時，表示該證券價值被高估（Overvalued），投資人應該賣出該證券。

3. 觀望原則（The Don't Trade Rule）

當現在證券價格等於評估未來價值時，表示該證券價格處於均衡狀態，買進或賣出皆無利潤可圖，因此持有證券者繼續持有證券，未持有證券者繼續持有現金，雙方皆觀望而不交易。

第二節　效率市場

第一節中我們探討證券價格改變的因果關係，以及市場反覆不斷

地進行達成均衡價格的路徑，猶如追逐一隻飛翔中的小鳥，容或剎那間觸及，動態的價值改變——即使是微量的，也使得價格的調整好像永遠處於市場不均衡狀態，證券市場的「長期」（In The Long Run）似乎太短暫了！

　　本節所要探討的就是證券價格反映價值資訊的時效問題，稱為效率市場假說（Efficient Market Hypothesis, EMH），其所以仍停留在假說階段，係因許多實證上觀察的現象，尚不能用嚴謹的理論加以解釋，這正是證券市場迷人的地方。

一、效率市場的意義

　　一個有效率的市場，是指任何資訊立即完全反應於價格的變動上，價格調整具有不偏性，投資人無法利用某種資訊發展操作策略以謀取超額利潤。所謂不偏性，是指價格的調整可能會過度反映，有時衝得太高，有時跌得太深，呈現波動狀態，但是整體而言，誤差的期望值為零，所以仍視為價格的調整反應市場資訊。反之，資訊要經過相當時間才反應於價格上，價格就容易偏離其應有的價值，這種市場的效率性就相對地薄弱。

　　在效率市場中，證券的市場價格隨時反應所有的相關資訊，體質與發展良好的上市公司較容易吸引投資人，股價走勢相對看好（市場術語為「欲小不易」）；反之，體質與發展欠佳的上市公司較不易吸引投資人，股價走勢相對弱勢。上推證券初級市場，由於效率市場的存在，上市公司可以合理的價格發行證券募集資金，不致賤售吃虧，投資人也不必擔心人為炒作股價而受誤導，因此，效率市場的達成可以促進證券市場的發展，使得資本市場上的資金配置恰如其份，同時，證券的報酬率可以做為衡量經營績效的指標。

　　證券市場的資訊包括過去的、已公開的、未公開的三種層次，證券市場的效率性，可以按照證券價格反應何種層次的資訊，分為弱式

（Weak Form）、半強式（Semi-strong Form）、強式（Strong Form）三種，分別描述如下：

1. 弱式效率市場

目前的證券價格充分地反應過去的資訊，因此投資人無法藉由分析歷史資料預測未來，進而賺取超額利潤，以歷史資訊歸納而成的技術分析，在弱式效率市場中是無效的。

2. 半強式效率市場

目前的證券價格充分地反應過去及已公開資訊，因此投資人無法藉由分析已公開資訊預測未來，進而賺取超額利潤。已公開資訊多指財務報表所透露的會計資訊，諸如公司損益情形、股利宣布、資產及負債情形等，會計資訊是基本分析的基礎，因此基本分析在半強式效率市場中是無效的。

3. 強式效率市場

目前的證券價格充分地反應所有資訊，包括過去的、已公開的、未公開的，因此任何人都無法從市場上獲取超額利潤，即使是擁有未公開資訊的公司內部人（Corporate Insider），以及可能透過間接方式取得或推敲未公開資訊的外部投資人皆然，前者可能是公司董事，後者可能是證券分析師或基金經理人。在強勢效率市場中，採用任何分析方法所獲利潤未必勝過隨機購買，股價走勢如同隨機漫步（Random Walk），此時任何分析方法皆枉然，投資成敗有如公平遊戲（Fair Game）中的隨機變數。

上述效率市場按強度分類是有層次性的，亦即弱式的假說成立時，半強式和強式的假說不一定成立；半強式的假說成立時，強式的

假說也不一定成立。反之，強式的假說成立時，半強式和弱式的假說
都能成立；半強式的假說成立時，弱式的假說也能成立。圖 11-D 及
圖 11-E 有助於我們瞭解其意涵。

圖 11-D　效率市場的層次

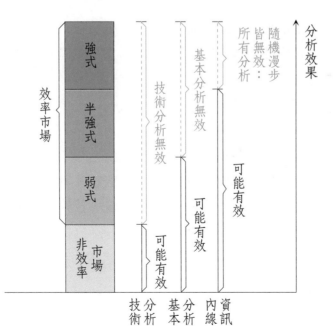

圖 11-E　市場類型與分析效果

二、效率市場的實證研究

1. 弱式效率市場

弱式效率市場的檢驗，主要在於證券報酬率的可預測程度，兩大命題為：(1)價格變動呈隨機性；(2)持續的價格變動具有獨立性。檢驗的方法很多，諸如：

(1)序列相關檢定（Serial Correlation）

衡量時間序列中某一期數值與前後期數值的相關程度，如果證券價格變動的相關性很高，就表示價格的變動有跡可尋，則不接受弱式假說。

(2)連檢定（Run Test）

只考慮證券價格變動的方向，而不考慮變動的幅度，以免受其干擾，如同檢定丟銅板出現「人頭」的連續相關機率，若偏高則不接受弱式假說。

(3)濾嘴法則檢定（Filter Rule Test）

當證券價格由跌轉漲時，若上漲幅度超過某一設定的濾嘴值則買進；反之，當證券價格由漲轉跌時，若下跌幅度超過某一設定的濾嘴值則賣出，遵循這個法則交易一段時間之後，若其累積報酬高於買進持有者，則表示這種講求趨勢（Trend）的技術分析有效，結果美國的許多實證研究證明技術分析無效，亦即弱式假說成立。

2. 半強式效率市場

半強式效率市場的檢驗，主要是用事件研究（Event Study）方式

來分析，亦即新資訊公開時，證券價格是否立即調整至合理水準，使投資人無超額利潤可圖，諸如宣布股利分配、現金增資、鉅額交易、公司購併等。

3.強式效率市場

強式效率市場的檢驗，主要在研究證券價格是否反應未公開資訊，直接或間接獲取未公開資訊者是否享有超額報酬，成為檢驗的主要對象，這些人包括公司內部人員、基金經理人等。

美國有關效率市場的實證研究頗多，大致接受半強式假說，強式假說的實證結果不一，台灣則受制於股價當日漲跌幅限制，相關研究的可靠性基礎較弱。不論如何，統計方法只能解釋現象，不能完全判定因果關係，效率市場假說只是強調價格充分反應資訊，並不是說在效率市場中投資有如賭博，只是在猜測隨機變數而已。

第三節　普通股評價方法

影響股票價格的因素可謂錯綜複雜，如果我們能夠根據合理假設，計算其理論價值，或是藉用適當的類比方法，推估其應有價格，則能在已知的市場價格之下做出較有把握的投資決策。本節將介紹數種廣受採用的評價方法，但是不同的投資人會選取不同的假設數值，得到不同的推測結果，透過買賣決策行為，產生股票的市場供給及需求，孰成孰敗只能事後檢驗。

一、股利折現法

股利折現法（Dividend Discount Model）認為，普通股的現在價值是其所產生未來各期現金流量的折現值加總，未來各期的現金流量包

括股利和最後的售價，該方法用複利觀念的表達如下：

$$V=\frac{D_1}{(1+r)^1}+\frac{D_2}{(1+r)^2}+\frac{D_3}{(1+r)^3}+\cdots\cdots+\frac{D_n}{(1+r)^n}+\frac{P}{(1+r)^n} \qquad (11\text{-}1)$$

$$=\left[\sum_{i=1}^{n}\frac{D_i}{(1+r)^i}\right]+\frac{P}{(1+r)^n}$$

其中　V：普通股現在的理論價值

　　　D_i：第 i 期的股利

　　　r：折現率（Discount Rate），或稱必要報酬率（Required Rate of Return）

　　　P：普通股於第 n 期出售時的售價

　　　（11-1）為股利折現法的原型評價模式，各期所發股利不盡相同，彼此也不必相關，此為事後回顧最符合現實狀況的評價模式，但是事前如何推估未來各期股利？站在應用本方法的事前角度，有必要經由合理假設，對各期股利做不偏預估，以簡化變數，延展估計期間，以下為兩種常用合理假設基礎下的股利折現評價模式：

1. 固定股利折現模式

　　假設未來各期股利皆固定，亦即 $D_1 = D_2 = \cdots\cdots = D_n$，且都等於 D，n 期後以售價 P 賣出，則（11-1）可改寫為下式：

$$V=\frac{D}{(1+r)^1}+\frac{D}{(1+r)^2}+\cdots\cdots+\frac{D}{(1+r)^n}+\frac{P}{(1+r)^n} \qquad (11\text{-}2)$$

$$=\frac{D}{(1+r)}\left[1+\left(\frac{1}{1+r}\right)^1+\left(\frac{1}{1+r}\right)^2+\cdots\cdots+\left(\frac{1}{1+r}\right)^{n-1}\right]+\frac{P}{(1+r)^n}$$

　　（11-2）可分為兩部分，前者為一等比級數的累加值，後者為 P 的折

現值，令 $n \to \infty$ ，後者趨近於零，使得

$$V = \frac{\dfrac{D}{1+r}}{1 - \left(\dfrac{1}{1+r}\right)} + 0 = \frac{D}{r} \qquad (11\text{-}3)$$

　　一家公司除非清算，否則普通股持續存在並發放股利，固定股利折現模式反應這個現象，而且使我們免於估計最後的售價，然其對未來股利的預估過於簡化。

2.固定成長股利折現模式

　　假設未來各期股利，每期成長幅度皆為 g ，若第 1 期股利為 D ，則第 2 期股利為 $D(1+g)$ ，第 3 期股利為 $D(1+g)(1+g) = D(1+g)^2$ ，以此類推，第 n 期為 $D(1+g)^{n-1}$ ，所以 (11-1) 可改寫為下式：

$$V = \frac{D}{(1+r)^1} + \frac{D(1+g)}{(1+r)^2} + \frac{D(1+g)^2}{(1+r)^3} + \cdots + \frac{D(1+g)^{n-1}}{(1+r)^n} + \frac{P}{(1+r)^n} \qquad (11\text{-}4)$$

$$= \frac{D}{1+r}\left[1 + \left(\frac{1+g}{1+r}\right)^1 + \left(\frac{1+g}{1+r}\right)^2 + \cdots + \left(\frac{1+g}{1+r}\right)^{n-1}\right] + \frac{P}{(1+r)^n}$$

　　唯有 $\dfrac{1+g}{1+r} < 1$ ，亦即 $r > g$ ，上式前段的等比級數才會收斂，令 $n \to \infty$

$$V = \frac{\dfrac{D}{1+r}}{1 - \left(\dfrac{1+g}{1+r}\right)} + 0 = \frac{D}{r-g} \qquad (11\text{-}5)$$

　　舉例說明，假設我們預估上市公司台達電未來每年可發每股 3 元

的股利，且以台灣銀行一年期定存利率 5%為折現率，用股利折現法
推算台達電普通股每股理論價值為3元／ 5%=60元。又若台達電每年
股利成長率為 2%，其他條件不變，台達電普通股每股理論價值變為3
元／（5%－2%）=100元。

二、市場比較法

　　市場比較法簡明易懂，而且直接推估被評價普通股的市場價格，
所以廣為使用。這種方法是先挑選與被評價公司特性接近的類似公
司，計算類似公司的市場乘數，這些市場乘數多以每股市價為分子，
某一特徵為分母，所構成的比值，再以被評價公司的該項特徵之數
值，乘以市場乘數，便可用以推估被評價公司的每股市價。

　　類似公司可選取一家或多家，若為多家則以平均數為之。市場乘
數不但可做推算市價之用，也可以做為參考指標，用來比較不同公司
市價是否偏高或偏低，對於投資人篩選投資標的頗有幫助。

1. 本益比

　　本益比（Price-Earnings Ratio, PER 或 P/E Ratio），香港稱為市盈
率，其計算方法如下：

$$本益比 = \frac{每股市價}{每股盈餘} \qquad\qquad (11\text{-}6)$$

本益比是最常用的一種市場乘數，視其用法有多種意義：

(1)本益比的單位是「倍數」，意指對於一定獲利能力的普通股，
　　要以多少倍的代價才能在市場上購買得到，因此，*從投資人的*
　　角度，本益比愈低，愈有投資價值，這個觀念使得投資人可以
　　用本益比的高低做為選股的參考指標。

(2)本益比的倒數類似投資報酬率，意指投資人以每股市價買進該

普通股，經過營運後可以產生多少的盈餘報酬，投資報酬率愈高，愈有投資價值，正可以呼應先前所述，其倒數的本益比愈低，愈有投資價值。

(3)本益比計算公式的分母，一般是用每股稅後盈餘，此乃站在投資人的角度，以淨報酬數值來衡量，然若避免所得稅額的估計誤差，或是政策性稅率優惠的干擾，也有用每股稅前盈餘來衡量的。此外，每股盈餘若為負數，本益比無意義。

(4)本益比有如評定市場價格水準的度量器，從發行人的角度，**本益比愈高的時期或市場，愈有利於發行證券募集資金**，本益比高，代表當時或該市場的資金充沛，當然也可以說，當時或該市場較投機。例如，1988～1996 年，紐約股市 S＆P 500 上市公司平均本益比長期維持在 15 倍左右的水準，1998～2001 年的本益比則在 20 倍以上，其中 1999 年高達 25 倍，反映美國股市的榮景，而且也出現了全民運動的投機現象。

(5)**用本益比做為比較標準時，應注意市場、行業、公司型態的特性不同**，此因市價反映的意義包羅萬象，本益比只簡化為其與盈餘的關係。例如東京股市的平均本益比之高，向居全球主要股市之冠，1990 年以來從未低於 36 倍，原因可能是日本上市公司不辦理資產重估，市價反映未帳列資產價值。又如成長型公司的本益比通常較成熟型公司為高，原因可能是市價反映公司的未來願景。

(6)計算本益比所用的每股盈餘，原應屬歷史資料，機構投資分析人員常常代之以未來預估值，使得本益比在投資選股的功能上加強，如此一來，重點反而在於預估過程的理論根據為何，假設基礎為何。總之，我們只能說，本益比的架構簡明清晰，所以廣受使用。

2.股利殖利率

股利殖利率（Dividend Yield Rate）的計算方式如下：

$$股利殖利率 = \frac{每股現金股利}{每股市價} = \frac{D}{P} \qquad (11\text{-}7)$$

美國上市公司發放股利，多以現金股利為主，常以股利殖利率做為投資選股的參考指標，該指標的特色是適用不同類型證券的比較，諸如普通股、特別股、債券之間。股利殖利率愈高表示愈具有投資價值。

從（11-3）式可知，固定股利折現模式的股票理論價值為 V=D/r，若市價 P 等於理論價值 V，重新整理（11-3）式可得 r=D/P，也就是說，固定股利折現模式所用的折現率就是殖利率的觀念，這點與債券殖利率的意義是一致的。

另有一種市場乘數叫「本利比」=P/D，其實就是股利殖利率的倒數，而以類似本益比的架構表達而已。

3.市價淨值比

市價淨值比（Price-Book Value Ratio）的計算方式如下：

$$市價淨值比 = \frac{每股市價}{每股淨值} \qquad (11\text{-}8)$$

市價淨值比為每股市價對每股淨值的比率，單位為倍數，一般認為淨值是資產減去負債後，股東權益的淨價值，應該是市價的最後防線，因此市價淨值比不容易低於 1，萬一跌破，也將很快重新站回 1 以上。

　　台灣歷經空頭市場時，低價股市價淨值比低於 1 的情形屢見不鮮，原因可能有二：⑴資產的現值已低於帳列價值；⑵資產的變現性不佳。前者乃因淨值係根據最近期財務報表計算而得，已屬歷史資料，在最近這段時間中，許多資產項目的價值可能發生劇烈變化，諸如不景氣期間的應收帳款，高科技公司的存貨，以子公司護盤的長期投資淨額等。

　　資產以歷史成本入帳，且遠低於當時市價，市場稱之為原汁的資產股，市價淨值比通常會較高。市價淨值比多用來衡量成熟型公司而非成長型公司，對於成長型公司而言，市價反映其獲利能力的程度遠大於反映其淨值，成熟型公司則恰相反。

註釋

註1：一證券的供給本應指其發行股數，未經股東會決議增
資或減資前為一固定之數額，供給線 S 應為一垂直
線，圖 11-B 和圖 11-C 中之 S 則表示股東（證券持有
人）願意提供市場交易流通的數額，嚴格地說，在橫
軸為發行股數時應轉為垂直，表示即使價格再提高，
供給亦無彈性，但圖 11-B 和圖 11-C 皆為概念的示意
圖，定義參照經濟學原理以方便說明。

考題集錦

一、選擇題

_____ 1. 下列現象何者與半強式效率市場不符？

(A)投資人無法利用技術分析獲得超額報酬

(B)公司利潤受景氣循環影響

(C)公司宣布股利較市場預期為高時股價立即上漲

(D)在除權、除息日前買入股票，等除權、息後再賣出之投資策略
可獲超額報酬

(E)散戶與公司董監事買賣股票之報酬有明顯差異

【80 台大財金所】

_____ 2. 在市場為半強式效率市場的假設下，則：

(A)技術分析無法協助投資人賺取報酬

(B)基本分析無法協助投資人賺取報酬

(C)A、B 皆對　　　　(D)A、B 皆非　　　【88 中原國貿所】

_____ 3. 下列何者屬於內線人士（Insider）範圍：

(A)大股東（股權大於 5%以上）　　(B)CEO(Chief Executive Officer)

(C)董監事　(D)以上皆是　　　　　　【88 中原國貿所】

_____ 4. 當你可由三週前之股市交易之價量關係察覺某電子股偏離其正常
價位，有獲利機會，則此市場之效率應為

(A)超強式效率　(B)強式　(C)半強式　(D)弱式　(E)以上皆非

【87 朝陽財管所】

_____ 5. 當你發現市場上，某公司之董監事大量賣出該公司之股票，有不
當獲利行為，則此市場不會是何種效率？

(A)強式　(B)半強式　(C)弱式　(D)以上皆非　【87.朝陽財管所】

_____ 6. 台灣股市本益比（P/E ratio）一向偏高且常為人詬病，但高本益比
的股票未必不合理。請問下列何項可支持股票具有高本益比？

(A)個股具有成長潛力　　(B)個股風險偏低　　(C)以上兩者皆是

(D)個股採用較保守的會計方式　　(E)以上皆是　　【86.台大財金所】

＿＿＿7.一位以長期投資為目標的投資者，不希望股市處在高點，因為：

(A)他怕成為「大傻瓜」（Greater Fool）理論的最後一隻老鼠

(B)台灣市場內，無股價指數期貨與選擇權可供避險

(C)股票的價格已相對地提高了

(D)他更沒有機會超越股市大盤的績效

(E)以上皆是　　　　　　　　　　　　　　　　【86 政大財管所】

＿＿＿8.在分析過去的股價後觀察到一些結果。下列何者最能反駁弱式效率市場假說？

(A)平均報酬率明顯大於零

(B)在股價下跌 10%時買入股票，且在上升 10%後賣出股票，可得明顯超額報酬

(C)持有低股利收益率的股票明顯可得到較高的報酬率

(D)市場當週報酬率與之後的報酬率間之相關係數為零

【90.4 分析人員】

＿＿＿9.基本分析常使用的股價評價模型有：

Ⅰ. Dividend Discount Model

Ⅱ. Free Cash Flow Model

Ⅲ. Compound Option Model

Ⅳ. Residual Dividend Model

(A)Ⅰ,Ⅱ,Ⅲ,Ⅳ為真　　(B)Ⅰ,Ⅱ,Ⅲ為真　　(C)Ⅰ,Ⅱ,Ⅳ為真

(D)Ⅰ,Ⅱ為真　　　　　　　　　　　　　　　【90.3 分析人員】

＿＿＿10.某上市公司股價在 120 元時，其本益比等於 15 倍，如果在盈餘不變下，股價上漲為 140 元時，其本益比等於：

(A)15.5 倍　　(B)16.0 倍　　(C)16.5 倍　　(D)17.5 倍　　【90.4 券商業務員】

＿＿＿11.固定成長股利折現模式在何種情況下，無法算出確定數值？

(A)股利成長率大於歷史平均　　　　(B)股利成長率小於歷史平均

(C)股利成長率大於要求報酬率　(D)股利成長率小於要求報酬率

【90.4券商業務員】

____12.在股利折現的模型（Dividend Discount Model）裡，下列何者不會影響折現率？

(A)實質無風險利率　(B)股票之風險溢酬　(C)預期通貨膨脹率

(D)資產報酬率　　　　　　　　　　　　　【90.4券商業務員】

____13.當金融風暴時，整體股市本益比將：

(A)下跌　(B)上漲　(C)先漲後跌　(D)先跌後漲

【90.4券商業務員】

____14.如果其他因素不變下，下列哪種事件，最可能降低股票的本益比？

(A)投資人的風險規避傾向降低　(B)股利發放率增加

(C)國庫券殖利率增加　　　　　　(D)通貨膨脹預期下跌

【90.4券商業務員】

____15.在一般情況下，營收易受景氣影響的公司，其股票可接受的本益比：

(A)愈大　(B)不一定，視總體環境而定

(C)愈小　(D)不一定，視投資人風險偏好而定　【90.4券商業務員】

____16.台灣的股票市場常存在內線交易的問題，也就是說公司內部人員常利用尚未公開的內部資訊，從市場上賺取超額的報酬，請問這種現象不符合何種效率市場的假設？

(A)弱式效率　(B)半強式效率　(C)強式效率　(D)無效率市場

【90.4券商業務員】

____17.市場交易之方便性與該市場之效率性一般而言是呈現：

(A)正相關　(B)負相關

(C)不相關　(D)相關性依市場之為多頭或空頭而決定

【90.4券商業務員】

____18.假設市場屬於半強式效率市場，請問股價會因為何種因素而超漲？

(A)已公開的財務報告　(B)技術指標上揚

(C)公司內部人的拉抬　(D)股票股利的宣告　【90.3券商業務員】

_____19. 當市場是有效率的，請問投資人可賺取的報酬為何？

(A)超額報酬　(B)正常且合理報酬　(C)無法賺取報酬　(D)產生虧損

【90.2 券商業務員】

_____20. 下列何者不是效率市場的假設？

(A)每個市場參與者能同時免費地獲得市場的資訊

(B)沒有交易成本、稅負、以及其他交易的障礙

(C)每位投資者均為價格的接受者

(D)市場交易的作業流程完全電腦化　　　　【90.2 券商業務員】

_____21. The Felix Corp. projects to pay a dividend of $.75 next year and then have it grow at 12% for the next 3 years before growing at 8% indefinitely thereafter. The equity has a required return of 10% in the market. The intrinsic value of the stock is:

(A)$41.52.　(B)$9.375.　(C)$17.05.　(D)$59.80.　(E)$62.38.

【90.政大金融所】

_____22. LCP, a newly formed medical group, is currently paying dividends of $.50. These dividends are expected to grow at a 20% rate for the next 5 years and at a 3% rate thereafter. What is the value of the stock if the appropriate discount rate is 12%?

(A)$8.08　(B)$11.17　(C)14.22　(D)$17.32　(E)$30.90

【90.政大金融所】

_____23. Assuming current dividend payment is $5 per share and dividend grows at constant rate of 10% per year. If the appropriate required rate of return for this stock is 15% the intrinsic value of the stock would be:

(A)$50　(B)$60　(C)$85　(D)$100　(E)$110　　【90 成大財金所】

_____24. Which of the following observations in the stock market would contradict（牴觸）the weak form of market efficiency?

Ⅰ. The average annual stock return is positive.

Ⅱ. The correlation between the stock return at one week and the stock return at the next week is positive.

Ⅲ. The stock price after the ex-dividend date will be the same as the stock price before ex-dividend date.（有填權之現象）

(A) Ⅰ, Ⅱ, and Ⅲ.　(B) Ⅱ and Ⅲ only.　(C) Ⅰ and Ⅱ only.

(D) Ⅰ and Ⅲ only.　(E) Ⅱ only.　　　　　　　【90.中山財管所】

_____ 25. Financial managers must be cognizant of market efficiency because:

(A)timing security sales is futile because without private information the current price reflects all known information.

(B)manipulating earnings by accounting changes does not fool the market.

(C)there is limited price pressure from any large sale of stock depressing prices momentarily which then recover to prior levels.

(D)all of the above.

(E)none of the above.　　　　　　　　　　　【90.中山財管所】

_____ 26. The P/E ratio is a multiple of earnings that investors pay for a stock. The P/E is _____related to growth, _____related to the discount rate, and _____related to the stock's risk.

(A)positively, positively, negatively.　(B)negatively, positively, positively.

(C)positively, negatively, negatively.　(D)negatively, negatively, positively.

(E)none of the above.　　　　　　　　　　　【90.中山財管所】

_____ 27.有關本益比之說明，以下何者不正確？

(A)美國實證研究發現，以中長期而言，購買低本益比的股票比高本益比有較高的報酬率

(B)本益比和公司規模成反比

(C)本益比不代表公司的長期發展趨勢

(D)本益比因不同產業而具有不一樣的水準及意義。

【87.朝陽財管所】

_____ 28. If capital markets are efficient, then

(A)there is no reason to believe that prices are too high or too low.

(B)it is possible to profit regularly from publicly available information.

(C)prices will adjust slowly to correctly reflect new information.

(D)it is not possible to make money by playing the stock market.

(E)historical price trends will give you a good idea of where prices are headed in the near future. 【87 東吳國金所】

____29. Newtech Corp. is going to adopt a new chip testing device that can greatly improve its production efficieney. If the market is generally considered to be efficient up to the semi-strong form, which of the following statement is true?

(A)The lead engineer of this device can profit from purchasing the firm's stock before the news release on the implementation of the new technology.

(B)If you rush to call your broker to buy the stock right after you learn of the announcement in The Wall Street Journal, you can make profit.

(C)Nobody can make profit. 【86.中正財金所】

____30.喬治出版公司在今年會計年度結束時，資產負債表上的股東權益總額是 750 萬元，在外流通股數有 1 萬 5 千股。目前該公司股票的市場價格為每股 1300 元，則該公司的普通股市價對帳面價值比為：

(A)10.5　(B)5.1　(C)2.6　(D)1.8　(E)3.0 【88.政大國貿所】

____31.共同基金經理人採取由下而上（Bottom-up）管理方式，認為基金的超額報酬主要來自於：

(A)大盤研判　　　　　　　(B)類股波段操作

(C)尋找價值低估的潛力股　(D)分散風險 【90.4券商高業】

____32.若一企業目前有普通股 200,000 股，稅後盈餘$1,800,000，現金$6,000,000。若該公司可以將所有現金購回其股票，購回後每股市價為$120。假設購回股票前後之價盈比(P/E)相同，試問該公司在購回股票前之售價？

(A)$80　(B)$90　(C)$100　(D)$110　(E)$120 【88 台大財金所】

二、計算題

1. 慶謙公司上年度普通股之股利為每股新台幣 1 元，預期未來 5 年股利將按 15% 成長。計算下列各題：

   (1) 試求未來五年每年預期股利。

   (2) 假定一年後支付第一次股利，試問此五年股利之現值？（折現率按 15% 計算）

   (3) 假定五年後之股價為新台幣 20 元，則此值之現值為多少？（折現率按 15% 計算）

   (4) 假如你購入此種股票，收取五年股利後再賣出，你願意賣出之最低價格為？　　　　　　　　　　　　　　　　　　【80 高考】

2. (1) 某公司剛發放現金股利每股 3 元，已知該公司股利成長率很穩定，每年約 5%，所有股利都是現金發放；假設該股票之市場折現率是 12%，試問該公司股票目前每股約值多少？

   (2) 某新上市公司預期將來四個年度之現金股利分別為 6 元、8 元、10 元及 3 元，然後每年會以 5% 之成長率穩定成長，假設該股票市值折現率是 14%，且公司盈餘從不轉增資配股，試求該股票目前市價每股值多少元？　　　　　　　　　　　　　　　　　　【88 台大財金所】

第*12*章 基本分析㈠：
總體經濟與產業分析

　　證券基本分析（Fundamental Analysis）的假設基礎，係認為證券的市場價格終將趨向其真實的內在價值（Intrinsic Value），所以探究證券長期的真實內在價值，可以前瞻地研判價格走勢，這種論點與效率市場理論中的「隨機漫步」現象並不衝突，「隨機漫步」隱含股價反映其內在價值，在股票的內在價值未改變前，短期的股價變動有如醉步一般，環繞著內在價值水準打轉，所以無法預測。股票的基本分析，一般分為總體經濟環境、產業動態、公司營運狀況三個由上而下，大小不同的層面，基本分析的方法又依分析次序，分為「由上而下」（Top-down Approach）、「由下而上」（Bottom-up Approach）和市場導向（Market-oriented Approach）三種。

　　本章以總體經濟和產業分析為主，亦兼及國內外政治和股市重大事件等非經濟因素的干擾，公司分析則在第十三章中探討。

第一節　景氣循環

景氣循環（Business Cycle）係指經濟活動的興衰變化，一個循環周期包括復甦（Recovery）、繁榮（Prosperity）、衰退（Depression）、蕭條（Recession）四個階段，前二者為景氣的擴張期，後二者為景氣的收縮期。擴張至極限為景氣的**高峰**，其後盛極而衰；收縮至極限為景氣的**谷底**，其後由剝而復。每次景氣循環的時間長度、高低幅度，乃至形成原因，在事前都很難預測，至今仍是經濟學家嚴肅的課題，一般人則希望繁榮階段延續較長時間，稱之為**高原期**；反之，蕭條階段持續，不知伊於胡底，稱之為 L 型谷。

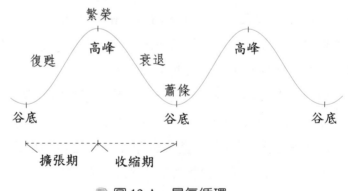

圖 12-A　景氣循環

股票市場的榮枯與景氣循環息息相關，經驗法則彙整成股市名言：「行情總在悲觀（谷底）中誕生，在半信半疑（復甦）中成長，在樂觀（繁榮）中成熟，在一片看好（高峰）中破滅。」這段話本來是提醒投資人，股票投資應「反市場心理」操作，比較容易掌握股價的脈動，然而景氣的狀況造成當時普遍的市場心理，因此投資時應留

意所處的總體經濟環境是在什麼位置。

　　表 12-B 為民國 43 年至民國 88 年的景氣循環狀況，表 12-C 為民國 61 年至民國 88 年的台灣股市多空循環狀況，股市多空循環並無嚴格的定義，僅以加權指數的大致漲跌趨勢來區分，二者可以相互對照觀察。

表 12-B　台灣景氣循環

循環次序	谷　底	高　峰	谷　底	持續期間（月）		
				擴張期	收縮期	全循環
第一循環	43 年 11 月	44 年 11 月	45 年 9 月	12	10	22
第二循環	45 年 9 月	53 年 9 月	55 年 1 月	96	16	112
第三循環	55 年 1 月	57 年 8 月	58 年 10 月	31	14	45
第四循環	58 年 10 月	63 年 2 月	64 年 2 月	52	12	64
第五循環	64 年 2 月	69 年 1 月	72 年 2 月	59	37	96
第六循環	72 年 2 月	73 年 5 月	74 年 8 月	15	15	30
第七循環	74 年 8 月	78 年 5 月	79 年 8 月	45	15	60
第八循環	79 年 8 月	84 年 2 月	85 年 3 月	54	13	57
第九循環	85 年 3 月	86 年 12 月	87 年 12 月	21	12	83
第十循環	87 年 12 月	88 年 12 月	？	21	？	？

資料來源：行政院經建會

表 12-C　台灣股市多空循環

市場型態	多　頭	空　頭	多　頭	空　頭
起迄年月	61.2～62.12	63.1～66.7	66.8～67.10	67.11～71.8
為期時間	1 年 11 個月	3 年 7 個月	1 年 3 個月	3 年 10 個月
起迄指數	125～514	498～322	323～626	626～442
最低指數	125	188	323	421
最高指數	514	498	688	659

市場型態	多　　頭	空　　頭	多　　頭	空　　頭
起訖年月	71.9～73.5	73.6～74.7	74.8～79.2	79.3～82.9
為期時間	1 年 9 個月	1 年 2 個月	4 年 7 個月	3 年 7 個月
起迄指數	442～869	989～637	643～11,661	11,419～3,832
最低指數	435	636	643	2,560
最高指數	969	989	12,682	12,065

市場型態	多　　頭	空　　頭	多　　頭	空　　頭
起訖年月	82.10～83.12	84.1～85.3	85.4～86.8	86.9～88.2
為期時間	1 年 2 個月	1 年 4 個月	1 年 5 個月	1 年 5 個月
起迄指數	3,806～7,120	7,120～5,008	5,060～8,120	8,120～6,383
最低指數	3,740(82.11)	4,474(84.8)	5,060(85.5)	5,422(88.2)
最高指數	7,228(83.10)	7,120(84.1)	10,066(86.7)	8,120(86.9)

資料來源：投資學理論與實務，徐俊明著，民國 90 年 9 月 3 版，新陸書局出版，p.370。

一、景氣對策信號

　　行政院經建會從民國 57 年起編製景氣對策信號，係由 9 個與景氣變化有密切關係的項目組合而成，分別為：(1)貨幣供給額 M_{1B} 變動率；(2)放款金額變動率；(3)票據交換金額變動率；(4)股價指數變動率；(5)工業生產指數變動率；(6)海關出口值（平減）變動率；(7)製造業新接訂單指數（平減）變動率；(8)製造業成品存貨率；(9)非農業部門就業變動率。其中每一項目都有景氣對策信號的 5 種燈號，每個燈號都有不同的分數，分別為：(1)紅燈：5 分，表示景氣過熱；(2)黃紅燈：4 分，表示景氣尚穩定，但有過熱或趨穩的可能；(3)綠燈：3 分，表示目前景氣十分穩定；(4)黃藍燈：2 分，表示景氣有衰退或趨穩定

的可能；(5)藍燈：1分，表示景氣已衰退。

　　上述9個項目的前4項為金融面指標，後5項為實質面指標，我們可以逐項檢視，也可以綜合判斷，9個項目的加總燈號分數，可以得到最高45分至最低9分不等的分數，同時再取38分、32分、23分、17分四個數值作為檢查點（Check Point），可以得到綜合分數對應的燈號，並據以作綜合對策判斷，如圖12-D所示：

| 燈號 | 藍 | 黃藍 | 綠 | 黃紅 | 紅 |

| 綜合分數 | 9 | 17 | 23 | 32 | 38 | 45 |

| 綜合對策判斷 | 加速 | 注意 | 安全 | 注意 | 剎車 |

🖳 圖12-D　景氣對策信號的綜合分數、燈號與綜合對策判斷

二、領先指標與同時指標

　　政府單位設計各種經濟指標，用以預測短期景氣循環的變化，包括領先指標（Leading Indicators）、同時指標（Coincident Indicators）、落後指標（Lagging Indicators），領先指標變化先於景氣變化，同時指標變化與景氣變化同步，落後指標變化則晚於景氣變化。股價係反映公司的營運前景，領先指標是投資決策的重要參考訊息，同時指標可以看出目前的景氣狀況，也有研判佐證的功能，落後指標則因其性質不同，在股票基本分析上較少被引用。

　　領先指標和同時指標都屬於綜合指數，構成項目如表12-E所列：

📠 表 12-E　領先指標與同時指標的構成項目

領先指標	同時指標
1. 製造業新接訂單變動率（％）	1. 工業生產變動率（％）
2. 製造業平均每月工時（小時）	2. 製造業生產變動率（％）
3. 海關出口值變動率（％）	3. 製造業銷售值（新台幣 10 億元）
4. 貨幣供給 M_{1B} 變動率（％）	4. 製造業平均每月薪資變動率（％）
5. 蔓售物價指數變動率（％）	5. 票據交換金額變動率（％）
6. 股價指數變動率（％）	6. 國內貨運量（百萬噸公里）
7. 台灣地區房屋建築申請面積（千 m^2）	

資料來源：行政院經建會

第二節　總體經濟情勢

一、實質面

國民生產毛額（Gross National Product, GNP）代表一國在某一期間，所有財貨及勞務的生產總值，其中包含了企業的營運業績，所以 GNP 和整體股價水準應具有同步關係。GNP 的估計期數通常以季為單位，所以變動較不敏銳，經濟成長率確實是股價分析時的重要因素，但是在觀察上及短期預測能力上限制頗多。

由於通信、資訊技術突飛猛進，企業的跨國投資與全球經貿布局日益發達，以國境為衡量界限的國內生產毛額（Gross Domestic Product, GDP），重要性漸漸凌駕於以國民為衡量界限的 GNP 之上，二者的差異如下：

GDP＝GNP－本國國民的生產因素在國外生產所獲之所得
　　　　＋外國國民的生產因素在本國生產所獲之所得

二、資金面

中央銀行所採取的貨幣政策，基本上是以穩定物價為第一優先目標，其次也考量經濟成長和充分就業，直接和間接都對股票市場造成影響。股票是一種金融商品，與一般商品類似之處，即是若市場的資金充沛，代表商品需求暢旺，市場價格隨之走揚；反之，若市場的資金短絀，導致商品需求衰減，市場價格亦隨之走低，所以，資金有股市動能（Momemtum）之稱，資金面的觀察可以分為量、價兩方面：

1. 貨幣供給額

貨幣供給額因交易性和儲蓄性的不同，而有以下三種不同的定義：
- 最狹義：M_{1a}＝通貨淨額＋活期存款＋支票存款
- 狹　義：M_{1b}＝M_{1a}＋活期儲蓄存款
　　　　　　＝通貨淨額＋存款貨幣
- 廣　義：M_2＝M_{1b}＋準貨幣
　　　　　　＝通貨淨額＋存款貨幣＋準貨幣
　　　　　（準貨幣＝定期存款＋定期儲蓄存款（含郵匯局轉存款）＋外幣存款＋外幣定期存單＋外匯存款＋外匯信託基金＋企業或個人持有之金融債券、央行儲蓄券、乙種國庫券）

其中 M_{1b} 為立即可以投入股市交易的貨幣存量，被視為資金動能的來源，與股市行情的關係最密切。當 M_{1b} 成長率小於 M_2 成長率時，表示活期性資金流向定期性資金或轉為外幣型態，股市有失血之虞，行情可能不振；反之，當 M_{1b} 成長率大於 M_2 成長率時，表示定期性資

金或外幣型態資金流向活期性資金，股市動能充沛，行情可能看漲。

2. 利　率

利率對股價影響可以從兩個方面探討：第一，利率高會增加發行公司的財務負擔，侵蝕發行公司的獲利能力，而且利率高表示市場資金緊縮，影響發行公司的資金週轉，不利生產與銷售，當然，負債比率愈高的企業，所受影響愈大；第二，信用交易是股票的常見方式，利率升高時，增加融資者的持有成本，所以傾向賣出股票償還墊款。

綜言之，利率升高對股價產生負面影響，利率下降對股價則有正面助益，然而，因果關係的時間落差，在實證分析上值得注意，當景氣狀況有過熱之虞時，央行便多方誘使利率上升，以防物價失控，此時股價反映景氣狀況及貨幣政策的各種影響，如果貨幣政策力道不足，股價仍持續上升，因而看見股價與利率齊揚的現象，直到央行多次宣布調高利率後，股價漲勢方告止歇，猶如汽車駕駛踩下剎車後，如果當時車速在某一水準之上，汽車仍可滑行一段距離才停止。反之，當景氣衰退蕭條時，央行雖誘導利率下降，股價表現依然不佳。

對於利率及資金水位的觀察，短期的指標是銀行超額準備及銀行同業隔夜拆款利率，中長期則以債券市場不同到期日之債券殖利率為參考，重貼現率則反映中央銀行的貨幣政策宣示。

三、財稅面

政府作為對於股票市場的影響是多方面的，其中最重要的是財政政策與租稅規定。擴張性的財政政策會提振內需，有助於景氣狀況上升。租稅規定的改變，立即影響投資的獲利性，進而改變投資決策，我國資訊產業的發達，各項獎勵投資規定中的租稅優惠或抵減功不可沒。民國 87 年元月開始實施的兩稅合一制度，會影響公司的股利政策。此外，理論上被認為公平性較佳的證券交易所得稅，在民國 77 年

宣布即將實施時 ，曾經引起股市無量重挫 19 天的「九二四」事件，實施後產生人頭戶泛濫的節稅問題，終以失敗收場，政府至今不敢復徵，偶有傳言仍引起股市震撼，可見財稅面對股價的影響即時而有力。

四、匯　率

匯率對股價行情的影響，一般可以從實質面的進出口和資金面的國際資本移動兩方面分析：

1. 進出口

當本國貨幣相對於外國貨幣貶值時，本國外銷產品在國際間占有價格優勢，出口產業的業績、利潤增加；反之，當本國貨幣相對於外國貨幣升值時，本國出口產業的國際競爭力下降。匯率變動對進口產業影響的推論，則與出口產業相反。以台灣為例，新台幣貶值時，有利於出口，不利於進口；新台幣升值時，有利於進口，不利於出口，出口產業以電子、紡織為主；進口產業則以食品、造紙為代表。

台灣為出口導向型國家，上市上櫃公司中，出口產業的家數、市值遠超過進口產業，1997 年亞洲金融風暴之後，金融、營建等內需產業受創較深，市值大幅縮水，電子產業占指數比重大幅躍升，從這個角度觀察，新台幣不可高估，對於上市上櫃平均股價的推升是利多於弊的。當然，兩大超重量級的原料進口型國營事業——中油和台電並未上市，所以分析新台幣匯率變動對整體經濟與對股價行情的影響，是有所不同的。

2. 國際資金移動

匯率升貶對國際資金移動的影響，主要是透過預期心理而產生，以台灣為例，當預期新台幣未來將升值時，國際資金流入國內尋求套利機會，國內金融市場累積了資金動能，使得股價上升；反之，當預

期新台幣未來將貶值時，國內資金流出，國內金融市場資金動能有失血現象，使得股價下挫，消弭預期心理唯有快速充分地反映幣值，中央銀行則必須就實質面及金融面的影響權衡得失，民國 76 年至 78 年之間，中央銀行採緩升方式，讓新台幣兌美元匯率由 40 元逐步漸進地升至 25 元左右，熱錢大舉流入國內，台灣加權股價指數從 2339 點上漲至 9624 點，漲幅高達 411%，就是最明顯的例證。

五、物　價

物價逐年上漲並不表示經濟發生問題，只要上漲的程度是可被接受的，沒有嚴重到通貨膨脹的地步，則應屬正常現象，溫和的物價上漲反而有利股價推升，其原因有二：第一，物價調高使生產者利潤增加，並且反映在股東的權益上；第二，貨幣的價值因物價上漲而下降，一般人持有貨幣的意願下降，而且銀行的實質利率也因物價上漲而縮水，儲蓄將尋找新的出路，股票的需求因而增加。景氣不振而發生物價難漲的通貨緊縮（Deflation）現象，反而造成企業經營的困難，這是 21 世紀全球面臨的第一個經濟議題。

如果物價持續無法控制地上漲，成為惡性通貨膨脹，則會發生人民購買力下降，產品滯銷，企業周轉不靈等現象，造成股票市場的下挫。觀察物價變化最主要的兩個指標，分別是代表生產者所需產品躉售價格的「躉售物價指數」（Wholesale Price Index, WPI），以及代表大眾消費商品零售價格的「消費者物價指數」（Consumers' Price Index, CPI），二者通常具有相當程度的關聯性，後者是觀察通貨膨脹情形的主要依據，前者有時可用來分析企業的成本或利潤。

至於物價上漲的原因，主要可分為下列三種：(1)成本推動（Cost-Push）；(2)需求拉動（Demand-Pull）；(3)貨幣供給量超額增加；在分析整體股票市場或個別公司的股價水準時，都應仔細推敲。

第三節　非經濟因素干擾

影響股價的因素很多，不全然都是經濟現象，統稱非經濟因素干擾，投資理論上則劃歸系統風險的形成原因之一，干擾股市的非經濟因素，種類頗多，短期的威力頗大，大致可分為政治（包括戰爭）、心理（包括謠言）、市場幾個方面，學者多以事件研究方式探討之，希望能夠累積經驗，以便日後發生類似情況時能夠合理因應。

一、政治事件

國內外重大政治事件都會對股市產生不同程度的影響，股價的反映有時十分微妙，以 1990 年 8 月伊拉克入侵科威特，導致 1991 年 1 月的美伊波斯灣戰爭為例，伊拉克侵略行動開始，全球股市應聲下跌，其後美國執行「沙漠風暴」軍事計畫，但調兵遣將的準備工作歷時約 5 個月，其間股市多以謹慎低調回應，1991 年 1 月 16 日美國正式展開大規模攻勢，隔日全球股市反而以大漲反映「利空出盡」。

國內定期發生的政治事項為選舉，但因選舉的項目（有總統、立委、院轄市長、地方縣市長等，已廢止的有國大代表、省長、省議員，即將廢止的有鄉鎮市長）不同，選舉的結果各異，再加上我國選舉投票日多定在 12 月，與股市的「元月效應」註1 密接干擾，因此這方面的事件研究結論僅止於參考。民國 89 年 3 月 18 日總統大選結果揭曉，首次由民主進步黨候選人獲勝當選，台灣政局變天，這是前所未有的經驗，股市以重挫回應，當時的總統當選人陳水扁先生隨即「保證」經濟繁榮，善意處理兩岸關係，股市才反彈回穩。

目前台灣股市所感受的政治風險，兩岸關係是最重大而直接的，民國 85 年因有總統大選，中共文攻武嚇加上飛彈試射，使得當年度

台灣加權股價指數從年初的 6500 點跌至年底的 4000 點即為一例。

二、心理因素

　　心理因素中以恐懼對股市的影響最明顯，對於風險的恐懼本來就是伴隨投資行為而生的，因此恐懼的心理在股市中最容易傳遞散播，雖然事後很容易分辨真偽，短期漲跌的事實卻已經造成。例如中共前領導人鄧小平在未去世前，曾多次謠傳病逝，台港股市應聲重挫。1989 年 10 月 13 日星期五，在西洋傳統上是不吉利的日子，當日道瓊工業指數下挫 6.9%。1987 年 10 月 19 日，紐約股市重挫，道瓊工業指數下跌 22.6%，史稱「黑色星期一（Black Monday）」，並在美國投資人心裡蒙上一層陰影，十年後，1997 年 10 月 19 日，紐約股市再度發生黑色星期一效應，道瓊工業指數下跌 7.2%。

　　心理因素看似無稽，但是仍與當時市場狀況，以及合理懷疑的未實現情境有關，才會產生較大的效應，所以，空頭傳言總在一波漲勢的末升段，發揮的威力最大。鄧小平從八十多歲時就不時有病危甚至病逝的傳言，最後以 92 高齡去世，高齡、神秘和對中共官方媒體的不信任，是類似小道消息喧騰多年的原因。1987 年 10 月 19 日紐約股市重挫後，對於這個日子刻骨銘心，十年後的這一天為什麼比之前九年的這一天都嚴重，未嘗不是受 1997 年亞洲金融風暴的影響，投資人心裡已經埋下了恐慌的近因，在這一天爆發的較激烈而已。

三、市場事件

　　市場事件與政治事件相比，重要性可能較低，但因直接衝擊市場，效應未必較差，例如民國 83 年 10 月 4 日台灣股市發生洪福證券公司違約交割事件，5 個營業日之內，加權股價指數共計下跌約 1000 點，跌幅為 14.6%。又如民國 85 年 6 月 10 日，摩根史坦利公司（Morgan Stanley Capital International, MSIC）宣布，該公司編製的新興市場自由指

數（Emerging Market Free Index），將於同年 9 月首度納入若干台灣上市公司股價做計算，台灣股市隨即展開「摩根行情」，可能入選股票被稱為「大摩股」，漲勢尤其驚人，由於此舉表示外國投資機構將加碼台股，屬於實質利多，摩根行情持續甚久，從宣布日的 5800 點算起，年底指數達到 6933 點，隔年 3 月這波漲勢最高曾達 8500 點才告止歇，相較同時期日本、南韓、泰國、新加坡等其他亞洲股市為下挫局勢，尤能突顯該事件的效應非比尋常。

　　市場事件常與市場管理規定有關，調整市場管理規定便成為政府左右股價行情的利器，諸如融資融券的標準、外資投資金額與占上市公司股權比率上限等，這些干預舉措的適當性極受詬病，更因使用次數過多，真實效果已經大打折扣。民國 89 年下半年，民進黨新政府動用國安基金進場護盤，這種最直接的干預仍然不能扭轉股市跌勢，股價指數從萬點腰斬至 4700 點，政府基金帳面虧損嚴重而且未能達成護盤目的。

第四節　產業分類

一、上市上櫃的分類

　　台灣證券交易所及櫃檯買賣中心對於每一種上市或上櫃公司普通股，都賦予四個數字的代號 註 2，買賣委託或自營買賣都是從連線終端機輸入代號而非文字，交易所電腦才能識別並予以撮合，上市上櫃普通股代號的前兩碼代表產業別，後兩碼代表公司別，例如台泥為1101，聯電為2303。集中市場產業的類別共分為20類，店頭市場的產業分類大致比照集中市場，但因水泥、造紙、汽車、綜合類沒有公司上櫃，代之以生物科技、通訊、軟體、證券商，也分為20類。

🔢 表 12-F　台灣上市上櫃公司的產業別及代碼

產業名稱	產業代碼 (集中市場)	產業代碼 (店頭市場)	產業名稱	產業代碼 (集中市場)	產業代碼 (店頭市場)
水泥窯製	11	41(生技)	汽車工業	22	52(軟體)
食品工業	12	42	電子工業	23, 24, 30	53, 54, 61
塑膠工業	13	43	營造建材	25	55
紡織纖維	14	44	航運業	26	56
電機機械	15	45	觀光事業	27	57
電器電纜	16	46	金融保險	28	58
化學工業	17	47	貿易百貨	29	59
玻璃陶瓷	18	48	綜合類	98	—
造紙工業	19	49(通訊)	其他類	99	89
鋼鐵工業	20	50			60(證券)
橡膠工業	21	51			

　　台灣證券交易所的產業類別劃分，主要是以營收為標準，申請上市的發行公司，其近二個會計年度的財務報告，符合下列條件則進行劃分：

　　1. 公司經營任一項業務的營收占全部營收比率超過50%以上者，則以該業務所屬產業為其上市產業類別。

　　2. 無超過50%的營收項目，但有三個部門的營收占全部營收超過20%以上，且採多角化經營策略者，以綜合類為其上市產業類別。

　　3. 若無法依上述兩項標準劃分，或無法劃歸現有各類別者，以其他類為上市產業類別。

　　對於已上市的公司，交易所每二年定期檢討產業分類，針對營業性質改變或經營策略改變的發行公司，會重新調整其產業類別，並經主管機關核准後公告實施。

二、股市的概念式分類

　　台灣股市的類股輪動現象，有時是以產業分類輪漲或輪跌，有時是以上市公司的某種特徵加以特別描述，名之為某某概念股，諸如上市上櫃公司在中國大陸轉投資比例高，或在中國大陸設廠生產的營收、利潤占該公司整體營收、利潤比例高者，其股價行情常隨中國大陸經濟狀況、兩岸關係而變化，故被稱為「中國概念股」，正新、建大、巨大等皆是。上市上櫃公司擁有大筆不動產，而且帳列價值低於實際市場價格者，被歸類為「資產股」，當國內有通貨膨漲隱憂時，資產股因具有保值效果，股價表現特別突出，泰豐、南港等皆是。此外，有以資本額大小來分類，因此有「大型股」和「小型股」之別。若以股價高低來劃分，則有「高價股」和「低價股」。新台幣貶值時，「外銷概念股」被看好；政府推動公共建設時「內需概念股」最風光。

　　概念股是股市非正式的分類方式，目的是描述某一時期，股價變動的主要因素，電子股成為台灣股市主流後，其他各產業單獨都無法與之相頡頏，因此合起來稱為「傳統產業股」，這表示除了電子業之外，台灣股市其他各產業逐漸式微，產業別的類股輪動現象減少，簡化成科技股和傳統產業股兩大類，這表示在資本市場上，產業發展的趨勢為集中化而非均衡化。

三、以景氣循環敏感度區分

　　從產業營運相對於整體經濟活動的角度，投資人可以用景氣循環敏感度區別產業：

1. 成長性產業（Growth Industry）

產業的營業額、盈餘預期成長率超過所有產業的平均值，這類產

業通常正值科技發明、產品改良、行銷創新或開拓新事業，因而有出色的表現，故與景氣循環關係不明顯，例如電子業。但是成長性產業並非一成不變的，台灣紡織業在60、70年代是成長性產業，目前則不是。

2.防禦性產業（Defensive Industry）

產業的營業額、盈餘表現穩定，不容易受景氣循環的影響而暴起暴落，例如食品業以及其他類中的天然氣公司、加油站公司。

3.循環性產業（Cyclical Industry）

產業深受景氣循環的影響，具有較大波動性的特質，耐久財產業為典型的代表，例如汽車、家電等。

並非所有產業都可以用景氣循環的敏感度加以分析，例如銀行業、票券業的景氣與利率變化有關，而稱為利率敏感性產業（Interest-sensitive Industry）。

第五節　產業分析

一、產業生命週期（Industry Life Cycle）

產業的發展歷程有如人的生命週期，人從出生到死亡，歷經嬰兒期、少年期、青年期、壯年期、老年期，產業的生命週期則可分為開創期（Pioneering Stage）、擴張期（Expansion Stage）、成熟期（Maturity Stage）、衰退期（Decline Stage）。

1. 開創期

此階段投資、研發等支出多，新產品市場性還不高，所以回收少，造成大量現金流出，產業的未來充滿不確定性，所以投資風險大，股價行情低迷。

2. 擴張期

新產品的市場性提升，營業額快速成長，並開始轉為現金流入，利潤持續增加，使得股價開始向上竄升。

3. 成熟期

新產品逐漸標準化並大量生產，市場日趨飽和，利潤增加幅度有限，股價持平。

4. 衰退期

產業成長率低於所有產業的平均值，營業額及利潤都逐漸下降，股價開始下跌。

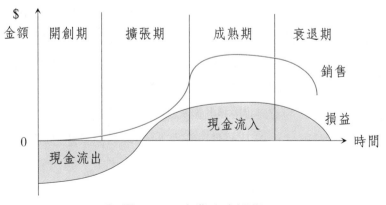

圖 12-G　產業生命週期

二、產業預測

投資人在做投資決策時，首先要明瞭投資標的正處於產業生命週期的哪一個階段，並估算目前及未來各階段的時間長短，以及淨現金流入量的多寡。投資人都希望開創期能夠縮短，現金流出量是可控制的；擴張期和成熟期能夠延長，累積的現金流入量愈大愈好；衰退期的衰退幅度則能和緩，如能維持在損益兩平點之上則更佳。產業預測的目的，就是要合理評估這些未來可能發生的狀況，評估的項目如下：

1. 過去營運績效

過去的營運績效可以做為預測未來營業額及利潤的重要參考，尤以過去營運績效的趨勢情形，常當做合理推測的依據，產業的涵蓋面較個別公司廣，有如眾多類似個體的集合，其趨勢如同這個集合的平均值，比較不容易隨機遊移，因而可以指示產業發展的方向，以及變化量的不偏估計。但仍應注意，不偏並不等同準確，合理推測也不等同實際結果，因此，過去實績未必反映未來狀況。

2. 結構性變化

經濟結構的轉變，影響產業的生存利基極大，這種變化不像市場價格變動那麼容易被查覺，但是每隔一段時間加以檢視，仍然能夠發現結構變化的軌跡。生產面首應注意生產技術的創新，並且評估其影響，例如台灣經濟發展，從勞力密集產業轉型成資本密集產業，其原因及影響各如何，投資時應先明瞭經濟脈動狀況，才能研判投資標的與經濟脈動的關聯性，以及前景展望如何；市場面首應注意消費行為的變化，掌握原因並分析影響，例如我國汽車工業，經濟景氣好的時期，轎車需求量增加，經濟景氣不好的時期，擺攤做小生意的人口增加，俗稱發財車的小貨卡需求量增加，中華汽車的業績反而一枝獨

秀，自從週休二日制度實施後，汽車市場則吹起休旅車流行風。

3.法令政策

政府的法令與政策，對於一個產業的發展可說是影響深遠，政府想扶植某一產業時，往往給予較多的協助與獎勵，例如政府推動亞太營運中心及促進產業升級時，高科技產業和金融服務業在租稅優惠、融資取得、法令限制鬆綁各方面，可以獲得較多的協助。相反地，如果政府對某一產業採取不利的法令或政策時，該產業的發展會遭受相當大的阻礙，例如政府曾先後對營建業採取選擇性信用管制及容積率管制，營建業的寒冬就隨之降臨，後來雖然取消選擇性信用管制，產業元氣仍未恢復。所有產業無不受政府法令的規範，諸如環境保護、外勞引進等，因此法令政策的影響評估是產業預測中重要的一環。

4.競爭環境

產業的競爭狀況會影響產業的整體獲利，並可預測未來產業的表現，競爭激烈的產業很難維持高報酬率，競爭和緩的產業則可坐享經營利潤，哈佛大學教授波特（Michael E. Poter）曾提出五個影響產業競爭強度的因素，包括現有競爭者的威脅、潛在加入者的威脅、替代產品的威脅、供應商的議價能力、買方的議價能力。

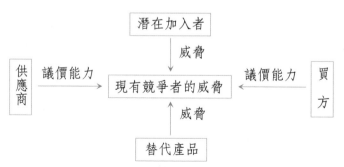

🐟 圖 12-H　影響產業競爭強度的五個因素

資料來源：Michael E. Porter, "Industry Structure And Competitive Strategy", 1980.

註釋

註1：元月效應（January Effect）係對美國股市表現的實證研究結果發現，每年元月份的報酬率高於其他月份，迄今對其原因並無定論，有人認為可能是投資人節稅所造成的，亦即在年底時認賠賣出帳面虧損的持股以減少稅負，隔年年初再投入資金重新布局，但證諸沒有課徵證券交易所得稅的國家，以及稅賦結算不在年底的國家，統計檢定仍有元月效應的情形。

註2：特別股上市掛牌交易者，則在普通股代號後加上一個英文字母，成為五字代碼，例如中鋼普通股代號為2002，中鋼特別股代號為2002A。

考題集錦

一、選擇題

_____ 1. 下列何者不正確？

(A)當國內發生通貨膨脹時，資產股股價看好

(B)當國際油價下跌，石化中上游公司領先下游公司上漲

(C)股市景氣領先經濟景氣

(D)類股輪動的選股方式為降低風險的策略　【87.朝陽財管所】

_____ 2. 如果人們將定期存款轉為活期儲蓄存款，則在其他條件不變下，就 M_{1A}，M_{1B} 與 M_2 而言？

(A)只有 M_{1A} 不變　(B)只有 M_{1B} 不變　(C)只有 M_2 不變

(D)只有 M_2 變動　(E)只有 M_{1B} 變動　【91.1 分析人員】

_____ 3. 下列何者非為經濟領先指標？

(A)M_{1B} 變動率　(B)失業率　(C)股價變動率　(D)海關出口值變動率

(E)以上皆為經濟領先指標　【91.1 分析人員】

_____ 4. 國內股市邁入多頭市場，對貨幣成長率有何影響？

(A)M_{1A} 上升　(B)M_{1B} 上升　(C)定期存款上升　(D)M_3 上升

【90.4 分析人員】

_____ 5. 經建會公布 87 年 10 月份的景氣對策綜合分數為 20 分，則 87 年 10 月份的景氣對策訊號是亮何種燈號？

(A)紅燈　(B)藍燈　(C)綠燈　(D)黃紅燈　(E)黃藍燈

【90.3 分析人員】

_____ 6. 假設目前經濟景氣屬於高峰的階段，並已有些許的衰退的跡象，請問目前的股價水準會如何反映？

(A)繼續反映目前的景氣榮景　(B)開始反映即將衰退的經濟情況

(C)股價會馬上修正至谷底位置　(D)不會有任何反映

【91.1 券商業務員】

_____ 7.投資人對成熟公司股票的預期報酬，主要來自於：

(A)現金股利　(B)股票股利　(C)差價　(D)公司銷售成長

【90.4 券商業務員】

_____ 8.下列何者現象發生時，政府將會採取緊縮的貨幣政策：

(A)藍燈轉為黃藍燈　(B)黃紅燈轉為紅燈　(C)黃藍燈轉為綠燈

(D)以上皆非　　　　　　　　　　　　　　　【90.4 券商業務員】

_____ 9.銷貨與盈餘的成長率預期能夠超過國民生產毛額成長率的工業稱為：

(A)獲利工業　(B)穩健工業　(C)成長工業　(D)水準工業

【90.4 券商業務員】

_____ 10.當景氣對策信號由綠燈轉為黃紅燈時，代表景氣將由：

(A)穩定轉為衰退　(B)穩定轉為微熱　(C)衰退轉為穩定　(D)微熱

轉為過熱　　　　　　　　　　　　　　　　【90.3 券商業務員】

_____ 11.下列何者為領先指標？

(A)躉售物價指數變動率　(B)製造業銷售值　(C)失業率　(D)票據

交換金額變動率　　　　　　　　　　　　　【90.2 券商業務員】

_____ 12.當預期 M_{1b} 年增率減緩，投資人將預期整體股市：

(A)下跌　(B)上漲　(C)不一定上漲或下跌　(D)先跌後漲

【90.1 券商業務員】

_____ 13.下列哪一家玻璃陶瓷類上市公司，是以生產、銷售馬桶等衛浴陶

瓷為主要營運項目？

(A)台玻　(B)和成　(C)羅馬　(D)中國製釉　　　【89.4 券商高業】

_____ 14.台灣產業外移的原因，下列因素中何者是最不重要的因素？

(A)勞動成本上漲　(B)土地取得不易　(C)技術升級困難　(D)資金

取得不易　　　　　　　　　　　　　　　　【90.4 券商高業】

_____ 15.一般而言，景氣由谷底復甦時，舉債程度較高的公司股票：

(A)漲幅較大　(B)漲幅較小　(C)價格波動性較小　(D)報酬率較小

【90.4 券商高業】

_____ 16.產業分析中，天然橡膠相對於人造橡膠是屬於波特（Porter）五力

分析中的：

(A)上游　(B)下游　(C)同類產品競爭　(D)替代品

【90.4 券商高業】

_____17.物價與利率有何關係？

(A)物價上漲時，利率會被調降　(B)物價上漲時，利率會被調升

(C)利率上升時，會促使物價上漲　(D)沒有關係

【90.4 券商高業】

二、問答題

1.試論匯率及利率對股市之影響。　　　　　　　　　　　　【87.朝陽財金所】

第*13*章　基本分析㈡：公司分析

　　無論是由上而下（Top-down）式，或者是由下而上（Bottom-up）式的投資分析，投資人都要把他的投資決策落實在選股上，根據各類可信賴的資訊加以評估篩選，這就是公司分析，財務報表及其所產生的財務比率，則是最主要的資訊來源。

第一節　財務報表分析

　　財務報表是以公司經營活動所累積的會計資訊彙編而成，主要有資產負債表、損益表、股東權益變動表和現金流量表，藉以表達公司在某一特定日的財務狀況，或是某一段期間的經營成果與資金變動情形，此外，附註及附表用以揭露說明報表中各科目的意義與內容。以下以上櫃公司「台灣東洋藥品工業股份有限公司」（股票代號 4105）為範例 註1，說明財務報表的編製格式。

表 13-A　資產負債表範例

台灣東洋藥品工業股份有限公司（民國 89 年及 88 年 12 月 31 日）

單位：新台幣仟元

資產

代碼	資　產	附　註	八十九年十二月三十一 金　額	%	八十八年十二月三十一 金額	%
	流動資產					
1100	現金及約當現金	三	$ 60,859	7.44	$ 48,416	6.32
1110	短期投資	二·四·二十八	2,900	0.35	2,900	0.38
1120	應收票據淨額	二·五·二十三	52,285	6.40	41,310	5.39
1140	應收帳款淨額	二·六	140,216	17.15	152,069	19.85
1178	其他應收款	二·七	14,063	1.72	14,544	1.90
120X	存貨	二·十三	92,279	11.29	87,155	11.37
125X	預付款項	八	1,475	0.18	11,638	1.52
128-129	其他流動資產	九·二十四	20,900	2.56	26,420	3.45
11XX	流動資產合計		384,977	47.09	384,452	50.18
142X	長期投資	二·十·二十八	83,840	10.26	77,729	10.15
	固定資產	二·十一·二十四				
1501	成本					
1521	土地		56,298	6.90	42,170	5.50
1531	房屋及建築		73,256	8.96	61,459	8.02
1551	機器設備		59,999	7.34	58,082	7.58
1681	運輸設備		6,499	0.80	6,499	0.85
1623	什項設備		45,975	5.62	30,233	3.95
15XY	重估增值		107,796	13.19	107,796	14.07
1672	成本及重估值		349,923	42.81	306,239	39.97
	減：累計折舊		(63,225)	(7.73)	(54,820)	(7.16)
15XX	預付購置設備款		26,858	3.28	3,414	0.45
	固定資產淨額		313,556	38.36	254,833	33.26
	無形資產					
1721	專利權	二·二十三	16,630	2.03	18,847	2.46
1771	遞延退休金成本	二·二十八	10,407	1.27	7,957	1.04
17XX	無形資產合計		27,037	3.30	26,804	3.50
1800	其他資產					
1821	出租資產	二·二十二	5,599	0.63	17,390	2.27
183X	存出保證金	二	2,498	0.31	3,924	0.51
	遞延費用		—	—	983	0.13
18XX	其他資產合計		8,097	0.99	22,297	2.91
1XXX	資產總額		$ 817,507	100.00	$ 766,115	100.00

負債及股東權益

代碼	負債及股東權益	附　註	八十九年十二月三十一 金額	%	八十八年十二月三十一 金額	%
	流動負債					
2100	短期借款	十三·二十四	$113,761	13.91	$122,276	15.96
2110	應付短期票券	十四·二十四	29,727	3.64	29,825	2.85
2121	應付票據	十五·二十三	17,413	2.13	20,047	2.62
2122	其他應付款		14,415	1.76	—	—
2140	應付帳款	十五	20,983	2.57	7,317	0.95
2160	應付所得稅	二·二十一	2,920	0.36	10,818	1.41
2170	應付費用	十六	52,494	6.42	44,809	5.25
2280	一年內到期長期負債	十七·十四	13,333	1.63	13,333	1.74
2270	其他流動負債	二十三	6,355	0.78	7,805	1.02
21XX	流動負債合計		271,401	33.20	256,230	33.44
2420	長期借款	十七·二十四	133,939	16.38	147,272	19.22
24XX	長期負債合計		133,939	16.38	147,272	19.22
2511	土地增值稅準備	十一	60,571	7.45	60,871	7.95
2810	其他負債					
2821	應計退休金負債	二·二十八	24,012	2.94	17,682	2.31
2861	存入保證金		113	0.01	3,063	0.40
28XX	遞延所得稅負債		4,401	0.54	2,373	0.31
	其他負債合計		28,526	3.49	23,118	3.02
2XXX	負債合計		494,737	60.52	487,491	63.63
	股東權益					
3311	股本	十九	239,900	29.34	239,900	31.32
3231	資本公積	二十	28,924	3.54	—	—
3240	處分資產利益		550	0.07	550	0.07
3261	長期投資		90	0.01	90	0.01
3271	合併溢價		28	0.00	28	0.00
3311	保留盈餘	二十				
3351	法定盈餘公積		42,997	5.26	31,299	4.09
3420	未分配盈餘		10,043	1.23	6,752	0.88
3421	累積換算調整數		238	0.03	—	—
3XXX	股東權益總計		322,770	39.48	278,624	36.37
1XXX	負債及股東權益總計		$ 817,507	100.00	$ 766,115	100.00

📟 表 13-B　損益表範例

台灣東洋藥品工業股份有限公司
（民國 89 年及 88 年 1 月 1 日至 12 月 31 日）

單位：新台幣仟元
（除每股盈餘以元表示外）

代 碼	項　　目	附　註	八十九年度 金　額	%	八十八年度 金　額	%
4000	營業收入					
4110	銷貨收入		$761,741	102.21	$717,973	101.98
4170	減：銷貨退回		(10,334)	(1.39)	(7,078)	(1.00)
4190	銷貨折讓		(6,171)	(0.82)	(6,884)	(0.98)
4100	銷貨收入淨額	二十三	745,242	100.00	704,011	100.00
5000	營業成本		297,491	39.92	313,840	44.58
5910	營業毛利		447,751	60.08	390,171	55.42
6100	推銷費用		230,198	30.89	194,626	27.65
6200	管理及總務費用		89,568	12.02	75,636	10.74
6300	研究發展費用		62,714	8.41	43,462	6.17
	營業費用合計		382,480	51.32	313,724	44.56
6900	營業（損失）利益		65,271	8.76	76,447	10.86
7100	營業外收入					
7110	利息收入		1,471	0.20	2,261	0.32
7121	權益法投資收益		1,729	0.23	—	—
7130	處分固定資產利益		—	—	125	0.01
7140	處分投資利益		1,349	0.18	—	—
7150	存貨盤盈淨額		238	0.03	443	0.07
7161	兌換利益淨額		—	—	4,384	0.62
7210	租賃收入		272	0.04	1,234	0.18
7480	其他收入		9,411	1.26	5,015	0.71
	小　　計		14,470	1.94	13,462	1.91
7500	營業外支出					
7510	利息支出		23,770	3.19	29,453	4.18
7520	權益法投資損失		—	—	336	0.05
7531	處分固定資產損失		1,930	0.26	—	—
7560	兌換損失淨額	二	848	0.11	—	—
7880	其他損失		3,317	0.45	5,749	0.82
	小　　計		29,865	4.01	35,538	5.05
7900	稅前純益（淨損）		49,876	6.69	54,371	7.72
8110	所得稅（費用）利益	二、二十一	(8,930)	(1.20)	(14,888)	(2.11)
9600	本期淨利		$ 40,946	5.49	$ 39,483	5.61
9750	每股盈餘	二十二	$ 1.71		$ 1.65	

負責人：　　　　　　經理人：　　　　　　主辦會計：

表 13-C 股東權益變動表範例

台灣東洋藥品工業股份有限公司（民國 89 年及 88 年 1 月 1 日到 12 月 31 日）

單位：新台幣仟元

項　目	股　本	資　本　公　積				保　留　盈　餘		累積換算調整數	總　計
		資產重估增值準備	處分資產利益	合併溢價	長期投資	法定公積	未分配盈餘		
八十八年一月一日餘額	$239,900	$　—	$　456	$　28	$　—	$　—	($8,090)	$8,415	$240,709
長期投資持股比例變動調整					90				90
處分固定資產利益轉列資本公積			94				(94)		0
累積換算調整數								(1,658)	(1,658)
八十八年度純益							39,483		39,483
八十八年十二月三十一日餘額	$239,900	$　—	$　550	$　28	$　90	$　—	$31,299	$6,757	$278,624
提列法定公積						238	(238)		0
重估增值彌補損失轉回		28,924					(28,924)		0
員工紅利及董事監酬勞							(86)		(86)
累積換算調整數								3,286	3,286
八十九年度純益							40,946		40,946
八十九年十二月三十一日餘額	$239,900	$28,924	$　550	$　28	$　90	238	$42,997	$10,043	$322,770

負責人：　　　　經理人：　　　　主辦會計：

表 13-D　現金流量表範例

台灣東洋藥品工業股份有限公司

（民國 89 年及 88 年 1 月 1 日至 12 月 31 日）

單位：新台幣仟元

	八十九年度	八十八年度
營業活動之現金流量		
本期純益	$　40,946	$　39,483
調整項目：		
折舊費用	12,902	11,394
各項攤銷	2,651	2,588
呆帳損失	4,090	2,285
權益法認列投資損失（利益）	(1,729)	336
處分投資（利益）損失	(1,349)	0
未實現兌換（利益）損失	2,267	(338)
固定資產報廢損失	0	175
處分固定資產（利益）損失	1,930	(125)
應收票據（增加）減少	(10,900)	(4,831)
應收帳款（增加）減少	7,898	(53,655)
其他應收款（增加）減少	271	7,331
存貨（增加）減少	(5,124)	35,448
預付款項（增加）減少	10,163	(6,957)
其他流動資產（增加）減少	5,520	(8,844)
應付票據增加（減少）	(2,634)	5,033
應付帳款增加（減少）	12,055	(14,831)
應付所得稅增加（減少）	(7,898)	7,407
應付費用增加（減少）	7,685	9,447
其他流動負債增加（減少）	(2,469)	(5,290)
應計退休金負債增加（減少）	3,880	3,150
遞延所得稅負債增加（減少）	932	724
營業活動之淨現金流入（出）	81,087	29,930

（接次頁）

（承前頁）

	八十九年度	八十八年度
投資活動之現金流量：		
長期投資（增加）減少	1,349	(1,448)
處分固定資產	149	238
購置固定資產	(40,880)	(13,636)
無形資產（增加）減少	—	(7,619)
遞延費用（增加）減少	(1,949)	(500)
存出保證金（增加）減少	(1,675)	117
應收關係人款項（增加）減少	—	2,912
投資活動之淨現金流（出）入	(43,006)	(19,936)
融資活動之現金流量：		
短期借款增加（減少）	(9,171)	(7,634)
應付短期票券增加（減少）	(98)	9,882
長期借款增加（減少）	(13,333)	(18,073)
存入保證金增加（減少）	(2,950)	0
發放員工紅利及董監事酬勞	(86)	0
融資活動之淨現金流入（出）入	(25,638)	(15,825)
本期現金及約當現金增加（減少）數	12,443	(5,831)
期初現金及約當現金餘額	48,416	54,247
期末現金及約當現金餘額	$　　60,859	$　　48,416
現金流量資訊之補充揭露：		
本期支付利息	$　　24,000	$　　30,064
本期支付所得稅	$　　19,714	$　　3,658
不影響現金流量之投資及理財活動		
出租資產轉供自用	$　　17,390	$　　20,301
一年內到期之長期負債	$　　13,333	$　　1,3333
本期購置固定資產價款	$56,314	$11,325
加：期初未付（應付購置設備款）	0	2,311
減：期末未付	(15,434)	0
購置固定資產支付現金款	$　　40,880	$　　13,636

負責人：　　　　　經理人：　　　　　主辦會計：

一、資產負債表（Balance Sheet）

資產負債表是一種存量（Stock）的觀念，通常在該表左邊列出資產科目，右邊列出負債及股東權益科目，並依會計基本等式，資產等於負債加股東權益，表明公司資產的來源（該表右邊）與用途配置（該表左邊）的相等關係。

1. 資產（Assets）

⑴流動資產（Current Assets）

包括現金及約當現金、短期投資、應收票據、應收帳款、存貨、預付款項等科目，其中較應注意的是應收帳款和存貨。

應收帳款未來是否能收現，具有不確定性，這時應從附註中觀察收款對象是否集中或為關係人，以及收款對象的財務狀況是否健全。有些公司為了美化損益表中的盈餘數字，造成應收帳款和銷貨收入同時增加，這時應觀察應收帳款收現天數是否異常增加，此外，備抵呆帳的提列是否允當，亦應留意。

存貨係按「成本與市價孰低」法評價，高科技公司的產品，世代交替的速度較快，產品生命週期較短，如果銷售狀況不佳，尤應注意存貨跌價損失的問題。存貨通常包括製成品、在製品和原、物料三類，製成品數量和比率的變化是觀察公司產銷狀況的重要依據，滯銷時製成品數量及比率增加，導致存貨占資產的比率升高，通常是營運的警訊，當然，產品愈多樣化的公司，存貨占資產的比率較高，以滿足銷售的需要，則屬正常。

⑵基金及長期投資（Fund and Long-term Investments）

基金係指為特定用途所提存的資產，例如償債基金（Sinking

Fund）。長期投資主要有下列三項：

　　①未上市（櫃）股票，或為取得控制權或建立良好關係所購入的
　　　上市（櫃）股票。

　　②為長期理財規劃所購買的公債、公司債等。

　　③投資於非營業用的資產，例如待將來出售獲利的不動產等。

　　短期投資的未實現跌價損失屬於損益表的項目，長期投資的未實
現跌價損失則屬於股東權益的減項，不列入當期損益，有些公司為了
規避短期投資失利對損益表造成的負面影響，而將短期投資轉列長期
投資，這時投資人應觀察長、短期投資金額及項目的變化消長，以及
股東權益項下之長期投資未實現跌價損失金額多寡，來判斷公司操縱
損益的意圖。

　　⑶固定資產（Fixed Assets）

　　固定資產主要是提供營業上使用，且使用期限在一年以上、非以
出售為目的之資產，如公司所擁有的土地、房屋、機器設備、租賃設
備、辦公設備、研究設備等，這些科目在報表上是以歷史成本登錄，
在減去累計折舊（土地除外）後，以淨值來表達。如果公司進行資產
重估，重估增值亦列入固定資產，以扣除成本後的淨值來表達。此
外，預付工程或設備款亦為固定資產，代表已支付金額卻未使用的資
產。

　　折舊費用的提列係估計該項資產的耐用年限及殘值，並依公司所
選用之折舊方法來計算。有些公司會為了少提折舊費用而將耐用年限
拉長，如此一來折舊費用減少，淨利增加，累計折舊減少，固定資產
自然變多。固定資產的耐用年限的決定相當主觀也很專業，投資人很
難判斷是否合理，但可將固定資產週轉率與產業平均值或同業領導廠
商比較，以檢視公司固定資產是否大而無當。

⑷無形資產（Intangible Assets）

無形資產係指無實體存在而有經濟價值的資產，包括專利權（Patents）、著作權（Copyright）、特許權（Franchise）、商譽（Goodwill）等出資購買之特屬權利，在資產面應記錄扣除攤銷後之餘額（例如取得專利所支付的金額，應按可使用之年限攤銷）。

⑸其他資產（Other Assets）

其他資產是不能歸屬於以上各類的資產，例如遞延資產、出租資產、閒置資產、存出保證金及其他什項資產。

2. 負債（Liabilities）

以到期償還期限的遠近區分，在一年或一個營業週期之下的為流動負債，之上的為長期負債，流動負債包括短期借款、應付票據、應付帳款、應付費用、預收款項及一年內到期的長期負債等科目。長期負債則包括長期借款、未到期公司債、土地增值稅準備金等科目。此外，其他負債包括應計退休金負債、存入保證金、遞延所得稅等科目。

3. 股東權益（Stockholders' Equity）

股東權益為資產負債表上企業主之剩餘權益，一般又稱為「淨值（Net Worth）」，主要科目如下：

⑴股本（Capital Stock）

股本是股東對企業所投入的資本，包括普通股（Common Stock）與特別股（Preferred Stock）二類，總金額以面額計算，上市上櫃公司普通股面額已統一為每股新台幣 10 元。

⑵資本公積（Capital Surplus）

資本公積的來源有下列五項：
①股票溢價發行超過面額的部分（Additional Paid-in Capital）。
②固定資產重估增值。
③處分固定資產之溢價收入。
④因合併而消滅之公司所承受的資產價額，減除自該公司所承擔之債務及向該公司股東洽付額之餘額（合併負商譽）。
⑤受領贈與之所得。

⑶保留盈餘（Retained Earnings）

　　保留盈餘為營業所產生之權益，包括法定盈餘公積、特別盈餘公積及未分配盈餘，根據公司法第237條規定：「公司於完納一切稅捐、分派盈餘時，應先提出百分之十為法定盈餘公積，但法定盈餘公積、已達資本總額，不在此限。除前項法定盈餘公積外，公司得以章程訂定或股東會議決，另提特別盈餘公積」，也就是說，公司必須先提撥10%的法定盈餘公積，再依公司章程提撥特別盈餘公積後，始得分派董監事酬勞、員工紅利及股東股利，股利分配後所剩的盈餘則為未分配盈餘，歷年所累積的保留盈餘，可用以充實營運狀況不佳年度的公司財源，並作為穩定股利政策之用，兩稅合一制度實施後，保留盈餘若超過實收資本額的1/2，應加徵10%的所得稅。

二、損益表（Income Statement）

1. 營業收入（Operating Revenues）

　　營業收入為公司正常營業活動所產生的收入，因行業別之不同，會計科目名稱也有差異，例如製造業為銷貨收入，銀行業為利息及手

續費收入，建築業為營建收入。銷貨收入扣減銷貨退回與銷貨折讓，成為銷貨收入淨額，製造業公司通常以銷貨收入淨額為基準（除數），計算各種利潤比率，如毛利率、營業利益率、稅前或稅後純益率等。

2. 營業成本（Operating Costs）

營業成本是因經常營業流動、銷售商品或提供勞務等所直接發生的成本，包括銷貨成本、勞務成本、其他營業成本。

3. 銷貨毛利（Gross Profit）

毛利為營業收入淨額減去營業成本的餘額，與銷售數量和單位邊際利潤直接相關，可視為公司的總邊際利潤。

4. 營業費用（Operating Expenses）

營業費用主要為管理費用、銷售費用、研究費用等，例如薪資、辦公室租金、折舊費用、交際費、律師及會計師費用、退休金等因企業經營所需負擔的費用。另外，無法直接歸屬於銷貨的支出，則於發生期間予以承認為營業費用。

5. 營業利益（Operation Income）

營業利益為企業正常營業所產生之利潤，代表公司本業的獲利能力。營業利益愈高，表示公司本業的賺錢能力愈好，營業利益若是負數，則稱為營業損失，表示本業處於虧損狀態。

6. 營業外收入與支出（Non-Operating Income/Expenses）

營業外收入與支出係指本業外的各種收入及支出，依行業別而各異，以製造業而言，包括利息收入及費用、租金收入、投資收入及損失、出售固定資產利益與損失、匯兌損益等。

7. 稅前純益（Income Before Income Tax）

營業利益加上營業外收入，減去營業外支出，成為稅前純益，也可以稱為稅前盈餘。

8. 所得稅（Income Tax）

台灣對企業課徵營利事業所得稅，所得額在 5 萬元以下免課，5萬元至 10 萬元之間的稅率為 15%，10 萬元以上的稅率為 25%，採累進方式課徵。

9. 本期淨利（Net Income）

稅前純益扣除所得稅成為本期淨利，又稱為稅後盈餘。

10. 每股盈餘（Earnings Per Share, EPS）

稅後盈餘扣減特別股股利之後，除以加權平均流通在外普通股股數，為普通股每股盈餘。

綜合以上闡釋，損益表的結構表列如下：

	營業收入	比率
減：	銷貨退回	
減：	銷貨折讓	
	營業收入淨額	100%
減：	營業成本	營業成本率
	銷貨毛利	毛利率
減：	營業費用	營業費用率
	營業利益	營業利益率
加：	營業外收入	
減：	營業外支出	
	稅前純益	稅前純益率
減：	所得稅費用	
	本期淨利	稅後淨利率

三、股東權益變動表（Statement of Changes in Stockholders' Equity）

股東權益變動表係記載當期股東權益的變動狀況，公司股東和投資人都關心股東權益的總額及科目細項變化，該表可為投資之參考。

四、現金流量表（Statement of Cash Flows）

現金流量表係採現金及約當現金為基礎，將一定期間內所有現金收入或支出納入，比較期初與期末資產負債表中現金及約當現金以外之所有科目，並按其發生之原因區分為營業活動、理財活動或投資活動，並分析其變動原因。

1. 營業活動（Operating Activities）

以當期淨利為基礎，加回未實際動支現金的費用，減去未產生現金的收支。通常先調整折舊費用、長期股權投資按權益法認列的收入或損失（因無實際現金流入或流出），然後再調整一般營業活動有關的現金變動科目，例如應收帳款、應付帳款、存貨等會計科目於期初至期末的淨變動金額，以計算因營業活動所增減的現金。

2. 理財活動（Financing Activities）

公司因借款、償還借款、現金增資或支付股利等理財活動所產生的現金流入或流出。

3. 投資活動（Investing Activities）

公司因從事投資活動包括購買或出售長短期投資、固定資產等事項所產生的現金流入或流出。

上述三項合計的現金淨流量，應等於本期現金及約當現金的淨增加或減少，當資產相關科目金額增加時，代表現金流出；反之，當資

產相關科目金額減少時，代表現金流入。另一方面，負債及股東權益的增加為現金流入，減少則為現金流出。

第二節　財務比率分析

從財務報表中獲取的會計資訊，經過整理成為各種財務比率，可供投資人有系統地分析公司現況，再經垂直式的跨期比較，以及水平式的同業比較，更能查覺異常情形或優劣勢所在。以下為各類財務比率的用途與計算方式：

一、資本結構與長期償債能力分析

1. 負債比率（Debt Ratio）

$$負債比率 = \frac{負債總額}{總資產} \qquad (13\text{-}1)$$

負債比率過高，顯示公司資產大部分由債權人提供，公司的財務風險較大，債權人也會感覺保障較低，如果週轉失靈便有倒閉之虞。反之，負債比率過低，表示公司態度保守，較少財務槓桿的運用，獲得的財務風險溢酬偏低。台灣一般公司的負債比率以不超過2/3為宜，但仍應視行業特性而定，例如金融業本質上就屬於高負債比率行業。

從總資產＝負債總額＋股東權益的恆等關係中，我們可以調配成多項財務比率，較常用的尚有以下兩種：

$$(1)淨值占資產比率 = \frac{股東權益}{資產總額} = 1 - 負債比率 \qquad (13\text{-}2)$$

⑵負債對淨值比率 $= \dfrac{負債總額}{股東權益}$　　　　　　　　（13-3）

2. 長期資金占固定資產比率（Long-term Capital Ratio）

長期資金占固定資產比率 $= \dfrac{長期負債 + 股東權益}{固定資產淨額}$　　（13-4）

　　長期資金占固定資產比率一方面用以衡量固定資產是否投資過度，另 一方面也可以觀察公司取得固定資產的資金來源是否得當，該比率與公司承擔的財務風險成反比。

3. 利息保障倍數（Interest Coverage Ratio）

$$利息保障倍數 = \dfrac{稅前純益 + 利息費用}{利息費用}$$

$$= \dfrac{利息及所得稅前純益}{利息費用} \qquad （13-5）$$

　　利息保障倍數是衡量公司從營業活動產生的盈餘，用以支付利息的能力，該倍數愈高，支付利息的能力愈良好，對債權人愈有保障。

二、短期流動性分析

1. 流動比率（Current Ratio）

$$流動比率 = \dfrac{流動資產}{流動負債} \qquad （13-6）$$

2. 速動比率（Quick Ratio）

$$速動比率 = \frac{流動資產 - 存貨 - 預付費用}{流動負債}$$

$$= \frac{速動資產}{流動負債} \qquad (13\text{-}7)$$

　　流動比率是衡量公司在短期內償還流動負債的能力，該比率若太小，短期有週轉不靈之虞，然而，在緊急應變的時候，流動資產中的存貨和預付款項恐有高度折價的損失，因此以現金、應收帳款、短期投資等變現性高的速動資產取代流動資產，用以衡量短期償債能力，稱為速動比率，是更嚴格的流動性指標，又稱為酸性測驗比率（Acid Test Ratio）。

三、經營能力分析

1. 應收帳款週轉率（Accounts Receivable Turnover）

$$應收帳款週轉率（次）= \frac{銷貨淨額}{平均應收帳款} \qquad (13\text{-}8)$$

2. 平均收帳天數（Days Accounts Receivable Outstanding）

$$平均收帳天數（天）= \frac{365}{應收帳款週轉率} \qquad (13\text{-}9)$$

　　應收帳款週轉率為一年內銷貨收現的次數，次數愈高表示應收帳

款的管理能力愈好，（13-8）中的平均應收帳款，實務上以期初和期末應收帳款的平均數為之。平均收帳天數則為銷貨收現所需的時間，也稱為應收帳款週轉天數，天數愈少表示銷貨收現愈快，帶有賣方市場的意味，對於公司財務調度比較有利。

應收帳款週轉率與平均收帳天數猶如一體之兩面，可以互相換算，兩者的乘積為 365 天，亦即 1 年的天數。

3.存貨週轉率（Inventory Turnover）

$$存貨週轉率（次）= \frac{銷貨成本}{平均存貨} \qquad (13\text{-}10)$$

4.平均銷售期間（Days Sales Outstanding）

$$平均銷售期間（天）= \frac{365}{存貨週轉率} \qquad (13\text{-}11)$$

存貨週轉率是衡量公司存貨管理與銷貨績效的指標，公司資金的積壓與存貨的久暫有很大的關係，存貨週轉次數愈多，不但可以提高銷貨收入，而且可以減少倉儲及財務成本。該比率太高則考驗管理能力，應避免缺貨或停工待料的情形發生。

類似應收帳款週轉率與平均收帳天數的關係，存貨週轉率與平均銷售期間（也稱為存貨週轉天數）的乘積為 365 天，二者成反比關係，平均銷售期間愈短，表示存貨週轉率愈高，代表公司銷貨愈暢旺，反之則為經營不順利。

四、獲利能力分析

衡量公司獲利能力的數值及財務比率都取自損益表,彙整如下:

$$1.\text{毛利率}=\frac{營業毛利}{銷貨淨額} \quad\quad\quad (13\text{-}12)$$

$$2.\text{營業利益率}=\frac{營業利益}{銷貨淨額} \quad\quad\quad (13\text{-}13)$$

$$3.\text{稅前純益率}=\frac{稅前純益}{銷貨淨額} \quad\quad\quad (13\text{-}14)$$

$$4.\text{稅後純益率}=\frac{稅後純益}{銷貨淨額} \quad\quad\quad (13\text{-}15)$$

$$5.\text{每股盈餘(元/股)}=\frac{稅後純益-特別股股利}{普通股加權平均流通在外股數} \quad\quad\quad (13\text{-}16)$$

五、資產運用效率分析

1. 固定資產週轉率(Fixed Assets Turnover)

$$固定資產週轉率=\frac{銷貨淨額}{平均固定資產} \quad\quad\quad (13\text{-}17)$$

2. 總資產週轉率（Total Assets Turnover）

$$總資產週轉率 = \frac{銷貨淨額}{平均資產總額} \qquad (13\text{-}18)$$

上述兩個週轉率為銷貨收入淨額分別對固定資產或總資產的比值，用以衡量某一特定資產的營運效率，週轉次數愈多，一方面顯示公司的銷售能力佳，另一方面也可以說該資產的使用效率高，比較沒有閒置浪費的情形。（13-17）中的平均固定資產和（13-18）中的平均資產總額，實務上以期初和期末的平均數為之。

六、投資報酬率分析

1. 總資產報酬率（Returns on Assets, ROA）

$$總資產報酬率 = \frac{稅後純益}{平均資產總額}$$

$$= \frac{稅後純益}{銷貨淨額} \times \frac{銷貨淨額}{平均資產總額}$$

$$= 稅後純益率 \times 總資產週轉率 \qquad (13\text{-}19)$$

上式顯示，影響總資產報酬率的關鍵因素為稅後純益率和總資產週轉率，而且都與總資產報酬率成正比關係。也有將利息費用的稅後淨影響數計入投資報酬，以避免利率因素干擾投資報酬率的評估，總資產報酬率的計算便改寫如下：

$$總資產報酬率 = \frac{稅後純益 + 利息費用 \times (1 - 所得稅率)}{平均資產總額} \qquad (13\text{-}20)$$

2. 股東權益報酬率（Returns on Equity, ROE）

$$\text{股東權益報酬率} = \frac{\text{稅後純益}}{\text{平均股東權益}}$$

$$= \frac{\text{稅後純益}}{\text{平均資產總額}} \times \frac{\text{平均資產總額}}{\text{平均股東權益}}$$

$$= ROA \times \frac{\text{平均資產總額}}{\text{平均資產總額} - \text{平均負債總額}}$$

$$= \frac{ROA}{(1 - \text{平均負債比率})} \qquad (13\text{-}21)$$

股東權益報酬率可以看出股東每投資 1 元的淨值，公司可以賺取多少盈餘，該比率愈大，對股東愈有利，表示愈值得投資該公司，（13-21）顯示，ROE 與 ROA 成正比關係，ROE 也與負債比率成正比關係，後者意指公司可運用財務槓桿（增加舉債）使股東權益報酬率變大。

第三節　盈餘預測

　　傳統的公司分析方法，完全以財務報表為依據，非常重視公司是否承擔過當的財務風險，不論分析對象上市（櫃）與否，各種規模等級的公開發行公司皆能適用。然而，時下以上市（櫃）公司為投資選股範圍的公司分析方法，強調預測觀念，偏重公司獲利能力的分析，綜合而言，就是特別重視「盈餘預測」，投資機構的分析人員、基金經理人，也多以預測的準確性鑑別能力高下。事實上，獲利能力愈好的公司，經營體質多半愈健全，獲利能力愈差的公司，比較容易產生

經營風險，甚至有人說：「虧損是企業最大的罪惡！」

為什麼對於上市（櫃）公司的投資，盈餘預測的重要性有凌駕財務報表分析的趨勢？主要的理由有下列三點：

1. 在台灣，企業必須通過相當嚴謹的層層審查規定才能上市（櫃），上市（櫃）公司可以利用公開市場募集成本低廉的社會資金，所以投資上市（櫃）公司所要考量的公司財務風險較小，反而是上市（櫃）公司股價變動敏感，投資人面對的價格風險較大。

2. 正式財務報告所提供的會計資料，對於每天面對最新股價變化的投資決策者而言，是落後而效用有限的，如果其所處的股票市場為半強式效率市場，股價即時而充分地反映公開資訊，基本分析便無用武之地。

3. 普通股的理論價值，是公司未來各期現金淨流入量（Net Cash Inflow）折現值的合計，所以公司評價的關鍵因素是未來盈餘，公司評價的私有資訊技巧是建立預估模式。

一、盈餘分析

公司盈餘的變化，必須探討真正的原因，才能評估其對公司價值的影響。盈餘的增加可以區分為以下三種原因：

1. 經常性盈餘的增加

通常為營業利益的增加，原因有生產效率的提升、銷售市場的開拓等，這種盈餘的增加，短期內不容易下降。

2. 非經常性盈餘的增加

通常為營業外收入的增加，原因有處分不動產或有價證券的利益、實現匯兌利益等。

3.會計方法變更

這種盈餘的增加，只是帳面數字的變化，無關於真正獲利能力的提升，諸如存貨計價或折舊方法的改變等。

經常性盈餘的增加，因為具有未來的持續性，股價的反映通常較大，而且持續反映的期間較長；非經常性盈餘的增加，因為只有短期效果，通常不會在股價上持續反映。

二、預測模型

根據證券交易法第 36 條第 1 項規定 註2，每年第一、三季的財務報告，要在該季終了後一個月內公告並申報，半年度及年度的財務報告，則分別應在二個月及四個月之內公告並申報，換言之，當我們得知公司的盈餘訊息時，已有一至四個月不等的時間落差，盈餘預測的訣竅猶如預建公司損益表，如能採用比財務報告領先的公開資訊，建立模型，推敲盈餘，便能預評公司價值，模型所需直接數據如有不易取得者，則經合理假設估計，或以相關之間接數據轉換計算代之。投資機構的分析人員，預測盈餘的推理模式有下列三種類型：

1.基本模式

盈餘預測的基本架構是「投入產出模型（Input-Output Model）」，概念如下：

$$\pi = 產出 - 投入$$
$$\Rightarrow \pi = TR - TC \tag{13-22}$$

其中　π 為一段期間的公司盈餘

　　　TR 為一段期間的公司總收入

　　　TC 為一段期間的公司總成本

（13-22）能夠產生預測效果，主要是因為證券交易法第36條第1項規定，公開發行公司應於每月 10 日以前，公告並申報上月營收，如果可以取得或合理估算公司總成本，我們就可以逐月計算月盈餘，再用合理假設基礎，進而推算季盈餘、半年度盈餘、年度盈餘，如果預估精準，就能領先會計公開資訊，以估得的公司價值，與變動中的股票價格相比較，便形成買賣投資決策。

2. 利潤率模式

投入與產出之間具有一定的關聯，假設為 $TC = TR \times c$，c 為一特定比率，（13-22）可以改寫為

$$\pi = TR - TR \times c$$
$$= TR \times (1 - c) \qquad (13\text{-}23)$$

$(1-c)$ 被解釋為利潤率，其性質視 π 的性質而定，分析者觀察的 π 若為銷貨毛利，$(1-c)$ 就是毛利率；π 若為營業利益，$(1-c)$ 就是營業利益率；π 若為稅前或稅後盈餘，$(1-c)$ 就是稅前或稅後的淨利率。然若 $c > 1$，則 $(1-c) < 0$，成為前述各項目的虧損率。

在產銷各種條件沒有重大改變之下，我們可以沿用前期的該項利潤率資料，如有改變，則應予以適度調整。當每月營收金額公布時，我們便能用（13-23）的觀念，很快估算出可能的月盈餘，並記錄追蹤其趨勢，做為研判股價趨勢的參考。

3. 產銷組合模式

如果公司生產單一產品，在生產技術未改變前，其生產要素種類和製造配方（Formula）是確定的，每單位的生產成本為 $\sum_{i=1}^{n} X_i Y_i$，其中 X_i 為第 i 種生產要素的單位用量，Y_i 為第 i 種生產要素的單位價格，

因此生產 Q 單位產品的成本合計為 $Q\sum_{i=1}^{n}X_iY_i$，如果該產品的單位售價為 P，某一段時間的公司營業收入便為 PQ，營業成本為 $Q\sum_{i=1}^{n}X_iY_i$，銷貨毛利 G 可以表示為

$$G = PQ - Q\sum_{i=1}^{n}X_iY_i \qquad (13\text{-}24)$$

$$= PQ - Q(X_1Y_1 + X_2Y_2 + \cdots\cdots + X_nY_n) \qquad (13\text{-}25)$$

其中 X_1，X_2，……，X_n 是已知參數，代表在某一確定的生產技術下，生產要素與製造配方為固定，在這個產銷組合模式中，分析者可以觀察產品單位價格 P、公司銷售量 Q 和生產要素單位價格 Y_i 的變化，藉以分析銷貨毛利，或者是利用（13-24）求得毛利率，再套入利潤率模式做分析，毛利率的求法如下：

將（13-24）等號兩邊同除以營業收入 PQ

$$毛利率 = \frac{G}{PQ} = 1 - \left(\sum_{i=1}^{n}X_iY_i/P\right) \qquad (13\text{-}26)$$

例如，台灣苯乙烯公司（台苯）生產單一塑化產品苯乙烯（SM），係按某一比例的苯，和某一比例的乙烯化合而成的，產品苯乙烯和原料苯及乙烯，每週都有國際和國內的市場報價，塑化股分析人員就會追蹤上述產品及原料價格動態，並據以即時推算台苯公司的盈虧狀況。

如果公司生產多種產品，公司的營業毛利合計就是這些產品個別毛利的加總。產品種類不多，原料及配方比例明確的公司，適用產銷組合模式推估獲利，例如塑膠中游產品 註3 的生產公司、紡織業中的合成纖維生產公司等。如果公司生產的產品種類繁多，或者是投入原

料、零組件項目繁多，外部人不易從產銷組合模式推敲其獲利，則以利潤率模式評估為宜。例如，統一企業的產品有飲料、罐頭、乳製品、速食麵、沙拉油……；裕隆汽車公司生產一部轎車所用的零組件既多，也不適宜區分為鋼鐵類、塑膠類、玻璃類等投入要素，用產銷組合模式分析的實用價值不高。另一重要考量是產品及投入要素的價格變動容易掌握，有公開市場的即時或定期報價尤佳，分析人員才能評估公司獲利的變化，進而合理預測股價變動的方向乃至於幅度。

　　分析人員還應注意產量的相關問題，因為產量受銷售量的影響，銷售量則反映行業景氣和公司營運良否，尤其對於設備投資金額龐大的公司更應特別留意，例如 IC 製造公司、晶圓代工公司等。在固定的產能之下，**產能利用率**（Capacity Utilization Rate）就成為產銷量的指標；產品的**不良率**（Rate of Things-gone-wrong, TGW Rate）則同時關係著生產成本和實際出貨數量，對於生產精密產品的高科技公司，意義特別重大。綜合而言，估算公司產量的方式如下：

　　公司產量＝公司總產能×產能利用率×（1－不良率）　（*13-27*）

　　利潤率模式和產銷組合模式相比較，利潤率模式簡單易懂而且應用廣泛，但是推論過程較粗率，推論結果的誤差較大，只適合利潤率變動不大的公司；產銷組合模式推論過程較嚴謹，但必須掌握諸多產品、原料的動態價量數據，適用的公司有較多限制，而且比較適合推估營業毛利，如須推論至營業利益或稅前盈餘，還要再加上其他假設。

註釋

註 1：台灣東洋藥品工業股份有限公司「公開說明書」第 97～101 頁，台灣東洋藥品工業股份有限公司編製，民國 90 年 8 月 20 日刊印。

註 2：證券交易法第 36 條第 1 項：

已依本法發行有價證券之公司，應於每營業年度終了後四個月內公告並向主管機關申報，經會計師查核簽證、董事會通過及監察人承認之年度財務報告。其除經主管機關核准者外，並依左列規定辦理：

一、於每半營業年度終了後二個月內，公告並申報經會計師查核簽證、董事會通過及監察人承認之財務報告。

二、於每營業年度第一季及第三季終了後一個月內，公告並申報經會計師核閱之財務報告。

三、於每月十日以前，公告並申報上月份營運情形。

註 3：五大泛用樹脂包括：PE（聚乙烯）、PVC（聚氯乙烯）、PP（聚丙烯）、PS（聚苯乙烯）和 ABS。

考題集錦

一、選擇題

___ 1. 下列為成功公司部分財務資料，試問成功公司之營業循環長度為多少天？

銷貨成本　　$7,200,000

平均存貨　　$1,200,000

應收帳款　　$2,400,000

銷貨　　　　$10,800,000

(A)300 天　(B)240 天　(C)200 天　(D)180 天　(E)140 天

【90.台大財金所】

___ 2. 下列有關一公司績效能力衡量的敘述，何者為誤？

(A)股東權益報酬率（ROE）和一公司舉債程度成正向關係

(B)一公司追求淨利率的最高，無法保證該公司的總利潤最高

(C)一公司總資產報酬率（ROA），和一公司資產管理效率程度成正向關係

(D)一般而言，組成總資產報酬率（ROA）的兩大因素中，淨利率與資產週轉率成互補關係

(E)股東權益報酬率，淨利率和總資產報酬率三個指標中，股東權益報酬率應該是最能公平表達企業營利能力指標

【90 台大財金所】

___ 3. 下列何者不會造成利息保障倍數下降？

(A)應付債券上升而營運收入不變

(B)利率上升

(C)特別股股利上升

(D)銷貨成本提高而利息費用不變

(E)以上皆非

【91.1 分析人員】

____4.某公司的 P/E 比是 17，ROE 是 11%，則該公司的市價對帳面價值
比是多少？

(A)1.55　(B)0.65　(C)0.53　(D)1.87　　　　　　【90.4 分析人員】

____5.下列哪一種股票較可能是成長型股票？

(A)現金股息占盈餘之百分比偏低之股票　(B)低市價淨值比股票

(C)低本益比股票　(D)資產週轉率低的股票　　【90.4 分析人員】

____6.其他情形不變，請問投資人在看到以下哪一項訊息時，應該降低
其對六合商業銀行民國九十一年度每股盈餘的預測值？

(A)六合商銀在三年前發行票面債息為百分之七、五年期可轉換公
司債的持有人，出人意料的，全數於九十年三月份行使轉換權
利，將債權轉換為普通股權。

(B)六合商銀在九十年二月份突然宣布要實施庫藏股買回作業，即
將購回股數占發行股數百分之五。

(C)六合商銀於九十年十月份所發行，先前已經決定票面債息公司
債券之折價幅度，遠超過市場預期。

(D)一反過去三年六合商銀股票股利高達三元的慣例，九十年四月
份六合宣告並發放的股票股利每股僅一元。

【90.1 分析人員】

____7.下列哪一項事件不會影響到營業利益，卻會影響到淨利？

(A)持股占百分之五的投資事業發放每股三元的股票股利。

(B)裁汰總管理處中低階員工。

(C)企業決定將構建晶圓廠所生利息支出資本化。

(D)企業決定以雙倍餘額遞減法而非直線折舊法認列廠房設備的折
舊費用　　　　　　　　　　　　　　　　　【90.1 分析人員】

____8.火梨企業營業活動現金流量淨額小於零，投資活動現金流量淨額
小於零，理財活動現金流量淨額大於零，火梨最有可能是一家

(A)新成立且在成長階段的公司

(B)處於成熟期且資金快速回收的公司

(C)屬於風險較低行業的公司

(D)大股東急速撤資的公司 　　　　　　　　【90.1 分析人員】

____9.提高員工紅利分配與提高股票股利

(A)都不會使本益比減少　　　(B)都不會使本期淨利減少

(C)都不會使股東權益減少　　(D)都不會使保留盈餘減少

　　　　　　　　　　　　　　　　　　　【90.1 分析人員】

____10.油灣公司的本益比為20，市價淨值比為1.6，則其股東權益報酬率

約為

(A)0.05　(B)32%　(C)0.08　(D)12.5%　　　【90.1 分析人員】

____11.銷貨成本$600,000，銷貨$750,000，期初存貨$20,000，存貨週轉率

15 次，則期末存貨為？

(A)$60,000　(B)$50,000　(C)$40,000　(D)$80,000

　　　　　　　　　　　　　　　　　　　【91.1 券商業務員】

____12.淨利率大於零的天霸企業經理人一心想讓損益表亮麗些，故仗恃

其市場獨占力量，強迫下游廠商提前進貨，她這樣做

(A)當年度純益會增加　　　　　(B)下一年度純益會增加

(C)當年度應收款週轉率會增加　(D)當年度營業循環會增加

　　　　　　　　　　　　　　　　　　　【90.1 分析人員】

____13.其他情形不變，請問投資人在看到以下哪一項訊息時，會提高其

對夢語寒下一年度營業利益的預測值？

(A)分析師指出，下一季是國人出國旅遊旺季，尤其是下個月，夢
語寒的月營收將比本月高60%

(B)夢語寒本年度維修支出，較先前市場預期減少很多

(C)原來是採用後進先出法的夢語寒改變會計方法，改以先進先出
法做存貨評價

(D)數家國際大廠，突然宣布願意在未來七年中，每年付給夢語寒
數額龐大的權利金 　　　　　　　　【90.1 分析人員】

____14.取義公司去年度進貨成本300萬元，進貨運費100萬元，期末存貨

比期初存貨多出 100 萬元，銷貨毛利為銷貨的 50%，一般及管理費用有 40 萬元，問去年度該公司的銷貨收入為多少？

(A)600 萬元　(B)400 萬元　(C)300 萬元　(D)200 萬元

【90.1 分析人員】

____15.測驗一企業短期償債能力之最佳比率為：

(A)速動比率　(B)普通股每股盈餘　(C)本益比　(D)純益比

【91.1 券商業務員】

____16.下列何者非為舉債經營之好處？

(A)總資產報酬率可能大於借債之成本

(B)股東權益報酬率可能大於總資產報酬率

(C)所得稅負可以減輕

(D)借債之成本可能大於股東權益報酬率　　　【91.1 券商業務員】

____17.某公司之股東權益報酬率為12%，下列何者會使該報酬率降低？

(A)加倍發放現金股利

(B)以 16%之成本取得資金，並用於報酬率 14%之投資

(C)普通股市價下跌

(D)發放股票股利　　　　　　　　　　　　【90.1 券商業務員】

____18.秀凡公司去年底有銷貨收入 8,000 萬元，銷貨成本 5,000 萬元，進貨成本 7,300 萬元，營業費用 2,000 萬元，營業外收入 100 萬元，營業外費用 2,000 萬元，則其稅前損益為？

(A)稅前淨利 1,000 萬元　　　　(B)稅前損益兩平

(C)稅前淨損 3,000 萬元　　　　(D)稅前淨損 900 萬元

【91.1 券商業務員】

____19.盈餘的創造主要來自於經常性活動，則其品質：

(A)愈低　(B)不變　(C)愈高　(D)不一定　　　【91.1 券商業務員】

____20.關於預測：

(A)在產能限度以內，企業應該先作生產預測，再作銷貨預測

(B)資金調度能力是許多企業成敗關鍵，故企業應該先作現金流量

預測，再作生產預測

(C)企業應該先完成擬制性損益表（Pro-forma Income Statement），
再作生產預測

(D)企業應該先作生產與銷售預測，再完成擬制性資產負債表

【91.1 券商業務員】

____21.若某公司的流動比率上升，但速動比率下降，該公司可能有下列
哪一問題？

(A)存貨大量積壓　　　　　　(B)應收帳款週轉不靈

(C)現金與約當現金過少　　　(D)應付帳款成長太快

【91.1 券商業務員】

____22.今年第一季水泥業者應收帳款回收天數較去年第四季均呈上升趨
勢，這可能是因為以下哪一項假設性的消息？

(A)預期未來將面對全面性的景氣不振，今年第一季各水泥業者對
於放帳後的催收工作趨於積極

(B)景氣不振，上游業者資金調度吃緊，一路擴散到下游

(C)各水泥業者在今年第一季均沖銷大筆呆帳

(D)各水泥業者為爭取生意，採取比較寬鬆的賒銷信用條件

【91.1 券商業務員】

____23.下列哪一項目會在現金流量表揭露？（假設金額重大）

(A)發放股票股利　　　　　　(B)宣告股票分割

(C)發行股票換取土地　　　　(D)保留盈餘限定用途的指撥

【91.1 券商業務員】

____24.某公司相關資料如下：流動負債 20 億元、長期負債 30 億元、流
動資產 50 億元、固定資產 50 億元，求公司的自有資金比率？

(A)40%　(B)50%　(C)60%　(D)70%　【91.1 券商業務員】

____25.某公司相關資料如下：流動負債 20 億元、長期負債 30 億元、流
動資產 50 億元、固定資產 50 億元，求公司的長期資金占固定資產
比率？

(A)1　(B)1.3　(C)1.6　(D)1.9　　　　　　　　【91.1 券商業務員】

___ 26.應付公司債轉換為普通股，將使普通股股東權益報酬率：

(A)增加　(B)減少　(C)不變　(D)增減不一定

【91.1 券商業務員】

___ 27.某公司 90 年 1 月 1 日流通在外之股份包括面額$10 的普通股 400,000 股及面值$100 之 3.5% 累積特別股 10,000 股。5 月 1 日按每股$12 之價格增加發行普通股 48,000 股。90 年度之淨利為$835,000，則其 EPS 為？

(A)$2.21　(B)$3.08　(C)$2.27　(D)$1.85　　　【90.4 券商業務員】

___ 28.新園公司現有流動資產包括現金$200,000，應收帳款$800,000 及存貨$500,000。已知該公司流動比率為 2.5，則其速動比率為：

(A)0.33　(B)1.33　(C)1.67　(D)2.00　　　　　【90.4 券商業務員】

___ 29.仁愛公司應收帳款週轉率 6，當年度平均應收帳款$40,000，平均總資產餘額$400,000，稅後淨利為$100,000，則總資產報酬率為何？

(A)15%　(B)18%　(C)20%　(D)25%　　　　　　【90.4 券商業務員】

___ 30.衡量資產使用效率的指標為？

(A)銷貨收入÷營運資金　　　(B)總資產報酬率

(C)股東權益報酬率　　　　　(D)營業淨利率　　【90.4 券商業務員】

___ 31.股東權益報酬率大於總資產報酬率所代表之意義為：

(A)財務槓桿作用為負　　　　　(B)負債比率低於權益比率

(C)資產投資之報酬大於資金成本　(D)固定資產投資過多

【90.4 券商業務員】

___ 32.下列哪一家上市公司適合用產銷組合模式預估獲利？

(A)統一企業　(B)裕隆　(C)東元　(D)中橡　　【91.實踐財金系】

___ 33.和平公司應收帳款週轉率 9，當年度平均應收帳款 50,000，平均固定資產餘額 450,000，則固定資產週轉率？

(A)1　(B)0.9　(C)0.8　(D)以上皆非　　　　　【90.3 券商業務員】

___ 34.光寶公司銷貨毛利為銷貨成本 25%，且營業費用占銷貨毛利之

40%，已知營業利益為 24 萬元，試問光寶公司本年度銷貨收入若干？

(A)140 萬元　(B)160 萬元　(C)200 萬元　(D)240 萬元

【90.3 券商業務員】

_____35.某公司稅後純益為 240,000，利息費用 50,000，盈餘支付利息倍數為何（稅率 25%）？

(A)7.4　(B)5.8　(C)4.8　(D)5.4　　　　　　【90.3 券商業務員】

_____36.忠孝公司 89 年度的負債占權益的比率為 60%，求公司的自有資金比率

(A)62.5%　(B)67.5%　(C)72.5%　(D)以上皆非　【90.3 券商業務員】

_____37.對長期債權人而言，下列何者最為有利？

(A)負債比率增加　　　　　　(B)公司停止發放特別股股利

(C)利息保障倍數增加　　　　(D)每股盈餘減少　【90.3 券商業務員】

_____38.某公司 89 年度其銷貨收入 90,000 元，銷貨成本為 60,000 元，則得力公司的銷貨毛利率為？

(A)20%　(B)25%　(C)30%　(D)33%　　　　　【90.3 券商業務員】

_____39.長興公司 89 年銷貨淨額$96,000，毛利率 40%，銷售費用$12,000，管理費用$16,000，則營業淨利為

(A)$10,400　(B)$26,400　(C)$29,600　(D)$38,400　【90.3 券商業務員】

二、問答題

1. 請說明損益表在表達什麼？如何從損益表分析該企業的風險？未來營收有變動時，如何分析營業利潤與每股盈餘的變動？

【90.政大企管所】

2. 最近國內許多上市公司變成了所謂的「地雷股」，為什麼我們無法透過財務報表上的資訊來預先判定哪家公司的營運會出問題？請說明你的看法或見解。

【88.高雄科大金融所】

3.(1)分析師王君指稱：「營業外收入費用項下各個科目，無助於我們對企業未來營業額與盈餘之預測。」您同意他的說法嗎？請簡述您的

看法。

(2)分析師吳君指稱:「非常損益項目,無助於我們對企業未來營業額與盈餘之預測。」您同意他的說法嗎?請簡述您的看法。

【90.1 分析人員】

第*14*章　技術分析

　　科學研究的方法有演繹法和歸納法兩大宗支，證券分析的方法也有基本分析（Fundamental Analysis）和技術分析（Technical Analysis）兩大流派。**基本分析**是從總體經濟環境、產業現況與發展、個別公司的經營績效等因素決定公司的**理論價值**，經由市場供需力量的運作，市場價格應反映理論價值，其關鍵技巧是理論價值的評估或計算，側重**演繹法**；**技術分析**則是從成交價格、數量等因素的歷史軌跡，研判市場價格的變動，其關鍵技巧為統計與彙整，側重**歸納法**。

　　基於方法和效用的不同，**基本分析常用於長期投資的思考，著重於投資標的的篩選（選股）；技術分析常用於短期操作的策略，著重於投資時機的選擇（選時）**。市場如戰場，二者不但不相斥，而且可以結合成整體的戰爭藝術，基本分析是戰略的指導，技術分析是戰術的執行。

　　技術分析在不同商品或市場的應用，具有高度共通性，源起於期貨市場，也普遍用於股票市場、外匯市場，可以說，只要是持續性交易的資產，都可以用它的交易紀錄做技術分析，而且成交量愈大，可信度愈高；基本分析的應用則具有獨特性，鋼鐵股的基本面與電子股完全不同，對台積電營運瞭解很深的分析人員，恐怕還要花相當多的

時間才能瞭解宏碁電腦！

技術分析的主要假設基礎有下列兩點：

1. 歷史會重演

市場是由人所形成的，而人類是習慣與本能的動物，類似狀況會引發類似的行為，導致歷史一再重演。

2. 凡事皆有前兆

市場供需情形不會突然改變，必定經過一段期間的醞釀，所以單日股價漲跌不足以預測未來，唯有累積一段期間的交易資訊，才能夠研判股價動態。

技術分析對股價未來走勢的研判，則有兩種截然不同的準則：

1. 慣性原理

在反轉訊號未出現之前，股價走勢「強者恆強，弱者恆弱」。這種解釋來自於物理學的慣性定律，若無外力的作用，物體「動者恆動，靜者恆靜」。

2. 鐘擺原理

股價漲多必跌，跌多必漲。這種解釋類似易經、道家等中國古代哲學思想，所謂「無往不復」 註1、「返者道之動」 註2、「物壯則老」 註3、「守柔曰強」 註4，也就是物極必返，循環返復的意思。

不論是慣性原理或鐘擺原理，都有強調「自然法則」的涵義，頗似經濟學的「自由市場」觀點。技術分析在學術探討上還未臻嚴謹，常受「主觀武斷」的批評，但是批評者也無法提出改良預測方法之道，這表示人們對於某些商品的價格機制，迄今仍無法窺其全貌，因此還停留在歸納整理的探索階段。

　　技術分析的內容可分為線型分析和指標分析兩大類，線型分析又以探討股價的趨勢和反轉型態為主。本章第一節將介紹基本的線圖畫法，第二、三節分別分析趨勢與型態，第四節則研討各種樣式的技術指標。

第一節　K線圖

　　技術分析的初步工作是掌握過去的交易資料，而以成交價和成交量為主，並且繪製成圖以利分析，所以技術分析也稱圖形分析（Chart Analysis）。成交價的表達為求精細，區分為開盤價、收盤價、當期最高價、當期最低價等關鍵價位，多以K線為之；成交量的表達以簡明為要，以利配合成交價做分析，多以條狀圖（Bar Chart）為之。

　　K線圖相傳為日本德川幕府時期，江戶米市的糧商交易紀錄圖解法，狀似蠟燭，又稱蠟燭線（Candlestick），其繪製應遵循以下三個要點：

1. 顏　色

　　以顏色表示當期之漲跌，紅色K線表示當期價格上漲，黑色K線表示當期下跌。當今書報雜誌多以黑白兩色印刷，故以白色取代紅色，表示上漲。上漲是指收盤價高於開盤價，下跌是指收盤價低於開盤價。

2. 實　體

　　開盤價與收盤價之間的部分以粗柱狀描繪，稱為實體，開盤價與收盤價差距愈大，實體愈長，反之，實體愈短，收盤價若與開盤價相同，實體細如一線。紅色K線（上漲）表示實體的上緣是收盤價位，

下緣是開盤價位；黑色K線（下跌）表示實體的上緣是開盤價位，下緣是收盤價位；平盤收市（無漲跌）則無實體部分，僅留一橫線表示收盤價等於開盤價。

3.影　線

分為上影線和下影線，以垂直細線表之，上影線是最高價至實體上緣的部分，下影線是最低價至實體下緣的部分。紅色K線的實體上緣是收盤價，實體下緣是開盤價，若收盤價就是當期最高價，則無上影線；若開盤價就是當期最低價，則無下影線。黑色K線的實體上緣是開盤價，實體下緣是收盤價，若開盤價就是當期最高價，則無上影線；若收盤價就是當期最低價，則無下影線。上影線代表盤中多頭遭遇空頭抵抗，最後未能固守上攻疆土的痕跡，上影線愈長，意味空頭抵抗愈強；下影線代表盤中多頭抵抗而且光復失地的痕跡，下影線愈長，意味多頭潛力愈大。

以 O 表開盤價，C 表收盤價，H 表最高價，L 表最低價，K 線有下列六種類型，共十二種畫法：

1. 基本類型

(1) H > C > O > L

(2) H > O > C > L

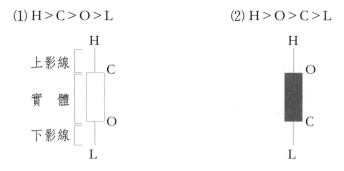

2.無上下影線

(1) H＝C，L＝O

表示多頭占優勢，若
實體很長，又稱長紅

(2) H＝O，L＝C

表示空頭占優勢，若實
體很長，又稱長黑

3.有上影線無下影線

(1) H＞C＞O＝L

(2) H＞O＞C＝L

(3) H＞O＝C＝L

4.有下影線無上影線

(1) H＝C＞O＞L

(2) H＝O＞C＞L

(3) H＝O＝C＞L

5.十字線

表示多空力道均衡

$$H > O = C > L$$

6.一字線

表示市場價格機能未發揮，全場成交只有一價到底，例如新股上市的蜜月期股價，受限於當日漲幅限制，當日只成交於漲停板價位，而且一股難求；又如公司遭逢重大實質利空，當日只成交於跌停板價位，而且後市仍然看跌。

$$—— \quad H = O = C = L$$

K線所代表的交易期間，若為一個交易日，稱為日K線；若為一週，稱為週K線；此外尚有月K線和年K線。以連續日K線繪成的交易圖形，稱為日K線圖，此外尚有週K線圖、月K線圖和年K線圖。一個K線已經代表一個交易期間的成交概況，K線的連續圖形更能顯示跨期的價格變動趨勢，兼顧宏觀與微觀角度，所以廣為使用。

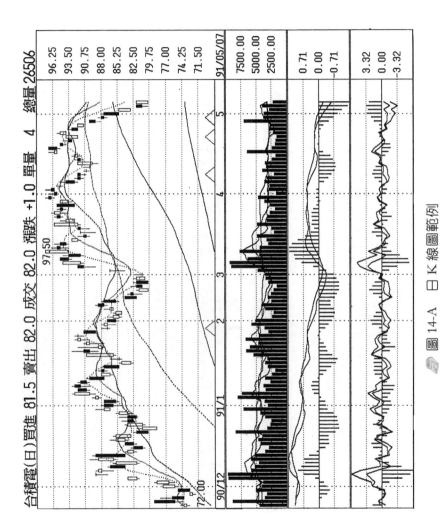

圖 14-A　日 K 線圖範例

資料來源：「世紀贏家」軟體技術分析系統

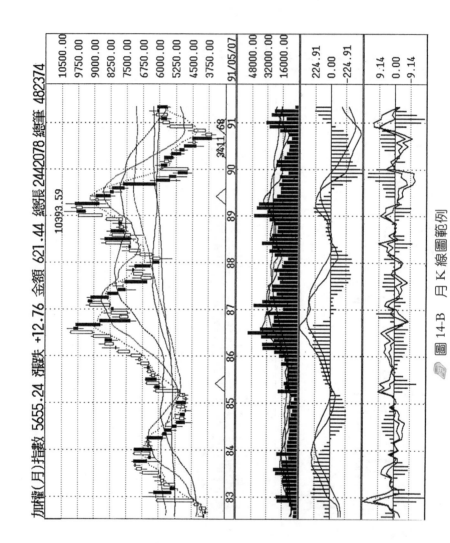

加權（月）指數 5655.24 漲跌 +12.76 金額 621.44 總額 2442078 總筆 482374

圖 14-B 月 K 線圖範例

資料來源：「世紀贏家」軟體技術分析系統

第二節　趨勢分析

一、道氏理論

道氏理論是由編製道瓊指數的道瓊公司創辦人之一，同時也是華爾街日報主編的道氏（Charles H. Dow）提出的見解，他於 1902 年過世後，繼任主編漢彌敦（William P. Hamilton）整理發展而成。

道氏理論認為市場的波動，可以分成三種層次：

1. 主要趨勢（Primary Trend）

主要趨勢是指股價長期的變動趨勢，當市場的波動，有一波比一波高的現象，稱之為上升趨勢，因此研判為多頭市場；當市場的波動，有一波比一波低的現象，稱之為下跌趨勢，因此研判為空頭市場。

2. 次級趨勢（Secondary Trend）

不論主要趨勢是上升或下跌，都會間雜短暫的反向波動，稱為次級趨勢或技術修正，這是因為投資人對市場的過度樂觀或悲觀，以致發生超漲或超跌的情形。次級趨勢的修正屬於正常現象，只要主要趨勢不變，修正之後往往會創新高或新低。

3. 日常波動（Daily Fluctuation）

日常波動是隨機出現在主要趨勢或次級趨勢之中，一般是無法預測的，所以在技術分析上較不受重視，通常多由當天的利多或利空消息造成，對股價的影響在一段時間之後就會消失，但若此消息後來被認為影響甚大，其所帶來的股價漲跌，會演變成次級趨勢。

　　道式理論的目的在於決定股票市場原始或長期移動方向，一旦趨勢建立，便假設此一趨勢將持續至出現反轉訊號為止。但道式理論仍有下列幾項缺點：

　　1. 道式理論雖然可以告訴投資人長期股價的趨勢，但無法告知此趨勢會持續多久。

　　2. 道式理論僅選取鐵路股及工業股兩種指數來觀察市場的變動，在解釋上顯得有些薄弱，也就是說，少數股票的變化並不一定能代表整體市場的狀況。

　　3. 道式理論對長期波動判斷或許有極高的準確度，但對中短期波動卻不能提出任何的提示。

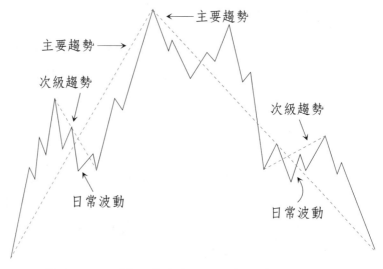

　　📖 圖 14-C　道氏理論的三種趨勢示意圖

二、波浪理論

　　道氏理論較重視長期的市場波動，也就是趨勢，對於波浪的結構並未明確規範，1927 年美國的艾略特（Ralph Nelson Elliott）提出波浪

理論（The Elliott Wave Theory），探討股價波動的型態結構、完成時間、漲跌幅度等問題，對於中期以下的投資，提供研判的準則，所以常被實務界引用。

波浪理論認為，一個完整的波動循環應包括八個波浪，如圖 14-D所示，多頭市場呈現 5 波上漲，3 波下跌。上升 5 波中，第 1、3、5 波分別為初升段、主升段、末升段，第 2、4 波則為修正波，呈回檔走勢；下降 3 波以 a、b、c 表示，a 波和 c 波是下跌波段，b 波是下跌走勢中的修正波，呈反彈走勢。空頭市場的波動循環也包括八個波浪，但漲跌走勢及修正波的方向，恰與多頭市場相反，呈現 5 波下跌，3 波上漲。

艾略特觀察股市波動並提出兩大經驗法則，常被後來的技術分析人員奉為研判股價走勢的圭臬：

1. 多頭行情中，第 4 波（修正波）的低點應高於第 1 波的高點。

2. 上升 5 波中，第 3 波（主升段）漲幅最大；如果不然，亦即第 1 波與第 3 波等幅時，第 5 波將會產生楔狀延長波走勢。

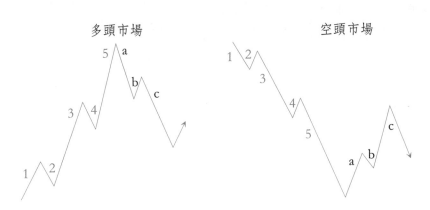

圖 14-D 波浪理論的多空八波走勢示意圖

　　波浪理論對於波浪或循環週期所經歷的時間，上升波段或修正波段的漲跌幅度，都提出了預測方法，分別為費波南希數列（Fibonacci Series）和黃金切割率。費波南希數列（1, 1, 2, 3, 5, 8, 13, 21, 34, 55, 89, 144, 233, ……）其實是從 0、1 兩個數字開始，前兩個數字相加，便得到下一個數字，依序排列而成的數列，波浪理論認為循環週期會吻合費波南希數列中出現的數字，因此可以用該數列研判週期的目標時間，週期的起始點則以顯著的底部開始計算。例如，台股指數上升波段已走了 12 週，因此某技術分析人員預言下週（第 13 週）將會變盤，這類預測就是從費波南希數列推算而來的。

　　黃金切割率是費波南希數列中任一數字對下一數字的比率，約略趨近於 0.618，波浪理論常以這個比率推測波浪的滿足點，亦即漲跌或修正的幅度。例如，台股指數本波從 5000 點漲至 7000 點，現在拉回整理，預期回檔滿足點可能在 $5000 + 0.618\,(7000 - 5000) = 6236$ 點。

　　引用波浪理論做股價預測應注意以下幾點：

　　1. 波浪理論是艾略特依經驗法則整理而成，不能證明市場現象的因果關係，更不能視為絕對靈驗的水晶球。

　　2. 對於比較複雜的波浪形狀，每個人的解讀不同，尤其每一波段又是由數個小波（有時 3 個，有時 5 個，都符合費波南希數列的數字）所構成，對於波浪的認定更是人言各殊，有時甚至論辯這是主升段還是末升段？

　　3. 只適合預測市場指數，不適合預測個別股票的價格走勢。

第三節　型態分析

一、反轉型態

　　道氏理論認為，在未發生反轉跡象之前，趨勢將維持不變，亦即上升趨勢繼續保持上升，下跌趨勢繼續下探走勢，因此，反轉的型態（Patterns）是觀察趨勢變化的前兆。

　　上升趨勢出現反轉型態，表示漲升已到盡頭，又稱頭部（Head），有持股的投資人應該做賣出動作；下跌趨勢出現反轉型態，表示下跌見底，又稱底部（Bottom），空手的投資人應該開始加碼買進。頭部或底部的確認，以突破頸線為要件，否則視為原趨勢維持不變。

　　常見的頭部型態有(1) V 形頭，(2) M 頭（雙重頂），(3)三尊頭，(4)頭肩頂；相對地，常見的底部型態有(1) V 形底，(2) W 底（雙重底），(3)三重底，(4)頭肩底。轉折愈少的反轉型態（例如Ｖ形頭或Ｖ形底），有一夕變盤的味道，短期的影響最劇烈，通常是呼應突發性的利多或利空，常令人措手不及；轉折愈多的反轉型態（例如頭肩頂或頭肩底），醞釀緩衝的時間較充裕，而該價位區換手頻繁，結構紮實，將成為未來的壓力區（指原先的頭部）或支撐區（指原先的底部）。參見圖 14-E。

二、整理型態

　　相對於反轉型態，整理型態是指原趨勢暫時休息調整，整理之後仍維持原趨勢前進，一般分為上升整理和下降整理，常見的整理型態有箱形整理、三角形整理、旗形整理和楔形整理。技術分析人員通常畫出壓力線和支撐線，一方面確認整理的格局大小，一方面可視為短

期投機操作的買賣目標價格。參見圖 14-F。

三、輔助線

連結各波相對高點的輔助線，稱為壓力線（Pressure Line）；連結各波相對低點的輔助線，稱為支撐線（Resistence Line）；皆有輔助觀察股價趨勢的意義。二者若為正斜率，表示一波比一波高，市場呈上漲走勢；二者若為負斜率，表示一波比一波低，市場呈下跌走勢。頸線也是一種輔助線，通常為水平線（斜率為0），股價向上突破頸線，代表支撐線將由負斜率轉為正斜率，所以是下跌趨勢的反轉確立訊號；股價向下跌破頸線，代表壓力線將由正斜率轉為負斜率，所以是上升趨勢的反轉確立訊號。壓力線與支撐線若平行，則稱為軌道（Channel），正斜率的是上升軌道，負斜率的是下降軌道。

四、價量關係

不論道氏理論或波浪理論，對趨勢的形成或反轉的確認，都必須以成交量的變化為最有力的佐證，技術分析者最容易犯的錯誤就是只看價不看量，事實上，單憑過去的股價走勢去預測未來的股價走勢，是片面而且不合於趨勢分析和型態分析之原理的，成交價走勢與成交量走勢綜合起來觀察，技術分析術語稱為「價量關係」，使我們對未來的股價走勢（維持原趨勢或反轉）能有更精準的掌握。價量關係的研判法則有以下三點：

1. 價量配合

指價與量的走勢同向，又可分為兩種狀況：(1)價漲量增，表示買盤力道很強，研判股價漲勢持續；(2)價跌量縮，表示賣方已不願殺低，研判股價跌勢將止，可望反轉回升。因此價量配合的同向關係，都是看好股價後市。

2.價量背離

　　指價與量的走勢反向，又可分為兩種狀況：(1)價漲量縮，表示雖漲但買盤有縮手跡象，研判股價漲勢將止，可能反轉下挫；(2)價跌量增，表示賣方力道很強，研判股價跌勢持續。因此價量背離的反向關係，都是看壞股價後市。

3.量先價行

　　指成交量是成交價的先行指標，因此成交量迭創近期新高，成交價便可望向上突破壓力，市場術語「量大非頭」即為此意。

頭部型態	底部型態
(1)頭肩頂 左肩　　頭　　右肩 頸　線	(2)頭肩底 頸　　線
(3)雙重頂 頸　　線	(4)雙重底 頸　　線
(5)三尊頭 頸　　線	(6)三重底 頸　　線
(7) V 形頭 頸　　線	(8) V 形底 頸　　線

圖 14-E　常見的反轉型態

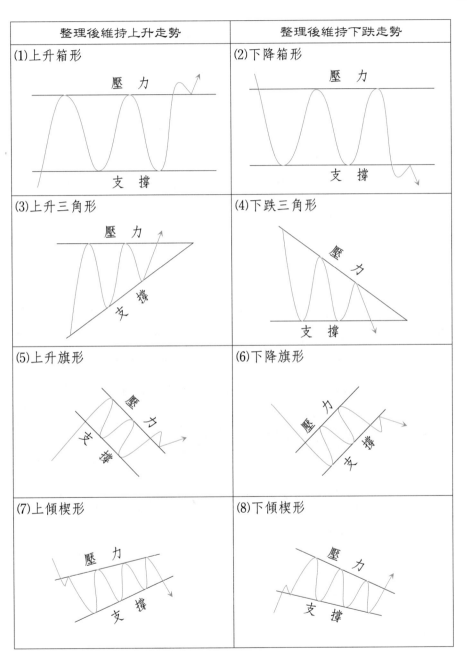

圖 14-F　常見的整理型態

第四節　技術指標

　　技術指標（Technical Indicators）是將成交量、成交價等市場數值資料，加以計算或比較，做成容易判讀的指標，甚至畫成連續圖線，再根據經驗法則的研判，預測股價未來走勢。以下介紹數個常用的技術指標及其研判方法。

一、移動平均線（MA）

　　移動平均（Moving Average, MA）是依據統計學的時間數列分析觀念，取用一段時間的收盤價來計算平均值，當新的收盤價產生後，就捨去最前面一期的收盤價，然後重新計算平均值，所以期數永保固定，但平均值一直在改變，它的軌跡便是移動平均線。假設移動平均的計算期間共 T 日，第 t 日的移動平均為 MA_t，其計算公式如下：

$$MA_t = \frac{1}{T} \sum_{i=0}^{T-1} I_{t-i} \qquad (14\text{-}1)$$

其中I_{t-i}代表第 $t-i$ 日的收盤價，因此 MA_{t+1} 可以利用前一日的 MA_t 計算而得，不必重新加總：

$$MA_{t+1} = \frac{1}{T} \left(T \times MA_t + I_{t+1} - I_{t-T+1} \right) \qquad (14\text{-}2)$$

　　移動平均線的重要意義有以下五點：

　　1. 永遠捨去最過時一期的資料，並以最新一期的資料替補，所以與最新資訊保持動態關聯。

2.求得經平滑處理的曲線，可以將極端值的影響降低，並能消除短期變動的干擾，看出股價的長期趨勢，掌握股價的真正方向。

3.計算期間 T 愈長，移動平均線愈平滑；T 愈短，移動平均線愈敏感，技術分析者應視其觀測目的，選用適當計算期間的移動平均線，例如常用以觀察股價短期走勢的有 6 日 MA（週線）註5、12 日 MA；觀察股價中期走勢的有 30 日 MA（月線）、72 日 MA（季線）、144 日 MA（半年線）；觀察股價長期走勢的有 288 日 MA（年線）。

4.T 期的移動平均線可以視為過去 T 期以來，股票持有者的平均買進成本，若目前股價高於 T 日 MA，表示過去 T 日內買進該股的投資人，平均處於獲利狀況。引申其義，若短、中、長天期移動平均線由上而下依序排列，表示持有愈久，平均獲利愈大，所以持有人樂於長期持有，籌碼相對較安定，故稱為**多頭排列**（Bullish Array）；反之，若短、中、長天期移動平均線由下而上依序排列，表示持有愈久，平均獲利愈小，長期持有反而不利，籌碼相對較易鬆動，故稱為**空頭排列**（Bearish Array）。

5.承續第四點的觀念，若短天期移動平均線穿越長天期移動平均線而上，且二者皆處於上升中，表示均線結構由不利狀態演變為有利狀態，所以稱為**黃金交叉**（Golden Cross）；反之，若短天期移動平均線穿越長天期移動平均線而下，且二者皆處於下降中，表示均線結構惡化，所以稱為**死亡交叉**（Dead Cross）。

美國投資專家葛蘭碧（Joseph Granville）曾提出移動平均線八大買賣法則，即葛蘭碧八大法則，乃是運用指數（或股價）與移動平均線之間的關係，作為股票買賣的判斷，以下是該法則的買進訊號：

1.平均線從下降轉為水平或上升，而股價從平均線下方穿破平均線。

2.股價雖然跌破平均線，不久又回到平均線上，而平均線短期內仍是繼續上升趨勢。

3.股價趨勢走在平均線之上，股價突然下跌，但未跌破平均線，股價隨後又上升。

4.股價趨勢低於平均線卻突然暴跌，距平均線很遠，極有可能再趨向平均線。

葛蘭碧八大法則所提出的賣出訊號如下：

5.平均線從上升轉為水平或下跌，而股價跌至平均線之下。

6.股價雖上升穿破平均線，但馬上又回到平均線之下，且平均線繼續下跌。

7.股價趨勢在平均線下，回升時未超越平均線又再下跌。

8.股價在上升且位於平均線之上，突然暴漲，離平均線愈來愈遠，但很可能再趨向平均線。

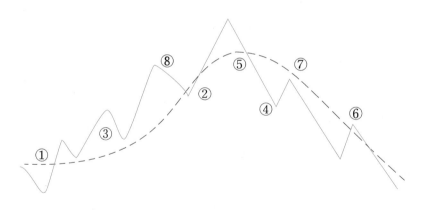

圖 14-G　葛蘭碧八大法則

二、乖離率（BIAS）

乖離率（Bias）是衡量股價與移動平均線的偏離程度，並以移動平均的計算天期標示不同的乖離率數值，例如，股價與 6 日移動平均線的偏離程度，稱為 6 日乖離率；股價與 12 日移動平均線的偏離程

度，稱為 12 日乖離率，其計算公式如下：

$$N日乖離率 = \frac{當日收盤價 - N 日移動平均}{N 日移動平均} \times 100\% \qquad (14\text{-}3)$$

因此，股價高於移動平均線時，乖離率為正值，稱為**正乖離**；股價低於移動平均線時，乖離率為負值，稱為**負乖離**；股價恰等於移動平均時，乖離率為零。

　　乖離率的研判法則是將移動平均視為平均持有成本，所以正乖離愈大，表示投資人獲利率愈高，傾向獲利了結，造成賣壓；負乖離愈大，表示投資人虧損率愈大或股價已挫低，投資人或許會不甘心認賠出場，甚至加碼買進攤低持股成本，因此賣壓較小或買盤浮現。總而言之，乖離率的使用，是假設股價若與移動平均偏離，不論正向或負向，皆有拉回靠近的力量，但是無法確知偏離程度多少才會發生，因人因時可能有不同的標準。此外，若有實質利多或利空因素，造成股價連續大漲或大跌，乖離率的研判法則恐將失靈。

三、相對強弱指標（RSI）

　　相對強弱指標（Relative Strength Index, RSI）是以一段期間（N 日）內，股價上漲或下跌的趨勢，判斷市場為超賣或超買，以決定應買進或應賣出，屬於短期技術指標，一般多採用 6 日 RSI 或 12 日 RSI，其計算公式如下：

$$N 日 RSI =$$

$$\frac{N 日內收盤價上漲部分的平均數}{N 日內收盤價上漲部分的平均數 + N 日內下跌部分的平均數} \times 100 \quad (14\text{-}4)$$

$$= \frac{A}{A + B} \times 100$$

$$= \left(1 - \frac{B}{A + B}\right) \times 100$$

$$= \left(1 - \frac{1}{1 + \dfrac{A}{B}}\right) \times 100$$

$$= 100 - \frac{100}{1 + RS}$$

其中　A 表 N 日內收盤價上漲部分的平均數

　　　B 表 N 日內收盤價下跌部分的平均數

　　　RS = A/B

　　RSI 的值介於 0 到 100 之間；當 RSI 為 0 時，代表 N 日內股價皆未上漲；當 RSI 為 100 時，代表 N 日內股價皆未下跌。因此，若 RSI 很小（一般選用 RSI ＜ 20），表示股價跌幅已深，市場呈超賣現象，所以建議投資人買進；若 RSI 很大（一般選用 RSI ＞ 80），表示股價漲幅已大，市場呈超買現象，所以建議投資人賣出。

四、隨機指標（KD）

　　隨機指標（Stochastics）是根據觀察股價上漲時，當時收盤價總是朝向當日價格波動的最高價接近；反之，當股價下跌時，當日收盤價總是朝向當日價格波動的最低價接近。通常先求 K 值和 D 值，並利用其軌跡 KD 線加以研判。

　　KD 線是先計算出第 t 日的收盤價與 n 天內最低價之差距，占 n 天內的最高價與 n 天內最低價之差距的百分比，而求出初估隨機值（Raw Stochastic Value, RSV），再求出 RSV 的 3 日指數平滑移動平均線（Exponential Moving Average, EMA），分別計算快速隨機指數（K 值）及慢速隨機指標（D 值），K、D 值界於 0 至 100 之間，再利用 K 線與 D 線交叉點以研判股市短期間行情變動的買進或賣出時機。K 值與 D 值的計算公式如下所示：

$$RSV_t = \frac{C_t - L_n}{H_n - L_n} \times 100 \qquad (14\text{-}5)$$

$$K_t = \left(RSV_t \times \frac{1}{3}\right) + \left(K_{t-1} \times \frac{2}{3}\right) \qquad (14\text{-}6)$$

$$D_t = \left(K_t \times \frac{1}{3}\right) + \left(D_{t-1} \times \frac{2}{3}\right) \qquad (14\text{-}7)$$

一般實務上，均以 9 天 KD 值為判斷短線行情的買賣訊號，當 K 值向上突破 D 值時，代表買進訊號；反之，當 K 值向下跌破 D 值時，代表賣出訊號。KD 值達 80 以上者，代表超買區；而 KD 值低於 20 以下時，則代表超賣區。

五、聚散指標（MACD）

聚散指標（Moving Average Convergence and Divergence, MACD）是運用短天期移動平均線和長天期移動線之間的關係，研判買賣時機，其計算步驟與公式如下：

1. 計算需求指數（Demand Index, DI）

$$DI_t = \frac{t\,日最高價 + t\,日最低價 + t\,日收盤價 \times 2}{4} \qquad (14\text{-}8)$$

2. 計算指數移動平均數（Exponential Moving Average, EMA）

利用下式計算短天期與長天期之移動平均數：

$$EMA_t = EMA_{t-1} + \alpha \times (DI_t - EMA_{t-1}) \qquad (14\text{-}9)$$

其中　$\alpha = \dfrac{2}{1 + 移動平均天數}$

3.計算差離值（Difference, DIF）

$$\text{DIF} = \text{短天期 EMA} - \text{長天期 EMA} \qquad (14\text{-}10)$$

由上式可知，差離值（DIF）代表短期移動平均線（短天期 EMA）與長期移動平均線（長天期 EMA）之差，因此當 DIF 為正時，表示為上升行情；而當 DIF 為負時，表示為下跌行情。

4.計算差離值平均值（DEM，亦即一般所稱的 MACD）

$$\text{MACD}_t = \text{MACD}_{t-1} + \alpha \times (\text{DIF}_t - \text{MACD}_{t-1}) \qquad (14\text{-}11)$$

如上式所示，MACD 是 DIF 的移動平均值，因此，相對而言，MACD 線為一慢速線，DIF 線為一快速線。

MACD 與 DIF 的應用原則如下：

1.上漲行情中的 DIF

在上漲的行情中，當 DIF 的正值變小、由正值趨於 0 或負值時，表示長期移動平均線將跟上短期移動平均線，隱含上漲趨勢將結束，建議應賣出。反之，當 DIF 愈大，市場具有上漲的趨勢。

2.下跌行情中的 DIF

在下跌的行情中，當 DIF 由負值趨於 0 或甚至正值時，短期移動平均線將跟上長期移動平均線，隱含下跌趨勢將結束，建議應買進。

3.多頭中 DIF 與 MACD 的關係

當大盤或個股處於多頭，DIF 與 MACD 皆為正，若 DIF 由下向上

突破 MACD，為買進時機；而當 DIF 由上向下跌破 MACD 時，為賣出時機。

4. 空頭中的 DIF 與 MACD 的關係

當大盤或個股處於空頭，DIF 與 MACD 皆為負，若 DIF 由下向上突破 MACD，為買進時機；而當 DIF 由上向下跌破 MACD 時，為賣出時機。

六、能量潮（OBV）

能量潮（On Balance Volume, OBV）的分析對象是成交量（或成交值），而且視之為股市的能量（Energy），但是要區分推升股價的能量與打壓股價的能量，因此，當日收盤價上漲的成交量冠以「＋」號；當日收盤價下跌的成交量冠以「－」號；當日收平盤價表示多空力道均等，不予計算；區別之後逐日累加，便成為 OBV 線，可以觀察市場或個股的能量增減變化，其應用之要點如下：

1. OBV 線下降，而股價（或股價指數）上升，為賣出訊號。
2. OBV 線上升，而股價（或股價指數）下跌，為買進訊號。
3. OBV 線由升轉降為賣出訊號；反之，OBV 線由降轉升為買進訊號。
4. OBV 線緩慢上升為買進訊號，但是暴漲則未必成立。

七、騰落指標（ADL）

騰落指標（Advance Decline Line, ADL）是計算當日收盤價上漲與下跌公司家數的差，再以累加方式所畫成的線，用以研判股價指數的走勢，其應用之要點如下：

1. ADL 上升且股價指數上漲，短期內股價指數可能持續上漲。
2. ADL 下降且股價指數下跌，短期內股價指數可能持續下跌。

3. ADL 下降但股價指數上漲，表示大型股較有表現，但若屬落後補漲，則行情接近尾聲。

4. ADL 上升但股價指數下跌，表示行情正在醞釀中，有可能反彈回升。

騰落比率（Advance Decline Ratio, ADR）則是計算上漲公司家數對下跌公司家數的比率，應用方式與 ADL 略同。

八、心理線（PSY）

心理線（Psychological Line, PSY）是計算一段期間內上漲天數所占的比率，再將該比率連結成線。心理線介於 0 和 100%之間，正常狀況應在一定範圍以內起伏，若異常偏高，表示市場過度樂觀，有超買的現象，是賣出的訊號；反之，若異常偏低，表示市場過度悲觀，有超賣現象，是買進的訊號。

九、結 論

技術指標的種類繁多，但其素材多取自過去的成交價紀錄，也有部分為成交量、漲跌天數、漲跌家數等相關資料，不論如何包裝、整理、重組，總不脫以歷史資料分析研判未來行情的範圍，就預測的意義而言，都有其局限性，技術分析界曾經發明過更多的技術指標，但多數並無突破性的實用效益，道理就在於此，也印證了效率市場的技術分析無用論，所謂無用，並非一無是處，而是投入過多但所得有限，並未經常出現超額報酬，所以感覺得不償失。

有些技術指標的計算過程頗為複雜，而且每天都因新的交易數據產生而要添加紀錄，幸好現在都有電腦程式可以幫我們解決這方面的問題，投資人只要知道其原理並且能夠應用即可。雖然說「運用之妙，存乎一心」，技術指標的未來走勢研判法則，大致依循三種不同的原理，也就是本章開始時所提出的慣性原理或鐘擺原理，再加上本

節才提出的快慢速線交叉原理。以本章所介紹的技術指標為例，其分類如下：

　　1. 慣性原理（順勢指標）：OBV、ADL

　　2. 鐘擺原理（逆勢指標）：BIAS、RSI、PSY

　　3. 快慢速線交叉原理：MA、KD、MACD

註釋

註1：《易經・泰卦》。

註2：《老子》第40章。

註3：《老子》第30章。

註4：《老子》第52章。

註5：實施週休二日後，每週交易天數為5天，週線應取5日 MA，但國內仍習慣過去以6日 MA 為週線的傳統方式。移動平均可以任意選取計算期間，並無強制規定，但以吻合例行週、月、季、年交易天數者，在解釋上較有意義，但也有市場通用習慣的考量。

考題集錦

一、選擇題

_____1. 下列有關「技術分析」的敘述中，何者為錯誤？

(A)技術分析是利用過去有關價格與交易量等訊息來判斷股價走勢

(B)如果股價報酬率為「隨機漫步」，使用技術分析才有意義

(C)一般技術分析認為股價具有主要與次要趨勢

(D)基本上，相信技術分析係認為市場不具有「弱式效率」

(E)技術分析常使用圖形及指標來判斷價格走勢

【91.1 分析人員】

_____2. 以下關於技術分析之敘述何者正確？

(A)若技術分析成立，價格未來之走勢將重複過去曾經出現過的型態

(B)技術分析支持者並不認為價格乃決定於市場對標的物之供給與需求，此為技術分析與基本分析較為明顯的差異

(C)擺盪指數（Swing Index）是屬於順勢指標，而相對強度指數（Relative Strength Index）與移動平均線（MA）則屬於逆勢指標

(D)以上皆非

【90.3 分析人員】

_____3. 道氏理論（The Dow Theory）是下列何種研究的基礎？

(A)基本分析　　(B)技術分析　　(C)迴歸分析　　(D)財務分析

【91.1 券商業務員】

_____4. 根據葛蘭碧（Joseph Granville）平均線基本原則，當移動平均線由上升趨於平穩，而股價自平均線的上方向下跌破平均線時，係：

(A)買進時機　　(B)賣出時機　　(C)加碼時機　　(D)觀望

【90.4 券商業務員】

_____5. 當小明想要利用技術分析來判斷股價未來的漲跌時，他應蒐集哪一類的資料？

(A)公司財務報表　(B)公司機密文件　(C)報紙新聞　(D)股票的價

量資料 　　　　　　　　　　　　　　　　　【90.3 券商業務員】

_____ *6.*價量背離是指何種狀況？

(A)價漲量增　(B)價跌量縮　(C)價漲量縮　(D)以上皆非

【90.3 券商業務員】

_____ 7.在技術分析中，股價移動平均線代表某一個時段中，投資人的：

(A)平均成本　(B)平均獲利　(C)平均虧損　(D)平均收入

【90.2 券商業務員】

_____ 8.道氏理論與波浪理論最主要的不同處，在於下列何者？

(A)第一波及第三波　　　　　(B)第二波及第四波

(C)第三波及第五波　　　　　(D)第一波及第五波　【91.1 券商高業】

二、問答題

*1.*道氏理論的要旨為何？　　　　　　【90.實踐財金系、文化經濟系】

*2.*技術分析的研判法則有哪些？請分類並列舉適用之技術指標。

【90.實踐財金系、文化經濟系】

*3.*請說明：(1)「多頭排列」、「空頭排列」理論成立的原因。

(2)「黃金交叉」、「死亡交叉」的意義。

【90.實踐財金系、文化經濟系】

第伍篇　　固定收益證券投資分析

第*15*章　貨幣市場與分析

　　固定收益證券是指在固定期間內，證券發行人依約定利率支付投資人報酬，所以在該期間內，投資人每期的收益均屬固定。以一年為區分標準，到期日在一年以下的是貨幣市場票券；到期日在一年以上的是資本市場債券。這裡所稱的證券，係指廣義的有價證券，包括貨幣證券和資本證券。

　　貨幣市場的主要功能是調節經濟單位現金收付的短期失衡現象，因而形成的短期資金市場；資本市場的主要功能則是溝通儲蓄與投資，屬於長期資金市場；二者的性質原本不同，但就分屬兩個市場的固定收益證券而言，在價格衡量、交易方式等方面，頗多類似之處，企業法人更積極在長短期資金市場之間進行融資與套利，以追求財務報酬，因此本章將介紹貨幣市場及該市場信用工具的特性，與下一章對債券市場的探討合起來，期能對固定收益證券有完整的描述。

第一節　票券種類

　　票券是貨幣市場的主要信用工具，但廣義的貨幣市場包括票券市

場、金融同業拆款市場和銀行短期存放款市場,此外,一年以內到期的債券,也在貨幣市場中交易。台灣票券市場中的工具,可區分為下列四種:(1)國庫券(Treasury Bill, TB);(2)商業本票(Commercial Paper, CP);(3)銀行承兌匯票(Banker's Acceptance, BA);(4)可轉讓定期存單(Negotiable Certificate of Time Deposit, NCD)。

一、國庫券

財政部為調節國庫收支或央行為調節金融環境,由國庫或央行發行的短期債務憑證。依據「國庫券發行條例」第二條規定,流通在外之國庫券不得超過當年度中央政府總預算歲出總額50%,其中用於調節國庫收支者不得超過10%。國庫券分為甲、乙兩種:

1. 甲種國庫券

財政部依面額發行,到期連同本息一次清償。甲種國庫券須於票面載明發行利率,財政部為避免票面利率與發行日的利率有所偏離,於1985年11月15日發行唯一的一次甲種國庫券20億元(期間3個月、年利率5%),並規劃列入廢止發行。

2. 乙種國庫券

央行採貼現方式公開標售,以超過所訂最低售價者,按其超過多寡依序得標,到期照面額清償。

國庫券發行期限以不超過一年為原則,通常有91、182、273與364天四種期限。不過財政部依據國庫資金需求狀況與減輕國庫利息負擔,於1985年2月16日首次發行不定期限的國庫券。乙種國庫券係由銀行、信託投資公司及保險公司直接參加投標,企業與個人須委託票券金融公司以經紀人名義投標。

二、商業本票

「票券商管理辦法」第 4 條規定，商業本票依其發行目的，可分為以下兩種：

1. 交易性商業本票

又稱第一類商業本票（CP1），係企業基於交易行為發行的票據，具有自償性，企業以自己為發票人、交易對方為受款人，承諾於到期日支付受款人或執票人一定金額。此類本票的信用建立在交易雙方，票券商買入前必須進行徵信工作，並給予受款人一定期間的循環使用額度，後者需要資金時，可經由背書並檢附相關交易憑證，向票券商辦理貼現。交易性商業本票缺乏銀行保證，又未對發票人的債信評等，所以流動性遠低於其他票券。

2. 融資性商業本票

又稱第二類商業本票（CP2），係工商企業為短期融資所發行，可以分為：

(1)工商企業為籌集短期資金，經金融機構保證發行的商業本票。

(2)財務結構健全之股票上市公司，並經取得銀行授予信用額度之承諾所發行之商業本票（可免保證）。

(3)政府事業機構（如中油、台電）所發行之本票（可免保證）。

(4)股份有限公司組織、財務結構健全之證券金融事業，所發行之本票（可免保證）。

貨幣市場流通之商業本票多為融資性的商業本票，其中又以工商企業為籌集短期資金，經金融機構保證的商業本票占極大多數；而取得銀行授信額度承諾之上市股票發行公司，雖可免除保證，惟此項本票流通性很低，故市場幾乎沒有。公營事業發行融資性商業本票可免除保證，成本較低，近年來發行者亦不少。

三、承兌匯票

匯票是指發票人簽發一定之金額,委託付款人於指定之到期日,無條件支付予受款人或執票人之票據。承兌則指付款人承諾就票據上文義所載之支付委託,負擔其義務之附屬票據行為。承兌人為銀行者,該匯票稱為銀行承兌匯票;承兌人為企業者,則稱之為**商業承兌匯票**。

商業承兌匯票是指「賣方」(出售商品或勞務者)簽發一定金額的匯票,由「買方」作為付款人並承兌者。銀行承兌匯票則可分為:

1.「買方」委託承兌的銀行承兌匯票

交易過程中的賣方簽發匯票,由買方委託銀行為付款人並經該銀行承兌者。實際上,買方應於匯票到期前將票款存交承兌銀行,所以買方乃是真正的付款人,承兌銀行僅為形式上的擔當付款人。市面流通的銀行承兌匯票多屬此類。

2.「賣方」委託承兌的銀行承兌匯票

指交易過程中的賣方,將其在交易過程中所取得的遠期支票轉讓予銀行,並依據該支票金額簽發以銀行為付款人的匯票並經該銀行承兌者。但為避免一筆交易買賣雙方同時取得銀行授信的重複融資現象,銀行法對本類的承兌信用規範較嚴,所以較不普遍。

由於一般企業的信用基礎薄弱,商業承兌匯票的流通數量很少,而匯票經銀行承兌後,銀行即成為主債務人,所以貨幣市場流通之承兌匯票大多為銀行承兌匯票。

四、可轉讓定期存單

可轉讓定期存單係指由銀行發行,在特定期間依約定利率支付利息的存款憑證,在台灣又分為一般銀行可轉讓定期存單和中央銀行可

轉讓定期存單。

1. 一般銀行可轉讓定期存單

為銀行的負債管理的工具，經財政部核准由銀行簽發，投資人可以持有至期滿，也可以在市場自由轉讓，但不得中途解約。面額以 10 萬元為單位，按 10 萬元的倍數發行。期限以 1 個月為單位，按 1 個月的倍數發行。一般皆採無記名式發行，記名式的可轉讓定期存單反而較不受市場歡迎。

銀行發行可轉讓定存單的理由大約有：(1)競爭存款來源的一種手段；(2)定期存款較活期存款安定，易於資產經營管理；(3)定期存單屬於定期性存款，法定準備率較低；(4)銀行短期資金缺乏時，可發行可轉讓定存單籌資；而有剩餘資金時，可至市場中買回本行或他行發行的可轉讓定存單，便於進行負債管理。

2. 中央銀行可轉讓定期存單

根據「中央銀行法」第 27 條規定，中央銀行為調節金融得發行定期存單、儲蓄券及短期債券，並得於公開市場買賣。為調節信用及穩定金融，中央銀行於 1985 年 10 月首次發行中央銀行可轉讓定期存單，採標售方式發行，發行對象僅限在央行開立準備金帳戶之銀行業。期限分為半年期及 1、2、3 年期四種。1988 年 8 月，為配合市場需要，再發行 1 個月期定存單。1991 年 7 月起，為穩定金融，發行更短天期定存單（截至目前止，最短為 1 天期）。為有效調節資金，更於 1993 年 11 月起，不定時視市場資金狀況，公開市場操作以穩定金融，不再局限於以往一天最多操作一次，可能一天操作兩次或兩次以上。

中央銀行可轉讓定存單的特色為：

(1)發行次數與金額可機動調整，使公開市場操作更具彈性。

(2)2、3 年期之發行採標購方式，利率頗能反應中長期資金供需情

形，有助於中長期利率指標的建立。

(3)央行 NCD 可充當銀行流動準備之用。

(4)若銀行業法定存款準備金不足時，得以央行NCD作為擔保品，
　向央行申請短期融通或公開市場操作。

第二節　貨幣市場概況

一、沿　革

台灣貨幣市場的發展，以1976年和1994年為分野，歷經三個階段：

1. 無組織的貨幣市場

1976 年以前，由於金融發展未臻成熟，金融管制較嚴格，短期信
用工具發行不多，也沒有專業的票券中介機構，民間借貸相當盛行，
可以說無組織的貨幣市場。

2. 寡占的貨幣市場

由於經濟快速成長，國民儲蓄大為增加，建立有組織的貨幣市
場，提供多元化的金融工具，可以完備金融體系，發揮調節市場資金
供需的功能，所以政府於 1975 年 12 月 5 日公布「短期票券交易商管
理規則」，並指定台灣銀行、中國國際商業銀行、交通銀行分別負責
籌設短期票券商各一家。1976 年 5 月台灣銀行籌組的中興票券金融公
司首先成立，中國國際商業銀行籌組的國際票券金融公司，以及交通
銀行籌組的中華票券金融公司也陸續於 1977 年、1978 年開業。其後十
餘年，政府未再開放票券金融公司設立，銀行亦不得經營票券業務，
是為寡占的貨幣市場。

3.開放的貨幣市場

　　政府為推動金融自由化，遂於 1992 年 5 月開放銀行承作票券的經紀、自營業務（交易市場），1994 年 8 月頒布「票券商管理辦法」，准許新設票券金融公司，1995 年再開放銀行兼營票券簽證、承銷業務（發行市場），自此我國票券金融機構分為專業的票券金融公司和兼營的銀行兩類，1995 年起大中、大眾、萬通、玉山、中央、力華等新票券金融公司紛紛成立，截至 2001 年底止，新舊票券商共有 16 家。

　　票券商在發行市場的業務有簽證、保證、背書、承銷，以提高票券信用，使票券得以順利發行；**票券商在交易市場的業務則有經紀（代客買賣）和自營（自營買賣）兩種**，前者賺取佣金，後者自負盈虧。2001 年 6 月 27 日政府頒布「票券金融管理法」，將原來的管理辦法提升至專法的位階。

二、發行市場概況

　　從表 15-A 可以看出，1976 年以來，貨幣市場票券發行金額逐年成長，在 1998 年達到高峰，1999 年以後，受金融風暴及景氣影響而陡降，年度發行金額合計約新台幣 10 兆元。其中商業本票 1979 年以後，向居各類票券發行量之冠；可轉讓定期存單除了在 1988～1990 年獨領風騷之外，發行量大致居次位；銀行承兌匯票在 1980 年代初期風光一時，1997 年之後銀行業轉趨保守，發行量銳減；國庫券則受政府貨幣政策等因素影響，發行量起伏變化頗大。

三、交易市場概況

　　表 15-B 顯示，貨幣市場票券交易歷年幾乎皆以商業本票為大宗，1997 年以後更加明顯，幾乎占 9 成；承兌匯票在 1980 年代頗為盛行，可轉讓定期存單代之而起，1990 年前後為鼎盛時期，交易量一度超越

商業本票；國庫券在票券市場剛成立時占有率較高，其他年度都不是主流商品。

表 15-A　台灣貨幣市場票券發行統計

單位：新台幣億元

年別	國庫券 金額	國庫券 百分比	商業本票 金額	商業本票 百分比	銀行承兌匯票 金額	銀行承兌匯票 百分比	可轉讓定存單 金額	可轉讓定存單 百分比	合計
1976	63	51.2%	20	16.3%	13	10.6%	27	22.0%	123
1977	107	29.9%	124	34.6%	28	7.8%	99	27.7%	358
1978	114	15.0%	274	36.0%	54	7.1%	319	41.9%	761
1979	39	3.1%	865	69.6%	79	6.4%	259	20.9%	1,242
1980	36	1.8%	1,560	77.9%	154	7.7%	253	12.6%	2,003
1981	33	0.9%	2,158	57.2%	436	11.6%	1,144	30.3%	3,771
1982	48	0.9%	2,273	42.3%	1,564	29.1%	1,488	27.7%	5,373
1983	206	3.3%	2,487	39.8%	2,523	40.4%	1,031	16.5%	6,247
1984	575	8.1%	2,928	41.3%	2,733	38.6%	851	12.0%	7,087
1985	1,075	13.0%	3,304	40.0%	2,981	36.1%	909	11.0%	8,269
1986	993	10.9%	4,423	48.6%	3,037	33.4%	650	7.1%	9,103
1987	656	9.1%	3,745	51.8%	2,042	28.2%	786	10.9%	7,229
1988	2,830	20.4%	4,407	31.7%	2,105	15.1%	4,556	32.8%	13,898
1989	990	3.6%	8,627	31.0%	3,772	13.6%	14,433	51.9%	27,822
1990	180	0.4%	17,124	40.0%	4,383	10.2%	21,153	49.4%	12,840
1991	3,240	7.2%	26,555	59.3%	4,237	9.5%	10,720	24.0%	44,752
1992	4,530	8.8%	30,821	59.6%	2,854	5.5%	13,494	26.1%	51,699
1993	600	1.0%	38,430	64.4%	8,293	13.9%	12,371	20.7%	59,694
1994	500	0.7%	52,015	69.8%	11,446	15.4%	10,544	14.2%	74,505
1995	150	0.2%	61,406	67.5%	17,073	18.8%	12,309	13.5%	90,938
1996	987	1.0%	67,734	70.2%	18,165	18.8%	9,550	9.9%	96,436
1997	573	0.5%	88,721	78.2%	10,187	9.0%	14,007	12.3%	113,488
1998	550	0.4%	114,979	84.0%	4,866	3.6%	16,517	12.1%	136,912
1999	3,150	3.0%	93,906	88.0%	660	0.6%	9,049	8.5%	106,765
2000	950	0.9%	90,327	87.5%	462	0.5%	11,507	11.1%	103,246
2001	850	0.8%	89,268	90.2%	361	0.4%	8,536	8.6%	99,015

資料來源：金融統計月報，中央銀行經研處編印。

📠 表 15-B　台灣貨幣市場票券交易統計

單位：新台幣億元

年別	商業本票		可轉讓定存單		銀行承兌匯票		商業承兌匯票		國庫券		合計
	金額	百分比	金額	百分比	金額	百分比	金額	百分比	金額	百分比	
1976	53	54.1%	2	2.0%	1	1.0%	—	0.0%	42	42.9%	98
1977	486	87.3%	2	0.4%	42	7.5%	—	0.0%	27	4.8%	557
1978	1,219	93.1%	27	2.1%	18	1.4%	—	0.0%	46	3.5%	1,310
1979	3,171	93.2%	141	4.1%	18	0.5%	—	0.0%	73	2.1%	3,403
1980	6,957	93.3%	384	5.2%	101	1.4%	—	0.0%	12	0.2%	7,454
1981	9,861	84.3%	932	8.0%	895	7.6%	8	0.1%	4	0.0%	11,700
1982	12,619	55.2%	3,014	13.2%	6,632	29.0%	540	2.4%	35	0.2%	22,840
1983	16,091	52.5%	2,010	6.6%	11,112	36.3%	1,368	4.5%	45	0.1%	30,626
1984	20,614	52.0%	3,436	8.7%	14,386	36.3%	1,158	2.9%	81	0.2%	39,675
1985	20,542	58.8%	2,650	7.6%	10,926	31.3%	518	1.5%	294	0.8%	34,930
1986	21,731	62.0%	1,836	5.2%	10,327	29.5%	387	1.1%	764	2.2%	35,045
1987	22,693	64.6%	1,521	4.3%	8,361	23.8%	6	0.0%	2,531	7.2%	35,112
1988	24,370	52.4%	10,390	22.3%	6,015	12.9%	18	0.0%	5,710	12.3%	46,503
1989	32,819	40.0%	38,422	46.9%	7,477	9.1%	—	0.0%	3,233	3.9%	81,951
1990	59,488	40.6%	74,048	50.6%	10,961	7.5%	—	0.0%	1,933	1.3%	146,430
1991	81,432	55.1%	51,452	34.8%	8,035	5.4%	—	0.0%	6,852	4.6%	147,771
1992	105,895	61.4%	56,326	32.6%	5,694	3.3%	97	0.1%	4,560	2.6%	172,572
1993	178,262	57.0%	97,726	31.3%	30,551	9.8%	18	0.0%	5,970	1.9%	312,527
1994	249,899	67.8%	73,182	19.9%	43,911	11.9%	70	0.0%	1,542	0.4%	368,604
1995	269,252	64.0%	83,678	19.9%	67,664	16.1%	34	0.0%	8	0.0%	420,636
1996	300,724	66.8%	78,781	17.5%	69,546	15.4%	97	0.0%	1,161	0.3%	450,309
1997	462,594	80.3%	65,496	11.4%	45,953	8.0%	707	0.1%	1,655	0.3%	576,405
1998	626,515	92.2%	26,367	3.9%	25,508	3.8%	38	0.0%	807	0.1%	679,235
1999	550,437	92.3%	36,543	6.1%	2,811	0.5%	9	0.0%	6,761	1.1%	596,561
2000	569,423	89.1%	61,118	9.6%	1,751	0.3%	6	0.0%	6,853	1.1%	639,151
2001	502,166	86.5%	75,424	13.0%	1,093	0.2%	3	0.0%	1,907	0.3%	580,593

資料來源：金融統計月報，中央銀行經研處編印。

第三節　票券發行實務

票券發行包括國庫券的標售、代銷，商業本票的保證、簽證、承銷，銀行承兌匯票的第一手執票人買賣，和可轉讓定期存單的承購，發行價格依票券有無附載利息而有不同的計算方式：

1. 附載利息

按面額發行，到期時本息一併清償，例如甲種國庫券、可轉讓定期存單。利息的計算如下：

$$利息 = 面額 \times 票面利率 \times \frac{發行天數}{365} \qquad (15\text{-}1)$$

2. 不附載利息

由貼現率推算發行價格，並應將每萬元的發行單價註明於票券背面，例如乙種國庫券、商業本票、銀行承兌匯票。貼現率就是票券以年利率表示的實際收益率，其與發行價格的計算公式分列如下：

$$發行價格 = \frac{面額}{1 + \left(貼現率 \times \dfrac{發行天數}{365}\right)} \qquad (15\text{-}2)$$

$$所以 \quad 貼現率 = \frac{面額 - 發行價格}{發行價格} \times \frac{365}{發行天數} \qquad (15\text{-}3)$$

例 中央銀行標售 91 天期乙種國庫券，甲銀行得標利率為年利率 6%，則面額 1 萬元之發行價格為何？

解 $發行價格 = \dfrac{10,000}{1 + \left(6\% \times \dfrac{91}{365}\right)} = 9,852.61$

舉例 乙銀行以每萬元 9,800 元標得 182 天期乙種國庫券，則其實際年收益率為多少？

解 $實際年收益率 = \dfrac{10,000 - 9,800}{9,800} \times \dfrac{365}{182} = 4.0928\%$

票券的發行成本除了利息成本之外，融資性商業本票尚須負擔保證費、簽證費和承銷費；銀行承兌匯票則須負擔承兌費。國庫券係財政部發行，委託中央銀行代理經辦，可轉讓定期存單多由銀行自行銷售，都不必花費前述額外費用。

*1.*融資性商業本票

(1)發行成本＝貼現息＋保證費＋簽證費＋承銷費 　　　　（*15-4*）

①貼現息＝面額 × 發行利率 × $\dfrac{發行天數}{365}$ 　　　　（*15-5*）

②保證費＝面額 × 保證費率 × $\dfrac{發行天數}{365}$ 　　　　（*15-6*）

③簽證費＝面額 × 簽證費率 × $\dfrac{發行天數}{365}$ 　　　　（*15-7*）

④承銷費＝面額 × 承銷費率 × $\dfrac{發行天數}{365}$ 　　　　（*15-8*）

(2)實得金額＝面額 － 發行成本 　　　　（*15-9*）

(3)實際負擔利率＝$\dfrac{發行成本}{實得金額} \times \dfrac{365}{發行天數}$ 　　　　（*15-10*）

舉例　天甲公司委由中華票券金融公司發行 30 天期的 CP2，面額 5,000 萬元，發行利率為 5%，保證費率為 0.8%，簽證費率為 0.03%，承銷費率為 0.3%，則發行成本、實得金額、實際負擔利率各為何？

解

$$貼現息 = 5,000 \text{ 萬元} \times 5\% \times \frac{30}{365} = 205,479 \text{ 元}$$

$$保證費 = 5,000 \text{ 萬元} \times 0.8\% \times \frac{30}{365} = 32,876 \text{ 元}$$

$$簽證費 = 5,000 \text{ 萬元} \times 0.03\% \times \frac{30}{365} = 1,232 \text{ 元}$$

$$承銷費 = 5,000 \text{ 萬元} \times 0.3\% \times \frac{30}{365} = 12,328 \text{ 元}$$

$$發行成本 = 205,479 + 32,876 + 1,232 + 12,328 = 251,915 \text{ 元}$$

$$實得金額 = 5,000 \text{ 萬元} - 251,915 \text{ 元} = 49,748,085 \text{ 元}$$

$$實際負擔利率 = \frac{251,915}{49,748,085} \times \frac{365}{30} = 6.1609\%$$

2.銀行承兌匯票

(1)發行成本＝貼現息＋承兌手續費　　　　　　　　　　　　（*15-11*）

$$①貼現金 = 面額 \times 貼現率 \times \frac{發行天數}{365}$$

$$②承兌手續費 = 面額 \times 承兌費率 \times \frac{發行天數}{365} \qquad (\textit{15-12})$$

(2)實得金額＝面額－發行成本

$$(3)實際負擔利率 = \frac{發行成本}{實得金額} \times \frac{365}{發行天數}$$

第四節　票券交易實務

短期票券的交易可分為買賣斷交易、附條件交易、附條件交易中途解約等方式，實務上的處理原則有：(1)用收益率報價再反推成交價格，報價以年利率為準，一年以 365 天計算；(2)以稅後實得金額為計算基礎，現行票券利息所得採 20%分離課稅[註1]，投資人應按持有天數，平均分擔課稅。

一、買賣斷交易

買斷（Outright Purchase, OP）及其交易對手的賣斷（Outright Sell, OS），係投資人依洽定的利率，買入（賣出）短期票券。投資人有短期資金可供運用時，可透過票券商買斷票券；有短期資金需求時，可賣斷其持有的票券。

買方以雙方議定的價格購買票券，同時取得該票券的所有權；賣方則於完成交割手續取得價金後，所有權即移轉予買方。簡單地說，就是一方交錢，一方交券，銀貨兩訖。這種以所有權移轉方式為基礎的交易行為，即稱為「買／賣斷交易」。

買賣斷交易的價格計算方式，又按票券是否附載利息而有不同，也就是說，不附載利息（貼現發行）的票券和附載利息（面額發行）的票券，在次級市場上的價格計算公式不盡相同。

1. 不附載利息（貼現發行）

$$x \cdot \left[1 + N\% \times (1 - 20\%) \times \frac{距到期天數}{365} \right] = 到期實得金額 \qquad (15\text{-}13)$$

其中　x：票券成交價格

N%：票券成交利率，亦即實質收益率

而　到期實得金額＝面額－票券利息所得分離課稅

$$= 面額 - [\underbrace{(面額 - 發行金額)}_{利息所得} \times \underbrace{20\%}_{稅率}]$$

$$= (面額 \times 80\%) + (發行金額 \times 20\%) \qquad (15\text{-}14)$$

因此（15-13）可以改寫為

$$x \cdot [1 + N\% \times (1 - 20\%) \times \frac{距到期天數}{365}]$$

$$= (面額 \times 80\%) + (發行金額 \times 20\%) \qquad (15\text{-}15)$$

上述計算公式的概念，簡單圖示如下：

日期	發行日	買賣斷 交易日	距到期天數	到期日
票券價格	發行價格	x		到期實得金額 ＝面額－全程利息所 得的分離課稅稅金

舉例 王先生向國際票券金融公司購買商業本票，面額為新台幣 1,000 萬元，距到期日 30 天，成交利率為 5%，若該商業本票的每萬元承銷價格（發行價格）為 9,750 元，王先生的買斷價格是多少？到期兌償的稅後實得利息是多少？

解　先求到期實得金額（10,000,000 × 80%）＋（9,750,000 × 20%）＝
9,950,000

$$\text{王先生買價 x 元}\qquad x\cdot\left[1+5\%\times\left(1-20\%\right)\times\frac{30}{365}\right]=9,950,000$$

$$x=9,917,394$$

$$\text{王先生到期稅後實得利息}\qquad 9,950,000-9,917,394=32,606$$

2.附載利息（面額發行）

$$x\cdot\left[1+\text{N}\%\times\left(1-20\%\right)\times\frac{\text{距到期天數}}{365}\right]=\text{到期實得金額}\qquad(\textit{15-16})$$

其中 x 和 N%的定義與公式（15-13）相同，而到期實得金額則是到期時的本利和，也就是面額加上分離課稅後的實得利息收入：

$$\text{到期實得金額}=\text{面額}+\left[\text{面額}\times\text{票面利率}\times\left(1-20\%\right)\times\frac{\text{發行天數}}{365}\right]\qquad(\textit{15-17})$$

因此（15-16）可改寫為

$$x\cdot\left[1+\text{N}\%\times\left(1-20\%\right)\times\frac{\text{距到期天數}}{365}\right]$$
$$=\text{面額}+\left[\text{面額}\times\text{票面利率}\times\left(1-20\%\right)\times\frac{\text{發行天數}}{365}\right]\qquad(\textit{15-18})$$

上述計算公式的概念，簡單圖示如下：

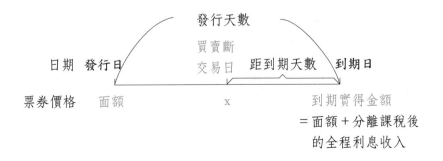

應注意發行天數是指從發行日至到期日的天數；距到期天數是指買賣斷交易日至到期日的天數，兩者並不相同。

學例 李小姐向中興票券金融公司購買面額為新台幣 1,000 萬元的 6 個月期可轉讓定期存單，票面利率為 6%，距到期日還有 45 天，若以收益率 4% 成交，李小姐的買斷價格是多少？到期兌償的稅後實得利息是多少？

解 先求到期實得金額

$$10,000,000 + \left[10,000,000 \times 6\% \times (1 - 20\%) \times \frac{6\,月}{12\,月} \right]$$

$$= 10,240,000$$

李小姐買價 x 元

$$x \cdot \left[1 + 4\% \times (1 - 20\%) \times \frac{45}{365} \right] = 10,240,000$$

$$x = 10,199,760$$

李小姐到期稅後實得利息　　$10,240,000 - 10,199,760 = 40,240$

二、附條件交易

所謂附條件交易，即交易雙方按約定的成交金額，由一方暫時出售票券予另一方，並約定於特定期間後，由原出售票券的一方，將同筆票券按約定的到期金額向另一方買回的交易，如同**以票券為中介物，從事短期資金融通**。通常按照雙方約定的期間、利率計算利息，而實務上到期金額減去原先的成交金額即為利息。

附條件交易又分為附買回（Repurchase, RP）和附賣回（Resale, RS），一般所謂的附買回和附賣回，**是以金融機構（票券商）的立場而言**，附買回交易就是投資人向票券商買票券，並約定證券商在一定期限後將原票券買回，亦即證券商是資金需求者，投資人是資金供給者；而附賣回交易，則是票券持有人，將票券賣給票券商，並約定一段期限後，由票券商再將原票券賣回給原票券持有人，這時票券持有

人是資金需求者，證券商是資金供給者，扮演短期資金融通的角色。

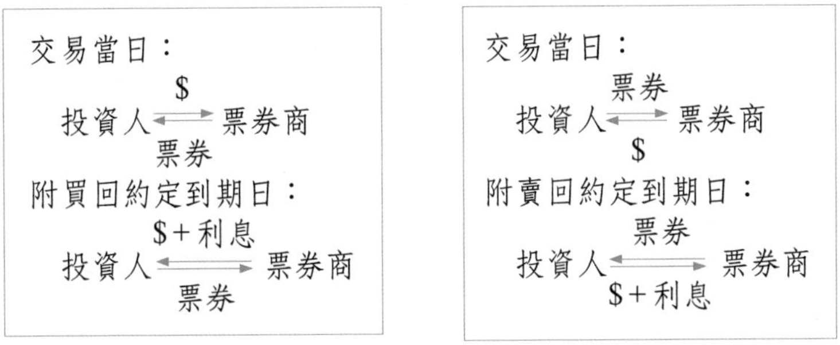

(a)附買回交易　　　　　(b)附賣回交易

圖 15-C　附條件交易

　　附買回與附賣回是一體兩面的，票券商的附買回交易，相對而言，就是投資人立場的附賣回交易；票券商的附賣回交易也正是投資人的附買回交易。附條件交易也適用利息所得 20%分離課稅，交易的約定利率、到期金額計算公式如下：

$$到期應收（付）金額 = 成交金額 \times \left[1 + 附條件利率 \right.$$
$$\left. \times （1 - 20\%） \times \frac{約定天數}{365} \right] \qquad （15\text{-}19）$$

舉例　林先生與大中票券金融公司訂定附買回交易，期間為 30 天，RP 利率為年息 5%，若成交買賣金額為 980 萬元，則約定到期日之應收金額與實得利息為何？

解　　林先生到期應收金額　　$9,800,000 \times \left[1 + 5\% \times （1 - 20\%） \times \frac{30}{365} \right]$

$$= 9,832,219$$

　　　　林先生實得利息　　　　$9,832,219 - 9,800,000 = 32,219$

三、附條件交易中途解約

附條件交易成立後，投資人如要求提前解約，票券商原則上將以原到期應收（付）金額為基礎，解約利率按解約日至到期日天數（剩餘天數）之反向交易當時行情利率計價，也就是說，附買回交易中途解約，按解約日至到期日天數之當時附賣回利率計算投資人應收金額；附賣回交易中途解約，按解約日至到期日天數之當時附買回利率計算投資人應付金額。

實務上的計算步驟如下：（以附買回交易中途解約為例，附賣回交易中途解約之處理方式亦同，只是交易反向，應收金額易為應付金額）

1. 按公式（15-19）計算投資人原到期應收金額

$$2. \ x \cdot \left[1 + i\% \times (1 - 20\%) \times \frac{剩餘天數}{365} \right] = 原到期應收金額 \qquad (15\text{-}20)$$

其中　　x：解約日投資人應收金額

　　　　i%：解約利率

$$所以 \quad x = \frac{原到期應收金額}{1 + i\% \times (1 - 20\%) \times \dfrac{剩餘天數}{365}} \qquad (15\text{-}21)$$

舉例　陳小姐於 9 月 22 日承作 RP10 天，利率年息 5.4%，金額 1,000,000 元，並於 9 月 29 日解約，解約利率以 5.8% 計，陳小姐應收金額為多少？實收利息為多少？

解　　10 天 RP 原應收金額

$$1,000,000 \times \left[1 + 5.4\% \times (1 - 20\%) \times \frac{10}{365} \right] = 1,001,183$$

9/29 解約應收金額　$\dfrac{1,001,183}{1 + 5.8\% \times (1 - 20\%) \times \dfrac{3}{365}} = 1,000,801$

實收利息　$1,000,801 - 1,000,000 = 801$

註釋

註1：企業的年度稅前純益在新台幣10萬元以上者，營利事
　　業所得稅稅率為 25%，與票券利息所得 20%分離課
　　稅，免再辦理綜合申報相較，公司法人大多樂於以票
　　券方式短期理財。

考題集錦

一、選擇題

_____ *1.* 銀行發行定期存單的理由有：

(A)競爭資金的來源

(B)定期存單的法定準備率較低

(C)當銀行有剩餘資金時，可買回所發行的定期存單，便於進行負債管理

(D)以上皆是　　　　　　　　　　　　　　　　　　【90.2 分析人員】

_____ *2.* 關於貨幣市場的敘述，下列何者有誤？

(A)交易的標的物期限在一年以下

(B)交易活動呈現出非人際關係的現象

(C)有固定的交易場所與組織

(D)主要功能在於協助短期資金需求與供給的流通

　　　　　　　　　　　　　　　　　　　　　　　　【90.2 分析人員】

_____ *3.* 交易性商業本票與融資性商業本票的差異為：

(A)到期期間的長短　　(B)發行人信用的不同　　(C)是否有自償性質

(D)金額的大小　　　　　　　　　　　　　　　　【91.1 券商業務員】

_____ *4.* 商業本票係短期票券，其發行者為：

(A)聯邦準備銀行　　(B)商業銀行　　(C)知名企業　　(D)以上皆非

　　　　　　　　　　　　　　　　　　　　　　　【89.4 券商業務員】

_____ *5.* 經營一年期以內之短期債務憑證（如國庫券、可轉讓銀行定期存單、公司及公營事業機構發行之本票或匯票）之簽證、承銷、經紀或自營之業務稱為：

(A)授信業務　　(B)票券金融業務　　(C)拆款業　　(D)外匯業務

　　　　　　　　　　　　　　　　　　　　　　　　【91.1 券商高業】

_____ *6.* 大大公司持客戶一張六個月 6%的票據辦理貼現，銀行的貼現率為

8%，且銀行保留追索權，下列敘述何者有誤？

(A)大大公司所收取的貼現金額會低於帳面價值

(B)貼現金額高於票面金額的部分，應借記大大公司利息收入

(C)此票據貼現後將使該公司財務費用增加

(D)若到期客戶無法作償付，大大公司仍然應代為支付本息給銀行

【90.4 券商業務員】

_____ 7. 假設小林與某券商進行公債附買回交易，交易金額為 50 萬元，附買回利率為 4.2%，期間 30 天，請問 30 天後券商應支付多少利息給小林？

(A)1,726 元　(B)1,852 元　(C)22,500 元　(D)17,260 元

【90.2 券商業務員】

_____ 8. 你目前急需用錢，向地下錢莊借錢，契約中明訂每借萬元，日還 15 元，在複利的情況下，此契約之實際年利率（Effective Annual Rate, EAR）為多少？

(A)150%　(B)54.75%　(C)172.8%　(D)72.8%　(E)以上皆非

【87.朝陽財管所】

二、計算題

1. 請回答下列有關貨幣市場交易的問題：

(1)以 90 天期商業本票，面額 100 萬元，貼現率 12%為例，試問每萬元承銷價格、初級市場買入應付額及到期稅後實得金額。（每年以 365 天計算）

(2)承上題，若該商業本票尚有 80 天到期，此時若某甲在次級市場上，以 12%的收益率買入該商業本票，並在持有 20 天後以 10%的收益率賣出，則其買進與賣出價格為何？（每年以 365 天計算）

(3)承上題，若某甲是以附賣回之方式賣出商業本票，並約定在 20 天後向票券公司買回，而約定之買回利率為 7%，則 20 天後某甲約定支付給票券公司之價格為何？　　　　　　　　　　　　　【90.1 分析人員】

2. 假設南亞公司於 86 年 4 月 15 日發行 180 天期商業本票，到期日 86 年 10 月 12 日，面額 1 仟萬元，是項本票之發行係由交通銀行保證，保證費率為 0.75%，並委由中興票券公司簽證及承銷，費率分別為 0.03% 及 0.25%，發行當天之市場貼現率為年息 5.50% 並由中興票券公司以包銷方式買入。（底下各問題均按一年 365 天計算，且其成本率及報酬率均按年息百分比表示）

(1) 南亞公司是項本票發行的實際資金成本率是多少？

(2) 若中興票券公司一直持有該商業本票到期，則其承作是項生意之稅後名目報酬率及稅後實際報酬率分別是多少？

(3) 若中興票券公司持有該商業本票 10 天後，於 86 年 4 月 25 日（距到期日 170 天）以市場利率 5.75% 賣給交通銀行，並約定於 86 年 5 月 24 日（距到期日 140 天）按雙方約定利率 6% 買回商業本票，則交通銀行的稅後投資報酬率（不含其保證手續費收入）是多少？

【90.3 分析人員】

三、問答題

1. 通常商業本票的利率較銀行借款低，為什麼那些能發行商業本票的公司仍向銀行借款？　　　　　　　　　　　　　　　　【83 中山財管所】

2. 許多企業組織發現公司有閒置資金時，會將此筆款項投入在貨幣市場（Money Market）的交易工具，如 Treasury Bills，令人不解的是 Treasury Bills 的報酬率一向均比其他交易工具來得低，請問為什麼一般企業組織將其手上的 Cash surplus 投資在 Treasury Bill 之上？

【77 淡江金融所】

第*16*章　債券市場與分析

　　債券是中長期借款憑證的證券化，為資本市場中的固定收益證券。就流動性而言，債券有次級市場提供交易功能，故與銀行中長期貸款不同；就投資收益而言，債券具還本付息的特質，有別於股票發放股利的不確定性。

　　不論是「定期付息，到期還本」，抑或「到期一次付息還本」，債券在持有期間都可以累積「應收利息」，並反映在次級市場的轉讓價格上，不一定要等到付息日才能領息，到期日才能還本。然而，市場利率水準是持有固定收益證券的機會成本，也就是必要收益率，所以債券價值與市場利率的變動，呈反向關係，若非自始至終持有，債券投資人在次級市場上仍有價格風險，這點其實與股票類似，投資人不可不慎。

　　本章以探討普通債券（Straight Bond）的評價方式及市場實務為主，其基本特性、類型參見第一章第三節。

第一節　債券評價分析

　　債券評價方式與第十一章第三節介紹的普通股評價模式類似，都是引用未來各期現金流量折算現值（Net Present Value）的觀念，債券因屬固定收益證券，未來各期的現金流量比普通股更明確可靠，所以債券價格充分反映理論價值。

一、債券價格與殖利率

　　債券價格是未來各期利息及期末本金折現值的合計，亦即每期債息的年金現值再加計期末償還債券面額的複利現值，折現率為債券殖利率（Yield to Maturity），故可表為：

$$V = \left(\sum_{t=1}^{n} \frac{R}{(1+Y)^t} \right) + \frac{F}{(1+Y)^n} \qquad (16\text{-}1)$$

$$= \sum_{t=1}^{n} \frac{i \cdot F}{(1+Y)^t} + \frac{F}{(1+Y)^n} \qquad (16\text{-}2)$$

其中　V：債券價格

　　　R：每期利息收入

　　　F：債券面額

　　　i：票面利率，所以 $R = i \cdot F$

　　　t：發行或剩餘流通期數，共 n 期

　　　Y：殖利率

　　1. 若為零息債券（Zero Coupon Bond），$i = 0$，亦即 $R = 0$

$$則 \quad V = \frac{F}{(1+Y)^n} \qquad (16\text{-}3)$$

2. 債券的票面利率、殖利率皆以年率（Annual Rate）表示，（16-1）、（16-2）皆以一年為一期，然若一年付息 m 交，則 n 年付息（n×m）次，每次利息收入為 R/m，殖利率以 Y/m 計，債券價格可表為

$$V = \left(\sum_{t=1}^{nm} \frac{R/m}{(1+Y/m)^t} \right) + \frac{F}{(1+Y/m)^{nm}} \qquad (16\text{-}4)$$

舉例　某公司債之基本資料如下：面額新台幣 10 萬元，票面利率 8.5%，半年付息一次，3 年期，期滿償還本金，現在殖利率為 7%，請問該期公債現在價格是多少？

解　n = 3，M = 2，半年付息：$100{,}000 \times 8.5\% \div 2 = 4{,}250$

$n \times m = 6$，$Y \div m = 3.5\%$

$$V = \sum_{t=1}^{6} \frac{4{,}250}{(1+3.5\%)^t} + \frac{100{,}000}{(1+3.5\%)^6}$$
$$= 22{,}646 + 81{,}350$$
$$= 103{,}996$$

票面利率（Coupon Rate）和債券面額（Par Value）為固定，所以各期利息收入亦為固定，債券價格的變化乃因殖利率的變動所產生的，殖利率在理論上是折現率，實際上是債券的預期收益率，隨著市場利率水準同向變動，而債券價格則與殖利率呈反向變動，（16-1）可將債券價格和殖利率的關係表為凸向原點的凸函數如圖 16-A 所示。從凸函數的切線斜率（$\partial V / \partial Y$）隨殖利率的遞增而遞減分析，等額的殖利率下降所帶來的債券差價利益，大於殖利率上升所造成的差價損失。

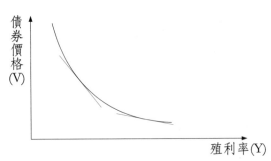

圖 16-A　債券價格和殖利率的關係

二、票面利率與殖利率

債券發行後，隨著時間愈趨近於到期日，債券價格會趨近面額，到期日當天還本，債券價格恰等於面額，就發行時票面利率與殖利率的關係之不同，債券價格的走勢途徑也不相同，參見圖 16-B。

1. 溢價債券

票面利率高於殖利率，表示利息所得大於市場預期收益，從（16-2）可以算出債券價格高於面額，稱為溢價債券（Premium Bond），但隨著到期日逼近，債券價格漸趨下跌，終底於面額。

2. 折價債券

票面利率低於殖利率，表示利息所得小於市場預期收益，從（16-2）可以算出債券價格低於面額，稱為折價債券（Discount Bond），然隨著到期日逼近，債券價格漸趨上漲，終及於面額。零息債券（Zero-Coupon Bond）即屬之。

3. 若票面利率等於殖利率，債券價格維持於面額，稱為平價（Par）。

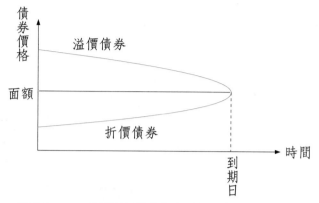

圖 16-B 溢價債券和折價債券的價格途徑

三、存續期間分析

馬考雷（Frederick Macaulay）於 1938 年提出債券存續期間（Duration）理論，用以評估債券價格對殖利率的敏感度，成為利率風險管理與資金缺口分析的有力工具。

就（16-1）的債券價格對殖利率做一次微分可得

$$
\begin{aligned}
\frac{dV}{dY} &= \frac{-R}{(1+Y)^2} + \frac{-2R}{(1+Y)^3} + \cdots\cdots + \frac{-nR}{(1+Y)^{n+1}} + \frac{-nF}{(1+Y)^{n+1}} \\
&= \frac{-1}{(1+Y)}\left[\frac{R}{(1+Y)} + \frac{2R}{(1+Y)^2} + \cdots\cdots + \frac{nR}{(1+Y)^n} + \frac{nF}{(1+Y)^n}\right] \\
&= \frac{-1}{(1+Y)} \cdot \left[\sum_{t=1}^{n}\frac{tR}{(1+Y)^t} + \frac{nF}{(1+Y)^t}\right] \\
&= \frac{-1}{(1+Y)}\left[\sum_{t=1}^{n}\frac{t \cdot CF_t}{(1+Y)^t}\right]
\end{aligned}
\qquad (16\text{-}5)
$$

其中 CF_t 為債券在 t 期所產生的現金流量（Cash Flow），包括各期利息及期末還本，（16-5）的中括號部分，意指債券的各期現金流量以期數加權，再依殖利率折為現值的加總。馬考雷定義的債券存續期間

（Duration, D）計算公式如下：

$$D = \sum_{t=1}^{n} \frac{t \cdot CF_t}{(1+Y)^t} \bigg/ \sum_{t=1}^{n} \frac{CF_t}{(1+Y)^t} \qquad (16\text{-}6)$$

$$= \sum_{t=1}^{n} \frac{t \cdot CF_t}{(1+Y)^t} \bigg/ V$$

所以 $\displaystyle\sum_{t=1}^{n} \frac{t \cdot CF_t}{(1+Y)^t} = DV$，並代入（16-5）

可得 $\displaystyle\frac{dV}{dY} = \frac{-1}{(1+Y)} \cdot DV$ $\qquad (16\text{-}7)$

所以 $\displaystyle D = -\frac{dV}{dY} \cdot \frac{(1+Y)}{V} = -\frac{dV}{V} \bigg/ \frac{dY}{(1+Y)}$ $\quad (16\text{-}8)$

　　存續期間的意義是當殖利率些微變動時，債券價格的反向變動值。故存續期間愈長，表示債券價格因市場利率變化而產生的波動愈大，敏感度愈高；反之，存續期間愈短，表示債券價格對市場利率的敏感度愈低。

四、修正的存續期間

　　將（16-8）做移項整理，並定義 $-D/(1+Y) = D_M$ 為修正的存續期間（Modified Duration），更容易看出殖利率的變化（dY）乘以 D_M 即為債券價格的變化率（dV／V）。

$$D_M = -\frac{D}{(1+Y)} = -\frac{dV/V}{dY} \qquad (16\text{-}9)$$

或 $\displaystyle\frac{dV}{V} = -D_M \cdot dY$ $\qquad (16\text{-}10)$

舉例　K 債券的存續期間 D = 3.5（年），市場的殖利率 Y = 5%，若因銀根寬鬆使殖利率下跌 1 個基本點（0.01%），請問 K 債券的價格漲幅是多少？

解

$$D_M = - \frac{D}{(1 + Y)} = - \frac{3.5}{1.05} = -3.33$$

$$\frac{dV}{V} = -3.33 \times 0.01\% = -0.0333\%$$

所以 K 債券的漲幅為 0.0333%

綜合以上分析，存續期間具有下列特性：

1. 零息債券的存續期間永遠等於到期期限。

2. 付息債券的存續期間小於到期期限，二者相對差距將隨到期期限遞增而增加。

3. 在到期期限固定之下，票面利率愈高（低），債券存續期間愈小（大），二者呈反向變動。

4. 在票面利率固定之下，債券存續期間隨到期期限延長（縮短）而增加（減少），二者呈正向關係。

5. 在到期期限和票面利率皆固定之下，殖利率愈高（低），債券存續期間愈小（大），二者呈反向關係。

第二節　債券風險與利率決定因素

一、債券風險

債券屬固定收益證券，一般人認為，投資債券可享定期付息還本，風險性低於權益證券（股票），然而，即使債券可以保本，因其固定收益的特性，投資人相當重視機會成本的損失，成為投資債券的

重要風險考量，因此債券風險除了違約風險（Default Risk）、流動性風險（Liquidity Risk）之外，尚包括屬於機會成本風險的利率風險（Interest Rate Risk）、通貨膨脹風險（Inflation Risk）、再投資風險（Reinvestment Risk），以及投資外國債券才可能發生的匯率風險（Foreign Exchange Rate Risk）。茲分別描述如下：

1. 違約風險

違約風險又稱為信用風險，主要原因是發行者無力償還本金或利息所致。如果是政府發行的公債，違約風險就很小，至於其他債券（如公司債、金融債券），違約風險就依個別發行者的信用狀況而異。

2. 流動性風險

流動性風險係指債券能以市價或接近市價脫手的難易程度。債券次級市場不發達，如債券發行規模不大、仲介者與參與者數量不多、交易工具的種類與數量有限，致使交易的效率相對降低，債券投資的流動性風險就較高。

3. 利率風險

一般而言，當市場利率上升時，債券價格會下跌；反之，市場利率下跌時，債券價格會上漲。債券投資人在債券到期日前賣出債券，可能因市場利率上漲，而產生資本損失（Capital Loss）的風險，稱之為債券投資的利率風險。

4. 通貨膨脹風險（Inflation Risk）

通貨膨脹風險又稱為購買力風險，係指投資債券所獲得的實際報酬率，因為通貨膨脹所造成購買力降低的風險。例如投資人購買公債實現 4%的殖利率，但若期間通貨膨脹率為 5%，則此項投資所獲報

酬，就無法彌補通貨膨脹所造成購買力降低的損失。

5.再投資風險（Reinvestment Risk）

投資人在債券持有期間所獲得的現金收入（利息收入或本金償還部分），用於再投資所得的報酬率，可能低於原債券投資的殖利率，就是所謂的再投資風險。至於零息債券因持有期間沒有領取利息收入，所以沒有再投資風險。

6.匯率風險

目前國際債券市場發展快速，如果投資人購買外國債券，外國債券以外幣支付本息，那麼投資債券的現金收入在換算為本國貨幣時，價值就不容易確定，因為在換算為以本國貨幣計價的現金收入時，須以收到外幣本息時相對匯率為基準。當外幣相對本國貨幣貶值時，換算為以本國貨幣計價的現金收入會減少，此種因匯率不確定所造成的風險，就稱為匯率風險或外幣風險。

二、利率決定因素

影響債券價格的主要因素是殖利率，並與市場利率連動，殖利率因經濟環境、發行公司營運狀況、債券特性的變化而發生變動，可觀察到的名目利率，應為實質利率加上各種風險溢酬（比率）的合計，一般常用的利率決定因素模式，說明了影響利率的主要因子：

名目利率＝實質利率＋通貨膨脹溢酬（％）＋違約風險溢酬（％）
　　　　　＋到期日風險溢酬（％）＋流動性溢酬（％）　　（*16-11*）

其中實質利率是指在無風險、完全確定狀況下的利率，實際上無法觀察到；通貨膨脹屬於經濟環境的因素；違約風險代表發行公司的營運

狀況；到期時間長短及流動性則源於債券本身的特性。

三、債券評等

美國在 20 世紀初就已發展債券評等（Bond Rating）的業務，一方面是債券發行者資金成本的主要依據，另一方面則是債券投資人衡量風險、決定價格的重要參考，最知名的信用評等機構為穆迪（Moody's）和史坦普（Standard & Poor's）兩家公司，其對債券的評等等級如表 16-C 所示：

表 16-C　評等機構與債券評等

機構名稱 ＼ 評等	高等級		投資等級		次標準等級		投機等級	
穆迪	Aaa	Aa	A	Baa	Ba	B	Caa	C
史坦普	AAA	AA	A	BBB	BB	B	CCC	D

表 16-C 中，具有字母 A 愈多的債券，代表等級愈高、發行人違約的可能性愈低，因此債券的殖利率較低，而 B 等級債券的風險比 A 等級高；C 與 D 等級債券具有很高的風險，一般將這些債券稱為垃圾債券（Junk Bonds），其中 C 等級債券多半為收益債券（Income Bond，公司有盈餘才償還利息），而 D 等級的債券則是已面臨財務困境的公司。

除了英文字母之外，穆迪公司對債券評等再使用 1、2、3 來區別同一等級內的債券優劣，例如「Aa1」、「Aa2」、「Aa3」三等，其中「Aa1」表示在「Aa」等級中最好的，已接近「Aaa」等級；而「Aa3」為「Aa」等級中最差的，比「A1」好一些。史坦普公司是以「＋」、「－」來作更詳細的區分，例如「AA＋」、「AA」、「AA－」皆屬 AA 等級，而評等優劣順序為「AA＋」優於「AA」，「AA」優於

「AA−」。

　　債券評等的標準包括量化及質化的因素，基本上可歸納如下：

1. 公司的財務比率

　　發行公司的流動比率、負債比率、利息保障倍數等財務數字是否良好，為債券評等的重要因素。其中利息保障倍數代表對債權人的保障，在債券評等的比重很高。另外，公司本身的盈餘水準及穩定性、營運狀況、會計政策是否保守等因素，都會影響債券的評等。

2. 正面條件

　　如果發行公司提供抵押品、保證條款、償債基金等有利於債權人的條件，將使公司的違約風險變小，債券的評等提高。

3. 負面條件

　　債券到期時間愈長、順位愈後面、應付員工的退休金較高，將使評等降低。

　　債券的評等對企業相當重要，當公司發行新債券時，如果評等很差，相對地降低了投資人的購買意願，尤其對許多具有法人身份的投資人，因其可能受一些法規或條款的限制，不得投資於等級過低的債券，將使得這一類的債券在募集資金時產生困難。另外，發行低等級債券時，通常必須使用較高的票面利率來吸引投資人，這也讓企業每期所支付的利息費用隨之提高，負債的成本隨之上升。

　　債券評等機構每期會隨企業的表現來調整債券的等級，當企業發生了特別事件時，若為有利因素，該企業的債券評等將會提升；相反地，不利因素將使債券評等下降，殖利率升高、債券價格下跌。

四、收益曲線

收益曲線（Yield Curve）是在同一時點將不同到期日債券的殖利率連接而成的曲線，故能表示當時**利率期間結構**（Term Structure of Interest Rates）的型態，也就是短、中、長期利率的差異，通常有向上傾斜、水平、及向下傾斜三種基本類型，有時也會發生中期殖利率特別高或特別低的情形，如同圖 16-D 中的 D、E 圖

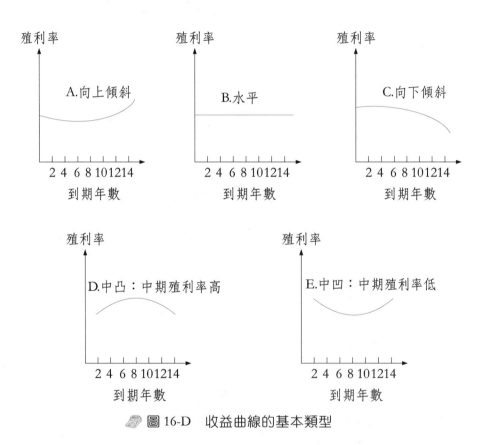

圖 16-D　收益曲線的基本類型

從投資人承擔風險的角度看來，債券的到期日愈長，殖利率應該愈高，也就是收益曲線向上傾斜，但就實際現象而言，長期利率不一

定高於短期利率，學界常以不偏預期（Unbiased Expectation）的觀點解釋收益曲線的型態：

假設一年期利率（此處代表短期利率）為 i_1，二年期利率（此處代表長期利率）為年息 i_2，市場對一年後的一年期利率（第二年初至第二年末）之不偏預期若為 f，$(1+i_1)(1+f)$ 和 $(1+i_2)(1+i_2)$ 在第二年底所結算的收益應該相等，所以

$$(1+i_1)(1+f) = (1+i_2)(1+i_2)$$

移項可得 $\qquad \dfrac{1+f}{1+i_2} = \dfrac{1+i_2}{1+i_1} \qquad\qquad (16\text{-}12)$

從 f 和 i_2 的關係可得：

1. 若 $f > i_2$，則 $i_2 > i_1$，收益曲線向上傾斜如圖 16-D 的 A 圖。
2. 若 $f = i_2$，則 $i_2 = i_1$，收益曲線水平如圖 16-D 的 B 圖。
3. 若 $f < i_2$，則 $i_2 < i_1$，收益曲線向下傾斜如圖 16-D 的 C 圖。

第三節　債券組合管理

一、存續期間管理

債券組合的收益率並非個別債券收益率的加權平均，而是將組合中所有債券的現金流量整合，並將整個組合視為單一債券，再求其殖利率。債券組合的存續期間算法亦同，必須結合所有債券的現金流量，再求整個組合的存續期間。

但若債券組合中的債券種類過多時，在可容許的誤差之內，實務上可採加權平均方式，直接計算債券組合的存續期間：$D = \sum\limits_{i=1}^{n} W_i D_i$，

W_i、D_i 分別表示第 i 種債券的市值占組合比重及第 i 種債券的存續期間。

二、免疫策略

　　債券的免疫策略（Immunization）就是設法讓債券組合（資產）的存續期間，與投資期限（負債的到期期限）相等，因此市場利率變動所產生的債券價格漲跌，恰與利息收入再投資收益的增減相互抵消，期末的實現報酬率就會等於期初設定的目標報酬率，故對市場利率變動的風險免疫而稱之。

舉例 某壽險公司預計 3 年後要清償一批到期保單，金額為 1 千萬元，如果選擇 3 年後到期，殖利率為 6% 的零息債券 A 為投資標的，則現在應投入多少金額？如果以 B、C 兩種每年付息一次的債券做成債券組合，投資金額各多少，也能達到相同的效果？B、C 的相關資料如下：

債券	票面利率	到期年數	面額	價格	殖利率	存續期間
B	6%	4	100,000	100,000	6%	3.6
C	4%	2	100,000	96,333	6%	1.5

解　　現在投資 A 債券　$\dfrac{10,000,000}{(1 + 6\%)^3} = 8,396,192$ 元

　　若以相同金額投資債券組合，其中 B、C 債券的投資比重各為 W_B、W_C：

　　　則　　$W_B + W_C = 1$

　　且令　　$3.6W_B + 1.5W_C = 3$

　　解聯立方程式得　$W_B = 0.7143$，$W_C = 0.2857$

　　故應投資 B 債券金額　$8,396,192 \times 0.7143 = 5,997,400$ 元

　　　　　　換算張數　$5,997,400 \div 100,000 = 59.974$ 張

投資 C 債券金額　8,396,192 × 0.2857 = 2,398,792元

換算張數　2,398,792 ÷ 96,333 = 24.901張

三、債券交換策略

債券交換（Bond Swap），簡稱換券，是投資人藉由積極調整債券組合內容，以便獲取較高收益或達成節稅目的，大致可區分為以下五類：

1. 利率預期換券（Rate Anticipation Swap）

投資人預期利率下跌，可將存續期間較短債券轉換成存續期間較長債券，謀取資本利得。反之，一旦預期利率上揚，投資人應縮短債券存續期間以降低資本損失。

2. 替代換券（Substitution Swap）

投資人利用債券錯誤訂價現象，以殖利率較高債券取代殖利率較低債券，在預期前者殖利率下跌過程中獲取資本利得。在不涉及利率預測下，投資人從事換券活動前，須確定入替債券的特性與原先債券完全一致，兩者殖利率出現差異係由於債券市場缺乏效率所致。

3. 殖利率選取換券（Yield Pick-up Swap）

投資人將較短與較長存續期間債券進行互換，不僅是尋找錯誤訂價的債券，而且藉著持有較高收益與較長期限債券來增加總收益，但投資人須承擔較高的利率風險。

4. 節稅換券（Tax Swaps）

投資人為節稅之目的，同時賣出某種債券、買進性質類似的債

券。這種方式因各國稅制不同而有差異，以美國為例，過去債券買賣差價利益屬於資本利得，要課資本利得稅（1986年的稅制改革法案已將資本利得稅取消），如果持有某種已發生損失的債券，進行替換便可抵稅。

5.市場間價差換券（Intermarket Spread Swap）

債券市場可按債券特性劃分成各種子市場，如公債市場和公司債市場，公司債市場又劃分為投資等級、垃圾債券等市場，不同市場內的債券殖利率有所差異，而差異理應維持有某一範圍內，一旦超出此一範圍，投資人便可採取本策略套利。

第四節　債券發行與交易

一、債券發行

1.公債發行

公債係政府為籌措中長期資金所發行的債券，可分為中央政府公債和地方政府公債，目前立法規定中央政府公債發行與賒借的總餘額，不得超過當年度中央政府總預算及特別預算歲出總額的 113%，其中屬於非自償比例所發行的甲種公債之未償總餘額，不得超過84%；屬於自償比例部分所發行的乙種公債之未償總餘額，不得超過29%。地方政府公債的發行，僅止於省（台灣省）與院轄市（台北市、高雄市）。

中央公債發行的決定機關是財政部國庫署，負責發行的是中央銀行國庫局，只有經過核准的「中央公債交易商」才能參與公債發行市

場的標售，包括銀行、郵匯局、證券商等金融機構，其他投資人欲購買新發行的公債，得透過這些交易商代為投標。

公債的標售分為競標和非競標兩種。競標依投標之價格或利率，以「荷蘭標」註1的競價方式發售；非競標依競標時得標之加權平均價格或利率發售。一般中央銀行會將標售金額分為競標金額與非競標金額，慣例依七三分，其中七成稱為「競標金額」，由交易商競標，若投標價格超過所訂底價，按其超過較多者為優先，依次得標；另三成非競標部分，依競標得標的加權平均價格或加權平均利率發售，若有未售餘額，按非競標價格售予有承購意願之交易商，或依交易商事前約定比例配售或擇期再行開標。

2. 公司債發行

公司舉債的利息支出是計算稅前盈餘的減項，與增資籌款相比，具有節稅的好處，此外，就掌控經營權、發揮財務槓桿效果、享受通貨膨脹利益而言，都是企業發行公司債的主要考量。

公司法第 247 條規定，公司債發行總額不得逾公司現有資產減去負債及無形資產後的餘額，而無擔保的公司債總額則不得超過前項餘額的二分之一。但公司法第 249 條及第 250 條也有規範，最近 3 年稅後平均淨利未達原定公司債應付利息總額 100%時，不得發行有擔保公司債；未達 150%時，不得發行無擔保公司債，但經銀行保證者不受此限註2。發行公司債的法源包括公司法第246～265條相關規定，及「發行人募集與發行有價證券處理準則」第20～38條。

3. 金融債券發行

原銀行法第 80 條、第 90 條規定，只有儲蓄銀行及辦理中長期放款的專業銀行，才可發行金融債券。民國 89 年新修訂的銀行法已開放商業銀行發行金融債券。惟開放初期，財政部不希望發行上限金額

太高，目前商業銀行發行金融債券的限額，訂為不得超過銀行淨值的
2 倍，而且要接受信用評等公司的信用評等。申請發行金融債券之銀
行，應符合下列條件：

(1)申請發行前一年年終決算之主要負債與淨值比率，在 20 倍以
下者。

(2)申請發行前一年年終決算稅後盈餘占淨值之比率，達 8%以上者。

(3)申請發行前一年年終決算逾期放款及催收款之總額占授信總額
之比率，在 2.5%以下者。

(4)最近一年內業務經營無重大違規者。

金融債券的發行及還本方式：

(1)銀行發行金融債券應按債券面額十足發行，並可以依折價或溢
價方式發售。

(2)金融債券應以無記名式發行。但如承購人或持有人要求，可以
改為記名式。

(3)金融債券償還期限，最長不得超過 20 年，最短不得低於 2 年，
開始還本期限不得低於 2 年。

4.外國債券發行

外國債券的發行人均為國際金融機構，皆特別經財政部核准比照
政府公債，免按一般公司債申請作業，買賣免課證券交易稅，2001 年
統計共有 46 種之多，發行機構計有亞洲開發銀行、中美洲銀行、歐
洲復興銀行等。

表 16-E　債券發行架構

項目 類別	中央公債	地方公債	金融債券	普通公司債	轉換公司債	外國金融債
年期	2～20	5～10	2～3	2～10	5～10	3～7
附息	固定/零息	固定	浮動	固定/浮動	固定/零息	固定/浮動
付息	半年/一年	半年/一年	半年/到期	不一定	不一定	不一定
還本	一次/分次	一次/分次	一次	一次/分次	一次	一次
發行方式	標售	配售/標售	洽商銷售	標銷/包銷/私募	詢價圈購	標售/包銷
承銷機構	中央公債交易商中央銀行國庫局	市/省屬行庫	自行銷售	證券承銷商	證券承銷商	證券承銷商

資料來源：櫃檯買賣中心

二、債券交易

　　債券交易市場可分為集中交易市場與店頭交易市場，採雙軌並行制。

1. 集中交易

　　依台灣證券交易所股份有限公司營業細則第 41 條規定，政府發行之債券、金融機構依法發行之金融債券及股份有限公司公開發行之公司債，得向交易所申請上市買賣。

　　債券之集中市場交易，概述如下：

　　⑴交易方式：僅得從事買賣斷交易，不得從事附條件交易。

(2)交易時間：上午 9 時至下午 1 時 30 分。

(3)交割方式：為保障交易安全及交割的便利性，一律採款券劃撥及集中保管方式。

(4)漲跌幅限制：7%。

(5)成交價格與利息計算：債券買賣採除息交易計算成交價格，其利息之計算，應自上次付息日算至成交日止，按實際天數計算。

2.店頭市場

依「證券商營業處所買賣有價證券管理辦法」第 5 條規定，政府債券及其他經主管機關核准之有價證券均可以在櫃檯買賣。**店頭市場是我國債券最主要的流通市場**，其重要性遠甚於集中市場。其交易的形式分為櫃檯買賣中心之等殖自動成交系統，及由自營商與客戶之間的議價交易。

債券之店頭市場交易，概述如下：

(1)交易方式：①等殖自動成交系統採買賣斷方式；②議價交易採買賣斷、附條件交易方式。

(2)交易時間：週一至週五：上午 9 時至下午 3 時。

(3)交割方式：①等殖自動成交系統，透過集保帳簿劃撥交割；②議價交易其交割由買賣雙方自行約定交割。

(4)漲跌幅限制：無。

(5)成交價格與利息計算：計算方式同集中市場。

3.債券買賣實務

債券的買賣交易方式可分為：(1)買賣斷交易（OP/OS）；(2)附條件交易，亦即附買回或附賣回交易（RP/RS）；(3)保證金交易（OPRS）。債券買賣斷和債券附條件交易的方式與票券類似，只是交易標的物不同而已，請參見第十五章第四節票券交易實務。債券保證金交易則與

📠 表 16-F　集中市場與店頭市場債券買賣制度比較表

項　　目	集中市場	店頭市場
交易方式	競標交易、定價交易 ※轉換公司債：競價交易	營業處所議價、等殖成交系統 ※轉換公司債：營業處所議價、等價成交系統
交易時間	◎競價交易：週一至週五上午 9 時至 13 時 30 分 ◎定價交易：週一至週五下午 2 時至 3 時 ※轉換公司債：週一至週五上午 9 時至 13 時 30 分	◎營業處所議價：週一至週五上午 9 時至下午 3 時 ◎等殖成交系統：週一至週五上午 9 時至 13 時 30 分 ※轉換公司債：週一至週五上午 9 時至 3 時
開戶手續	應開立有價證券受託買賣帳戶、集中保管帳戶及款項劃撥帳戶	免開戶 ※轉換公司債：同左
附條件交易	不可以	可以
信用交易	無	無
成交價計算	除息交易	除息交易
交易單位	◎競價交易：以面額 10 萬元為一交易單位 ◎定價交易：以其他面額為一交易單位 ※轉換公司債：以面額 10 萬元為一交易單位	◎營業處所議價：以面額 1 萬元為一交易單位 ◎等殖成交系統：以面額 5,000 萬元為一交易單位 ※轉換公司債：以面額 10 萬元為一交易單位
報價升降單位	5 分 ※轉換公司債：未滿 150 元者為 5 分、150 元至未滿 1,000 元者為 1 元，1,000 元以上為 5 元	0.01% ※轉換公司債：未滿 150 元者為 5 分，150 元至未滿 1,000 元者為 1 元，1,000 元以上為 5 元
漲跌幅度	5% ※轉換公司債：7%	無 ※轉換公司債：7%

註：民國 90 年 1 月 1 日起實施。

資料來源：財團法人中華民國證券櫃檯買賣中心網站（http://www.otc.org.tw/）

期貨保證金交易相近，二者皆為財務槓桿作用的發揮，具有以小博大的特性。

　　保證金交易相當於買斷（OP）再加附賣回（RS），公債市場稱之為 OPRS 交易，保證金相當於投資人買斷債券所需價金的自備款部分，附賣回相當於向債券交易商融資，必須約定期間，並按 RS 利率付利息給交易商，債券則存於交易商處當做擔保品，事實上，交易商又以該筆債券為籌碼，和擁有短期資金的投資人做附買回交易，取得資金來源並按 RP 利率付利息給對方。

第五節　債券市場概況

一、債券發行市場

　　債券發行市場以政府公債為最大宗，其次為公司債，金融債券及外國債券僅有小量發行。為了促進公債市場發達，中央銀行於 1992 年 6 月首次發行無實體公債，並於 1997 年正式進入無實體公債交易時代，2000 年則開放商業銀行得發行金融債券。

　　表 16-G 顯示，政府公債的發行量最大，但比重有下降趨勢，1996 年以前經常高達九成以上，1997 年以後，公司債和外國債券發行量顯著躍升，2001 年公司債發行餘額已占整體發行市場的 23.27%，政府公債發行餘額比重則降至 71.06%，更驚人的是，1996 年普通公司債發行種類為 95 種，2001 年增加至 1487 種，6 年間成長 14 倍。

二、債券交易市場

　　我國資本市場原本偏重股票交易，1990 年起債券交易大幅成長，1992 年成交金額首度超越股票，2001 年一舉突破百兆元，十年間成長

31 倍。以交易類別論，政府公債為最大宗，約占 99%；以交易市場論，店頭市場遠大於集中市場，比重大約也是 99%。集中市場的公債和普通公司債交易一向稀少，近年來更持續掛零，僅剩可轉換公司債交易獨撐大局，究其原因，一般債券由於面額大，不適合小額投資人，此外，集中市場債券僅得從事買賣斷，不得從事附條件交易，也是造成交易不發達的主要原因，店頭市場的附條件交易一般皆為買賣斷的數倍之多，2001 年利率大跌，債券市場呈現大多頭行情，買賣斷交易激增，僅略遜於附條件交易，是比較特殊的一年。

表 16-G　我國債券發行概況表

年底	公債 （億台幣）	公司債 （億台幣）	金融債券 （億台幣）	外國債券		
				（百萬美元）	（十億日元）	（億台幣）
1990	1,690.6	514.8	53.8	—	—	—
1991	3,276.4	589.9	116.0	300	—	—
1992	5,336.0	626.7	185.1	600	—	—
1993	7,077.4	477.9	0	600	30	—
1994	7,871.1	320.3	0	600	30	—
1995	8,609.5	478.4	0	600	30	26
1996	9,950.5	1,243.3	0	600	30	96
1997	10,344.6	2,191.1	0	300	30	294
1998	10,420.0	3,837.9	0	—	0	631
1999	12,438.2	4,516.7	0	0	0	911
2000	14,783.2	5,216.2	0	0	0	1,131
2001	18,569.2	6,080.5	50.0	0	0	1,430

資料來源：台灣證券交易所；中華民國證券櫃檯買賣中心。
說明：*1.* 本表所統計之債券係指上市或上櫃者。
　　　2. 本表數字係指發行餘額。

📑 表 16-H　我國債券交易概況表

單位：新台幣億元

| 年度 | 集　中　市　場 | | | | 店　頭　市　場 | | | | |
	集中市場債券成交總值	政府公債	普通公司債	轉換公司債	店頭市場債券成交總值	政府公債	公司債	金融債券	外國債券
1990	61.1	2.7	2.6	56.8	15,923.2	15,907.8	9.7	5.7	—
1991	63.6	—	1.8	59.1	37,434.9	37,429.8	—	5.1	—
1992	38.2	3.6	0.4	37.8	107,346.4	107,326.6	19.0	0.8	—
1993	29.5	2.2	—	25.9	131,558.3	131,558.3	—	—	—
1994	78.0	—	—	75.8	159,729.1	159,729.1	—	—	—
1995	18.7	—	—	18.7	208,213.7	208,163.1	27.5	—	23.2
1996	100.3	—	—	100.3	282,874.9	282,587.9	240.7	—	46.3
1997	198.0	—	—	198.0	403,722.1	403,188.9	271.0	—	262.2
1998	409.2	—	—	409.2	549,593.1	547,187.1	716.3	—	1,689.7
1999	542.3	—	—	542.3	521,807.5	519,106.0	981.2	—	1,720.3
2000	512.8	—	—	512.8	689,205.7	684,727.3	2,030.8	—	2,447.6
2001	240.4	—	—	240.4	1,189,684.7	523,659.6	2,638.6	100	3,600.7

資料來源：台灣證券交易所，櫃檯買賣中心。

第六節　可轉換公司債　

　　可轉換公司債（Convertible Bond）或可交換公司債（Exchangeable Bond）皆係普通公司債附加轉換股票的權利，前者係以發行公司本身的股票為轉換標的，投資人要履行轉換權時，發行公司須發行新股以供轉換；後者則為發行公司提供本身所持有的其他公司之股票為交換標的，投資人要交換的是已發行且流通的股權資產，發行公司和標的公司都不須發行新股支應交換。

　　民國 77 年永豐餘率先推出以中華紙漿為交換標的的可交換公司債，民國 79 年遠東紡織首次推出可轉換公司債。民國 85 年以前，這

類債券每年發行不到 20 種，其後每年則有 70 種以上，而以可轉換公司債居多，早已成為國內上市公司籌措資金的重要管道。此外，海外公司債自民國 78 年起核准發行，截至民國 90 年底止，皆為可轉換公司債 註3，海外可轉換公司債（Euro Convertible Bond, ECB）除了具有可轉換公司債的基本特性外，對發行公司而言，籌資管道更加多元化，不但有機會享受低廉的資金成本，更可藉此建立國際知名度。

一、市場價值

可轉換公司債的轉換決定權操之於投資人，相當於普通債券再加上一個美式股票買權（Call），投資人可就其債券價值與轉換價值孰高，來決定是否轉換為股票。影響債券價值的因素包括票面利率、市場利率、到期日遠近等，本章先前已有論述，這裡不再重複。其轉換價值則與下列名詞定義有關：

1. 轉換價格（Conversion Price）：投資人可按該價格將可轉換公司債轉換為普通股。

2. 轉換比率（Conversion Ratio）＝公司債面額／轉換價格

亦即可轉換公司債能轉換成多少普通股股數。

3. 轉換價值（Conversion Value）＝普通股市價×轉換比率

亦即按照普通股每股市價，以及可轉換股數，計算若經轉換則該公司債的價值為多少。

所以轉換價值＝公司債面額×（普通股市價／轉換價格）。若普通股市價＜轉換價格，則轉換價值＜公司債面額，投資人傾向不轉換，便能繼續保本領息，此時可轉換公司債展現其**債券價值**；反之，若普通股市價＞轉換價格，則轉換價值＞公司債面額，投資人有機會轉換，可轉換公司債價格隨普通股市價而變動，此時可轉換公司債展現其**轉換價值**。

例如，大正公司發行第一次可轉換公司債（簡稱「大正一」），

每張面額 10 萬元，轉換價格為 25 元／股，因此轉換比率為 100,000÷25=4,000（股）。若大正公司今日收盤股價為 30 元，「大正一」的轉換價值為 30×4,000=120,000（元）；又若某日收盤股價為 20 元，則「大正一」的轉換價值為 20×4,000=80,000（元）。

純債券價值和轉換價值是可轉換公司債市場價值的兩條底線，投資人又因享有主動的轉換權利，所以可轉換公司債的市場價值是上述兩種理論價值孰高再加上溢價（Premium），如圖 16-I 所示，股價愈高，純債券價值的重要性逐漸降低，可轉換公司債的市場價值接近轉換價值，但溢價也減少，此因投資人傾向立即行使轉換權利，不做更高股價的期待，此時可轉換公司債幾等同股票，價格的波動亦同之；若股價愈低，期待行使轉換權利的機會愈渺茫，溢價也會減少，此時可轉換公司債幾等同純債券，故與純債券價值底線接近；若股價在轉換價格附近，轉換權利是否能行使的期待機會最大，溢價也最大。

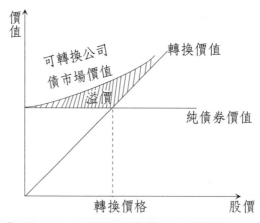

圖 16-I 可轉換公司債的市場價值

二、影響因素

可轉換公司債價值的影響因素及兩者間的關係如下：

1. 普通股市價

普通股市價愈高，轉換價值就愈高；反之則愈低。因此，普通股市價對可轉換公司債價值的影響關係為正向。

2. 轉換價格與轉換比率

轉換價格愈高，轉換比率就愈低，轉換價值因而愈低；反之，轉換價格愈低，轉換比率就愈高，轉換價值因而愈高，所以可轉換公司債價值與轉換價格成反比，而與轉換比率成正比。

3. 凍結期間

為了避免投資人過早轉換，使債券壽命縮短，債券發行日與開始轉換日相隔一段時間，稱為凍結期間（Lock-out Period），這是對投資人轉換權利的限制，因此，凍結期間愈長，可轉換公司債的價值愈低；反之則愈高，二者存反向關係。

4. 股利發放

當發行公司發放現金股利時，股票市價因除息而向下調整，對可轉換公司債價值的影響是負向的。至於發放股票股利，通常都有「反稀釋條款」註4 的保護，可轉換公司債的價值就不受影響。

綜合而言，可轉換公司債兼具債券和股票的特性，為「下檔有保障（Downside Protection）」，「上檔有潛力（Upside Potential）」的證券，具有進可攻，退可守的特性，所以廣受國內外投資人的喜愛；對於發行公司來說，可轉換公司債因附有轉換權利，票面利率較普通債券為低，利息負擔較輕，投資人行使轉換權利的時間不盡相同，資本額膨脹進而稀釋每股獲利能力的效果不若增資明顯，所以近年來也特別受發行公司青睞，成為國內外融資的重要金融工具。

註釋

註1：「荷蘭標」（Dutch Auction）的投標過程和開標方式，皆與「複式價格標」相同，但是得標價格的認定方式不同。「複式價格標」的不同得標價格都是該次公債發行的得標價格；「荷蘭標」的得標價格只取一個，也就是該次公債發行價格皆一致，故又稱為「單一價格標」。

註2：民國90年10月25日通過的公司法增修條文，對於公司債的私募，不受第249條第2款及第250條第2款之限制，並於發行後15日內檢附發行相關資料，向證券管理機關報備；私募之發行公司不以上市、上櫃、公開發行股票之公司為限。

註3：民國83年統一企業發行過一檔海外可交換公司債，交換標的為統一實業普通股。

註4：發行公司在辦理現金增資或發放股票股利後，會使流通在外股數增加，使股權稀釋，為了保護可轉換公司債的投資人，使其價值免於被公司以現金增資、股票股利、發行售價低於轉換價格的普通股等方式稀釋，幾乎所有的可轉換公司債均訂有反稀釋條款（Antidilution Provision），即：

A.公司不得發行售價低於轉換價格的新股。若新股售價低於轉換價格，公司必須將轉換價格調低到等於新股的售價。

B.如果公司辦理現金增資或發放股票股利，則亦必須按比例調低可轉換公司債的轉換價格，調整方式為：

$$調整後轉換價格 = 調整前轉換價格 \times \frac{1 + \left(增資比率 \times \frac{新股認購價}{每股市價}\right)}{(1 + 增資比率)}$$

考題集錦

一、選擇題

_____ *1.* 目前利率 8%，某債券 Duration-5.4，如果利率提高 50b.p.，請問債券價格變化率為何？

(A)33.75%　(B)15.12%　(C)8.3%　(D)12%　(E)None of the above

【90.輔仁金融所】

_____ 2.企業發行 ECB 的主要考量為何？

(A)發行容易　(B)資金取得快速　(C)利息負擔輕　(D)規避匯率風險

(E)改善財務結構　　　　　　　　　　　　　　【90.輔仁金融所】

_____ 3.下列敘述何者錯誤？

(A)短期利率波動幅度大於長期利率

(B)短期債券對利率變動的敏感性高於長期債券

(C)當市場利率高於票面利率時，則發行公司較不可能將債券贖回

(D)當市場利率高於債券票面利率時，則債券會折價發行

【89.中原財管所】

_____ 4.下列有關利率變動影響的敘述，何者正確？

(A)央行大舉實施沖銷政策，利率會上升

(B)發行可贖回債券的利率一定會低於不可贖回債券，才會有人買

(C)公司的債信評等由 AAA 級調到 AA 級，則新發行債券的利率亦會下降

(D)公司新發行的債券附有「償債基金」規定，其利率會高於無「償債基金」　　　　　　　　　　　　　　　　【89.中原財管所】

_____ 5.關於可轉債（CB），下列何者為非？

(A)轉換期間愈長，CB 之市價愈高

(B)該公司普通股市價愈高，CB 之市價愈高

(C)該公司普通股市價波動程度愈大，CB 之市價愈高

(D)轉換價格愈高，CB之市價愈高

(E)以上皆對 　　　　　　　　　　　　　【89 朝陽財金所】

____6.若聯電三可轉債之轉換價格為 40 元，而聯電普通股之市價約為 60 元，則你認為聯電三可轉債之轉換價值應為多少？（假設可即時轉換）

(A)$140,000　(B)$150,000　(C)$160,000　(D)$170,000　(E)以上皆非

【89 朝陽財金所】

____7.承上題，若目前聯電三可轉債之市價為$160,000，你認為是否存在套利空間？

(A)是　(B)否　(C)套利之利潤恰為 0　(D)以上皆非

【89 朝陽財金所】

____8.在其他條件相同下，下列何債券相對上可能有最高之利率風險？

(A)票面利率10%，10 年期　(B)9%，15 年　(C)12%，8 年　(D)8%，20 年　(E)難以比較 　　　　　　　　　　　【89 朝陽財金所】

____9.若統一公司債券之面額為 1,000 元，票面利率為 10%，十年期，假設每年還息，若投資者之要求報酬率為 14%，則該債券之存續期間（duration）為多久？

(A)5.1 年　(B)6.3 年　(C)7.5 年　(D)8.7 年　(E)10 年

【89 朝陽財金所】

____10.下列敘述，何者為非？

(A)債券價格和殖利率成反向關係

(B)到期期間愈長，債券價格對殖利率的敏感性愈大

(C)殖利率下降使債券價格上漲的幅度低於殖利率上揚使債券價格下跌的幅度

(D)低票面利率債券之殖利率敏感性高於高票面利率債券

【91 分析人員】

____11.在其他條件不變，下列有關債券存續期間（duration）的敘述，何者為非？

(A)債券到期日愈長，其存續期間愈長

(B)債券價格愈高，其存續期間愈長

(C)票面利率愈高，其存續期間愈短

(D)到期收益率愈高，其存續期間愈短　　　　　【91.分析人員】

_____12.關於債券存續期（Duration），下列敘述何者正確？

Ⅰ.假設其他條件相同，債券信用風險愈高，其存續期也愈大

Ⅱ.假設其他條件相同，債券票面利率愈高，其存續期也愈大

Ⅲ.假設其他條件相同，債券殖利率愈低，其存續期也愈大

Ⅳ.假設其他條件相同，債券到期期限愈長，其存續期也愈大

Ⅴ.零息債券的存續期，必較同期限的附息債券存續期來的大

(A)僅Ⅰ、Ⅲ、Ⅳ正確　　(B)僅Ⅱ、Ⅲ、Ⅴ正確　　(C)僅Ⅲ、Ⅳ、Ⅴ正確　(D)僅Ⅲ、Ⅳ正確　　　　　　【90.4 分析人員】

_____13.假設今天發行三年期的債券，其面額為$1,000，票面利率為4.25%，每年付息一次，若YTM為4.0%，債券價格應為：

(A)$1,006.94　(B)$1,015.22　(C)$1,024.37　(D)$1,033.51

【90.4 分析人員】

_____14.承上題，該債券之Macauley's Duration（MD）及Modified MD (MMD)為：

(A)MD=2.88 years, MMD=2.77 years

(B)MD=2.77 years, MMD=2.66 years

(C)MD=2.66 years, MMD=2.56 years

(D)MD=2.66 years, MMD=2.77 years　　　　　　【90.4 分析人員】

_____15.承上題，若該債券發行後瞬間市場利率下跌，導致YTM成為3.0%且持續3年之久，請問債券到期後該債券之實現報酬率為：

(A)4.0%　(B)3.8%　(C)3.6%　(D)3.4%　　　　【90.4 分析人員】

_____16.以下有關債券評價理論的敘述何者正確？

(A)債券之價格與債券之到期殖利率（Yield to maturity, YTM）成反向變動

(B)若債券的票面利率等於債券的 YTM，債券價格將等於面額

(C)其他條件相同，長期債券對利率變動之敏感性高於短期債券

【90.4 分析人員】

____17.在相同殖利率之假設下，下述之債券，何者有最低之存續期間
（duration）？

(A)票面利率 10%之八年期債券　　(B)零票面利率之八年期債券

(C)票面利率 10%之十年期債券　　(D)票面利率 8%之八年期債券

(E)以上皆是 【90.2 分析人員】

____18.假設債券之面額為 1,000 元，票面利率為 12%，每年付息一次，到
期日為兩年，殖利率為 12%，其存續期間（duration）約為？

(A)2　(B)1.89　(C)1.66　(D)1.45 【90.2 分析人員】

____19.以最近五年台灣的債券市場而言，下列敘述何者為非？

(A)債券發行淨額最大的是政府債

(B)可轉換公司債的發行淨額大於普通公司債之發行淨值

(C)店頭市場之債券的成交金額大於集中市場的債券成交金額

(D)附條件形式的債券成交金額大於買賣斷形式的債券成交金額

【90.1 分析人員】

____20.有關債券價格與殖利率（yield to maturity）的敘述，下列敘述何者
為非？

(A)債券價格與殖利率成反向關係

(B)到期期間愈長，債券價格對殖利率之敏感性愈大（其他條件相
同下）

(C)債券價格對殖利率敏感性之增加程度隨到期期間延長而遞減

(D)殖利率下降而價格上漲幅度，低於殖利率上揚使價格下跌的幅
度

(E)低票面利率債券之殖利率敏感性高於高票面利率債券（其他條
件相同下） 【90.1 分析人員】

____21.下列事項中，何者最可能使流通在外債券之價格上揚？

(A)大型企業發行大量債券

(B)中央銀行調高貼現率

(C)風險變動使殖利率上升

(D)上市、上櫃債券評等普遍降級

(E)國際油價下跌、預期通貨膨脹率下降　　　　　【90.1 分析人員】

____22.假設半年期國庫券即期利率為 4%，而一年期國庫券即期利率為 5%，此意謂距現在半年後之半年期遠期利率（forward interest rate）為

(A)3%　(B)4.5%　(C)5.5%　(D)6%　　　　　【90.1 分析人員】

____23.我國現行買賣政府債券之交易稅率為：

(A)免稅　(B)千分之一　(C)千分之一點四二五　(D)千分之三

【91.1 券商高業】

____24.下列有關可轉換公司債（convertible bond）之敘述，何者為正確？

(A)在事先約定的情況下，可轉換公司債允許股東將股票轉換成債券。

(B)其他條件不變下，當股票的價格愈高時，可轉換公司債的價格愈高。

(C)通常可轉換公司債票面利率較一般利率水準高，因此頗受投資人歡迎。

(D)其他條件不變下，當股票的價格愈低時，可轉換公司債轉換的可能性愈大。

(E)以上敘述有兩者為正確。　　　　　【88 台大財金所】

____25.假定目前一年期和二年期零息票債券（Zero Coupon Bond）的即期利率分別是 8% 和 12%，那麼第二年中的一年期遠期利率（Forward Rate）為多少？

(A)10.00%　(B)4.00%　(C)20.25%　(D)9.25%　(E)16.15%

【88 政大國貿所】

____26.若債券之票面利率為 10%，面值為 $10,000，則當市場利率上升至

11%時，債券應：

(A)平價發行　(B)競價發行　(C)折價發行　(D)溢價發行

【88中原國貿所】

＿＿＿27.若一歐洲債券之票面利率為8%，面值為$1,000，到期日是5年，如果其到期殖利率（yield to maturity）是10%，則其市價為：

(A)924.28　(B)942.29　(C)957.69　(D)852.43　【88中原國貿所】

＿＿＿28.在其他條件相同下，下列何債券可能有最低之利率風險？

(A)10% coupon rate, 10 years maturity　(B)8%, 10 years　(C)12%, 8 years

(D)8%, 20 years　(E)無法比較　【87朝陽財管所】

＿＿＿29.國內積極推動公司債信用評等制度無益於下列何項？

(A)債券型基金績效的評估　(B)公債投資組合的績效評估　(C)銀行貸款　(D)公司發行票券　(E)以上都有益　【86.台大財金所】

＿＿＿30.有關垃圾債券的敘述何者為真？

(A)投資垃圾債券的實際報酬率高於一般債券

(B)係指S&P公司評等等級在BBB之債券

(C)係指Moody's公司評等等級在Baa以上（含）之債券

(D)垃圾債券與一般債券的差異主要在違約風險的高低

【90.2券商業務員】

＿＿＿31.假設一債券的平均存續期間（Duration）為5.5，當時的到期收益率（YTM）為5.25%，請問當其到期收益率（YTM）變動一個基點（basis point）時，該債券價格變動的百分比為何？

(A)5.5%　(B)5.23%　(C)0.052%　(D)0.06%　【90.4券商高業】

＿＿＿32.李先生預期利率將上漲，應如何調整其握有之債券部位，以減少損失？

(A)賣出存續期間（Duration）較長的債券，買入存續期間較短的債券

(B)賣出存續期間較短的債券，買入存續期間較長的債券

(C)積極買入各種存續期間的債券

　　　(D)以上皆可　　　　　　　　　　　　　　　　　【90.4 券商高業】

____33.某一可轉換公司債面額 10 萬元，市價目前為 13 萬元，轉換價格
　　　為 40 元，其標的股票市價 50 元，則下列何者較正確？A.出售可轉
　　　換公司債　B.轉換成標的股出售

　　　(A)A　(B)B　(C)均正確　(D)不一定　　　　　　【90.4 券商高業】

____34.假設甲可轉換公司債的面額為$100,000，轉換價格為 40，可轉換公
　　　司債的市場價格為$121,000，請問在不考慮任何其他因素下，標的
　　　股票的價格為多少時，沒有套利的機會？

　　　(A)40.0　(B)42.5　(C)45.8　(D)48.4　　　　　　【90.4 券商高業】

二、計算題

1. 假設永豐餘公司今天發行總計 10 億元面值的公司債，每張公司債面值
　為 10 萬元，票面利率為 5%，每年付息一次，五年到期。結果今天在
　市場上，順利的以每張 10.2 萬元的價格承銷標售完畢。其中匯豐證券
　公司今日以 10,200,000 元共買進此證券 100 張。假定利率是每年複利一
　次，試求今日匯豐證券公司握有此公司債的 Duration（存續期間）為多
　少____。　　　　　　　　　　　　　　　　　　　　【88 朝陽財金所】

2. 假設完美的債券市場中，有三個債券 A、B 和 C。債券 A 之面值$100，
　二年後到期，每年支付利息$10。債券 B 之面值$55，二年後到期，不
　付息。債券 C 之面值$30，一年後到期，不付息。三個債券皆無風險，
　已知債券 A、B 今日市價分別為$105 及$50，試問在債券市場均衡時，
　債券 C 之市價為何？　　　　　　　　　　　　　　　【82 台大財金所】

3. XYZ 半導體公司發行三年期公司債，以籌集資金興建晶圓廠。此公司
　債的面值是 2 萬元，票面利率 12%，殖利率 8%。根據 Macaulay 公式，
　公司債持有需要多少時間方能回收債券現有成本？

　　　　　　　　　　　　　　　　　　　　　　　　　　【88 政大國貿所】

三、問答題

1. 債券之利率風險與(1)息票利率、(2)發行期限、(3)市場殖利率（yield to maturity）之關係為何？（請回答正向關係或負向關係即可，在回答與某一因素之關係時，均假設其他因素固定）

【89. 台大財金所】

第陸篇　　衍生性金融商品

第*17*章　期　貨

衍生性金融商品（Derivative Instruments）是由實體資產（例如商品、股票、債券、外匯等）所引伸的契約型態金融商品，其價值依據標的資產（Underlying Asset）的價格來決定，因此這類契約也是有價證券。

期貨契約（Futures Contract）是由遠期契約（Forward Contract）演進而來，遠期契約又稱「未來交割」（To Arrive）契約，意即事先約定交易標的物和內容，而於未來履行交割的買賣合約。期貨契約則是訂約雙方在訂約時同意於未來某一時間（到期日），依約定的價格買賣某種特定數量和品質的商品，或結算價差。

一般人比較熟悉現貨交易（Spot Transaction）的方式，現貨交易包括兩大步驟：(1)成交：買賣雙方在認可品質之下敲定價格和數量；(2)交割：買方付款，賣方交貨，銀貨兩訖，交易完成。期貨交易的步驟與現貨交易相同，只是兩個步驟相隔一段時期，因此以期貨契約為提貨憑單，這段時間內提貨憑單也可以轉手交易，因而形成期貨市場；提貨憑單的買賣價格就是期貨價格，最後在到期日完成交割而終止。

現貨價格是標的資產的價格，期貨價格是標的資產提貨憑單的價

格，二者應有關聯但不盡然相同，唯期貨到期日那天，因可提貨如同現貨，期貨價格才會和現貨價格趨同。對於同一標的資產，市場上同時可能有好幾個到期日不同的期貨契約，分別有不同的期貨價格。

第一節　期貨契約的種類

現代期貨交易應上溯自 1848 年成立的芝加哥期貨交易所（Chicago Board of Trade, CBOT），1865 年開始有期貨契約的交易，最初都是穀物期貨。隨著標準化契約的形成，交易制度漸趨完善，參與市場的人數、金額不斷增加，產品種類更是與時俱增，基本上可分為商品期貨（Commodity Futures）和金融期貨（Financial Futures）兩大類。

一、商品期貨

商品期貨起源最早，又可分為三類：

1. 農產品期貨

農產品期貨（Agricultural futures）以穀物（小麥、玉米、燕麥等）為大宗，另外還有家畜產品（生豬、活牛、豬腩等）及其他軟性商品（Soft commodity）（咖啡、可可、棉花、蔗糖、橙汁等經濟作物）等等。

2. 金屬期貨

金屬期貨（Metallic futures）又分為貴重金屬（Precious metals）（黃金、白銀等）及工業金屬（Industrial metals）或非貴重金屬（Non-precious metals）（銅、鋁、錫等）期貨契約。

3. 能源期貨

石油及其附屬產品（原油、燃油、汽油等）皆是能源期貨（Energy futures）。

二、金融期貨

金融期貨則是 1970 年代以後期貨市場的新寵，亦可分為三類：

1. 股價指數期貨

著名的股價指數期貨（Stock Index Futures）有美國 S & P 500 指數、道瓊工業指數、NYSE 綜合股價指數、日本 Nikkei 225 指數、英國 FT-100 指數、法國 CAC 40 指數、德國 DAX 指數、香港 Hang Seng 指數等。與台灣股市有關的包括新加坡國際金融交易所（Singapore International Monetary Exchange, SIMEX）推出的摩根台股指數以及台灣本土推出之台股加權指數期貨。

2. 利率期貨

利率期貨（Interest rate futures）包括長短期政府公債、歐洲美元及其他附息資產之期貨。

3. 外匯期貨

外匯期貨（Foreign Currency Futures）主要有英鎊、日圓、德國馬克、瑞士法朗等。

商品產出受自然條件的限制，期貨契約數量不易擴增；金融期貨則可被人為創造，所以交易數量遠大於前者，約占整體市場的 8 成以上，除此之外，期貨產品亦不斷應市場需求而推陳創新，例如 CBOT 的巨災保險期貨、電力期貨，CME（Chicago Merchantile Exchange，芝

加哥商業交易所）的天氣期貨（Weather Futures），LCE（London Commodity Exchange，倫敦商品交易所）的 BIFFEX 運費費率期貨等。

第二節　期貨交易規定與市場功能

一、標準化的契約

期貨契約最大的特色是標準化（Standardized）。舉凡標的物的種類、數量、品質、交割條件、時間與地點等等都有嚴格的規定。

標準化的期貨契約內容通常包含了下列各項：

1. 交易標的物

交易標的物如果是實體商品（Physical Commodity），則品質自然有所差異，因此期貨契約就必須將合於交割的商品品質明確載明，如果契約允許交割品質相近但等級不同的商品，則該近似商品與基準交易標的物等級間的折價問題，應有明確的規定。金融期貨方面，股價指數與外匯期貨在定義上應毫無疑義，但利率期貨與農產品期貨一樣，因到期日、票面利率等差異，可能會有類別不同的問題，交易所便應訂定合理的交割標的物基準等級與替代等級，不致令交割任一方吃虧或占便宜。

2. 契約金額

期貨契約金額（Contract Size）的大小，在契約規格中有明確規定。就正常情況而言，價格變動率較小的商品，其契約金額應該可以較大，反之則較小。一般而論，農產品期貨的契約金額常在 1 萬美元至 2 萬美元間；金融期貨契約金額則較高，例如，CBOT 長期公債的

契約金額為面額 10 萬美元的公債，CME 之 3 個月國庫券期貨交易單位則高達每口 100 萬美元，而新加坡摩根台指期貨每口合約價值為美金 100 元乘以指數，台灣期貨交易所的加權股價指數期貨每口合約價值則為新台幣 200 元乘以指數。

3. 交割月份

期貨交割月份（Delivery Month）或到期月份（Maturity Month）隨著契約種類之不同而不同，基本上，農產品契約的到期月份常在 1 年以內，並且配合收割與季節性之週期；金融期貨的到期月份則較長，而且沒有季節性的問題，但是其交易量則通常集中在近期月份契約（Nearby Contracts）上。例如，新加坡摩根台指期貨合約到期月份為最近兩個連續月份加上 4 個季月，台灣期貨交易所的加權股價指數期貨合約月份則為最近兩個連續月份再加上 3、6、9、12 中的 3 個季月。

4. 交割方式

一般而言，期貨交割方式（Delivery Arrangements）有兩種：**實物交割**（Physical Delivery 或 Settlement）與**現金交割**（Cash Delivery 或 Settlement）。實物交割，顧名思義，指的是買賣雙方必須於到期日以實物交付來完成交割義務，早期的農產品期貨即是採實物交割。至於金融期貨，某些根本無實體存在的期貨契約，如股價數期貨，則大部分採行現金交割。

5. 契約數量

每口期貨契約規定的標的物數量，因契約種類而各異，穀物每口為 5,000 英斗（Bushel），黃金每口為 100 盎斯（Ounce），CBOT 的長期公債為每口面額 10 萬美元，CME 的國庫券為每口面額 100 萬美元。契約數量規格的決定因素是價格變動率（Price Volatility），每口數量

必須使期貨價格變動大到可以滿足機構法人的避險需求，但也不能太大而使投機交易者無法承受，因此，契約數量規格有時也會隨價格變動率的改變而調整，但並不多見。

二、保證金交易與逐日結算制度

保證金相當於期貨交易的抵押品，目的是做未來清償損益的本金或充當履約保證，期貨的保證金制度分為兩層，上層是結算保證金（Clearing Margin），由結算所向結算會員收取，以確保履約的能力；下層是客戶保證金（Customer Margin），由結算會員或期貨經紀商向下單客戶收取。客戶保證金又可區分為原始保證金（Initial Margin 或 Original Margin）與維持保證金（Maintenance Margin）。原始保證金是客戶在新增期貨部位（多頭或空頭）時所需繳交的原始存款，其目的是在確保客戶履行契約之義務。原始保證金隨各期貨契約而不同，通常約為整筆交易金額的 5%，亦即是說，客戶只要預存 5 元的保證金，就可買賣 100 元的期貨，這也是期貨交易常被稱為「以小博大」或高槓桿交易（High Leveraged Transaction）的理由。

維持保證金是客戶為了維持其所開帳戶仍然持續有效（Active），所必須留存在帳戶的存款餘額。維持保證金一般是原始保證金的 75%，當客戶帳戶存款金額低於維持保證金時，即會接到經紀商之電話追繳通知（Margin Call），如果客戶未能在限定時間（通常為 24 小時內）以現金（或電匯）補足差額，則將會遭致經紀商處分其名下之期貨部位（俗稱斷頭或砍倉），顧客不得有任何異議。補繳之金額以回復至原始保證金為基準。相對地，如顧客帳戶存款餘額高於原始保證金，則客戶可領回超額之部分或將該超出金額作為開立新倉位之保證金。

為了維護保證金制度的交易安全，期貨市場實施釘住市價（Mark to Market）的逐日結算制度（Daily Settlement），也就是期貨交易雙方所持有的期貨部位，必須每天依照期貨結算價格（Settlement Price）計

算盈虧，並於次日補足（或提領）保證金不足（或超額）之款項。

舉例 王先生於 3 月 1 日委由其經紀商在美國商品交易所買進 2 口黃金期貨契約（每口規格 100 盎斯），成交價為每盎斯 360 美元，所以王先生買進的黃金期貨總值是 72,000 美元，若原始保證金比率為 5%，維持保證金是原始保證金的 75%，王先生買進期貨時就必須繳存 3,600 美元的原始保證金，若其持有該筆黃金期貨的市場總值低於 2,700 美元，期貨商便要向他追繳保證金，而且每次至少補足至 3,600 美元水準。表 17-A 是假設的王先生交易後黃金期貨價格變動情形，以及釘住市價的計算方式。

解

表 17-A　保證金交易與釘住市價計算方式實例

日期	期貨價格	當日盈虧	累計盈虧	保證金餘額	追繳保證金
3/1	360			3,600	
3/2	361	200	200	3,800	
3/3	358	(600)	(400)	3,200	
3/4	356	(400)	(800)	2,800	
3/5	356	0	(800)	2,800	
3/6	354	(400)	(1,200)	2,400	1,200
3/8	354	0	(1,200)	3,600	
3/9	355	200	(1,000)	3,800	

三、期貨市場的功能

期貨交易具有以小博大的特性，參與期貨交易的人不一定需要該項標的物，而且持有至到期日履行交割，其中很大比例的人是為賺取差價而來，因此，期貨交易常予人「投機行為」或「賭博市場」的負面印象。1995 年霸菱銀行（Barings）新加坡交易員李森（Nick Leeson）

交易日經指數期貨失利，該銀行損失 15 億美元，百年老店因而破產倒閉。事實上，正常的期貨交易對經濟社會有正面的貢獻，茲分述如下：

1. 風險管理

期貨契約是投資者風險管理（Risk Management）的有效工具。**避險或對沖（Risk Hedging）是期貨交易最重要的功能**，成功的期貨市場不僅能夠吸引大量的避險者與投機客同時進場買賣，更能使得在現貨市場的部位擁有者（多頭或空頭）能夠將價格風險轉移給願意承擔風險而追逐差價利益的期貨投機客，就這一點而言，期貨交易與賭博行為是截然不同的，賭博本身是無中生有的風險創造行為，而**期貨契約則是在對已經存在於現貨市場的價格風險提供規避或對沖的有效工具**，期貨交易並不創造風險，反倒是排除市場既存風險的絕佳手段。例如，生產小麥的農民為了預防收成時小麥價格下跌所造成的損失，他可以先賣出小麥期貨，這是一種**空頭避險**；又如台灣某進口商預期 3 個月後有一筆 100 萬美元的進口支出，為了避免屆時新台幣貶值，造成進口美元成本上升，他可以買入美元期貨，這是一種**多頭避險**。

當然，如果期貨市場不能脫離人為操縱或壟斷，則其避險功能將會大打折扣，甚至本身也就淪為風險創造的場所，這就失卻了期貨交易的目的了。然而，相對於其他市場而言，期貨市場應該是最有效率與最公平的市場。標準化的契約、交易人數的眾多、數量龐大的交易籌碼、集中喊價撮合與保證金支付等等制度，都使得期貨市場比其他市場更具公平性，人為操縱與壟斷的可能性也最低，正因如此，期貨契約成為投資者風險管理的最佳工具之一。

2.價格發現

價格發現（Price Discovery）是指期貨交易價格對未來現貨價格提供訊息的功能。期貨市場是交易雙方對未來市場供需情況買賣的集中場所，由於交易人數眾多，而且所有交易皆經過交易所公開競價，因此最後成交的價格應該最能反映出市場參與者對未來現貨市場供需的判斷，而能作為生產者與消費者決策行為的重要參考，對整個經濟社會資源的配置效率（Allocation Efficiency）自然有極大的助益。

實證研究指出，美國 S & P 500 股價指數期貨常常會領先 S & P 500 指數，遇有重大訊息出現，例如 Fed 調降利率，指數期貨的反映往往可以符合效率市場的意義，但要 500 種股票完全反映這一重大訊息，可能要耗費一段時間。國內股票投資人也常常參考台指期貨價格的走勢，用以研判台灣股市（現貨）行情。

3.降低交易成本

購買期貨一般只需要支付保證金，對於表彰相同數量的現貨商品而言，期貨的持有成本遠低於現貨的持有成本，以標的物價值換算手續費、交易稅等交易成本，當然也較現貨交易低廉。此外，當交易者心意改變時，期貨市場比較容易反向操作（Offsetting），可以增加資金的流動性，降低資金成本。

第三節 期貨市場組織與概況

一、期貨市場的組織架構

1. 期貨交易所

期貨交易所（Futures Exchange）是由眾多會員所組成的非營利性機構，會員可直接在交易所中下單交易，而非會員則必須委託會員才能進行交易。交易所的經費來源主要是由各會員所繳交的會費及期貨交易契約中抽取的手續費（Exchange Fee）而來。交易所本身並不從事期貨買賣，主要的功能在於制定標準化的契約，並提供一個集中場所，使期貨契約能夠公開地交易，監督與執行期貨交易過程與法規。

2. 期貨結算所

有的期貨結算所（Clearing House）是隸屬於交易所，有的則是獨立的組織。在期貨交易中，所有的交易最後都必須透過結算所的結算登記，才算交易完成，每一筆成交資料，都必須傳到結算所撮合，一旦成功，交易雙方彼此即無關係，轉變為各自對結算所負責，即結算所對買方負責，成為買方的賣方；同時對賣方負責，成為賣方的買方。如此結算所成為第三保證者，承擔買賣雙方履行契約的義務。此外為確保契約的履行，結算所對每一交易會向結算會員收取保證金，並隨時監督結算會員的財務狀況。

3. 期貨經紀商

期貨經紀商（Futures Commission Merchants, FCM）為大型經紀商，

可收受客戶的保證金。期貨經紀商可區分為結算會員（FCM Clearing Members）及非結算會員，其中結算會員可自行進行期貨交易之結算，而非結算會員則需透過結算會員進行結算。另外，仲介經紀商（Introducing Brokers, IB）為規模較小的經紀商，並非期貨交易所的會員，不能收受客戶的保證金，只能把交易轉給期貨經紀商來執行。

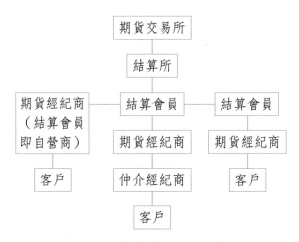

圖 17-B　期貨市場組織架構圖

二、全球主要期貨交易所

美國期貨市場歷史悠久，規模龐大，前兩大交易所都在芝加哥，分為為芝加哥期貨交易所（CBOT）和芝加哥商業交易所（CME），以次為紐約商業交易所（NYMEX）。歐洲的英國倫敦也是國際期貨交易重鎮，倫敦國際金融期貨暨選擇權交易所（LIFFE）和倫敦金屬交易所（LME）最享盛名。歐元的誕生及歐洲市場的整合，則使歐洲交易所（EUREX）快速崛起，從交易到清算完全電腦化是 1990 年代初才成立的 EUREX 成功之利器。

亞太地區規模最大的是東京商品交易所（TOCOM），其次是雪

梨期貨交易所（SFE），國人因交易摩根台指期貨，所以對新加坡衍生性商品交易所（SGX-DT，前身為 SIMEX）頗為熟知。

三、台灣期貨交易所

1997 年 6 月 1 日行政院正式核定實施「期貨交易法」，同時原證券管理委員會擴大組織編制，更名為證券暨期貨管理委員會（簡稱證期會），1998 年 4 月 17 日台灣期貨交易所股份有限公司（TAIFEX）正式開幕，並於同年 7 月 21 日推出第一個本土期貨商品——台灣證券交易所加權股價指數期貨契約，1999 年 7 月另推出電子類股價指數和金融保險類股價指數期貨兩項商品。

以上三項契約的交易標的分別為台灣證券交易所之發行量加權股價指數、電子類股價指數及金融保險類股價指數，而在契約價值方面，三者分別為指數乘上新台幣 200 元、4,000 元、1,000 元。至於保證金方面，結算保證金、維持保證金及原始保證金之收取標準，其比例係依下列方式訂定，結算保證：維持保證金：原始保證金＝1：1.15：1.5，保證金金額為各契約之期貨指數乘以指數每點價值乘以風險價格係數，然其金額會隨股價指數調整，以電子期貨最高，2002 年 5 月 20 日公告的原始保證金為 13.5 萬元，維持保證金為 10.4 萬元，金融期貨與台股期貨的原始保證金則分別為 9 萬元、12 萬元，維持保證金則為 6.9 萬元、9.2 萬元。部位限制 註1 方面，台股期貨、電子及金融期貨三者相同，均為自然人 300 口、法人機構 1,000 口。另台灣期交所於 2001 年 4 月 9 日推出「台灣證券交易所股價指數小型期貨契約」，係小型化的「台灣證券交易所股價指數期貨契約」，其契約價格約為後者的四分之一，亦即指數每點乘以新台幣 50 元。2001 年 12 月 24 日又推出台股指數選擇權，目前共有 4 項掛牌產品。

交易 TAIFEX 股價指數期貨所需之交易成本，包括保證金、期貨

交易稅及手續費。保證金依契約不同而有差異,期交所亦隨時依市場之變動而公告調整保證金額度。期交稅方面,買賣皆須課契約價值的 0.25‰,手續費上限為每口 1,200 元,實際吸取金額按客戶狀況不同而有差異。

1999～2001 年 TAIFEX 年度成交契約總數分別為 1,077,672 口、1,926,789 口、4,351,390 口,皆呈倍數成長,其中以自然人交易占最大宗,達 9 成以上,遠遠超過本國與外國法人機構。

第四節　期貨評價理論

由於期貨是建立在現貨的基礎上,期貨的評價與現貨價格息息相關,主要有持有成本理論(Cost-of -carrying Theory)和預期理論(Expectation Theory)兩種。

一、持有成本理論

持有成本理論認為期貨價格應該等於現貨價格加上持有該現貨商品至期貨契約交割日的持有成本,否則就會有套利機會,持有成本通常包括利息、倉儲、保險等。持有成本理論隱含期貨價格與現貨價格的關係式如下:

$$F_{t,T} = S_t (1 + C_{t,T}) \qquad (17\text{-}1)$$

其中　$F_{t,T}$ 為 t 時的期貨價格(到期日為 T)

S_t 為 t 時的現貨價格

$C_{t,T}$ 為 t 至 T 期間的持有成本以占 S_t 的比率表示

例如，黃金在 t 時的每盎斯現貨價格 $S_t = 330$ 美元，持有成本 $C_{t,T} = 10\%$，若當時期貨價格 $F_{t,T} = 380$ 美元，亦即 $F_{t,T} > S_t\,(1 + C_{t,T})$，套利者可在現貨市場買進（做多），同時在期貨市場賣出（放空），然後持有現貨至到期日交割期貨契約，每盎斯可獲利 $380 - 330\,(1 + 10\%) = 17$ 美元；反之，若 $F_{t,T} < S_t\,(1 + C_{t,T})$，套利者在現貨市場賣空取得 S_t，並即以等同 $C_{t,T}$ 的利率貸與他人，T 時本利和將為 $S_t\,(1 + C_{t,T})$，同時在期貨市場買進，到期日套利者繳清 $F_{t,T}$ 交割黃金並償還賣空，可以獲取 $S_t\,(1 + C_{t,T}) - F_{t,T}$ 的淨利，上述套利行為將一直進行直至 $F_{t,T} = S_t\,(1 + C_{t,T})$ 為止。

持有現貨期間並非全然負擔持有成本，有時也會產生利得，稱為便利孳息（Convenience Yield），例如現貨市場臨時缺貨要調現，持有股票的股利分紅等，因此持有成本理論可以進一步修正為

$$F_{t,T} = S_t\,(1 + C_{t,T} - Y_{t,T}) \qquad\qquad (17\text{-}2)$$

其中　$Y_{t,T}$ 為 t 至 T 期間的便利孳息，也以占 S_t 的比率表示。

市場的不完全性（Market Imperfection）往往使得套利行為不能順利進行，常見的市場不完全性包括直接交易成本（Direct Transaction Cost）、賣空行為的限制（Restrictions on Short Selling）、不相等的資金借貸利率（Unequal Borrowing and Lending Rate）等，便會出現無套利區間（Non-arbitrage Bound），在該區間內期貨價格的解不唯一。

$$S_t\,(1 + C_{t,T} - Y_{t,T})\,(1 - K) \le F_{t,T} \le S_t\,(1 + C_{t,T} - Y_{t,T})\,(1 + K) \quad (17\text{-}3)$$

其中 K 為市場不完全性所產生的差異成本，亦以占 S_t 的比率表示。

（17-3）顯示，若期貨價格未超出無套利區間，就不會發生套利

行為，市場不完全性所產生的差異成本愈高，無套利區間愈大，實際的期貨價格愈可能偏離理論價值。

二、預期理論

預期理論認為，期貨價格應該等於市場交易者對交割日現貨價格的預期值，因此

$$F_{t,T} = E\ (S_T) \qquad\qquad (17\text{-}4)$$

上式若不成立，亦即 $F_{t,T} > E\ (S_T)$ 或 $F_{t,T} < E\ (S_T)$，都會引發現貨市場和期貨市場之間的套利行為，直到達成均衡為止。

第五節　期貨交易策略

期貨市場的參與者眾多，依照交易目的，基本上可以區分為避險者（Hedger）和投機者（Speculator）兩類，避險者具有現貨部位（Position），不論是現貨多頭部位或現貨空頭部位，都面臨不確定的現貨價格風險，因此在期貨市場做反向交易，稱為避險或對沖（Hedge），將風險轉移給投機者，投機者承擔風險的目的是賺取差價利潤，所以喜好市場價格的變動，價格變動的方向符合其預期則獲利，不符合則虧損。

一、避險策略

1. 空頭避險

在現貨市場持有或供給現貨商品者（現貨多頭部位），於期貨市

場賣出期貨（放空），稱為空頭避險（Short Hedge），由於現貨價格和期貨價格具有高度的連動關係，不論價格是漲是跌，避險者在兩個市場的損益可相抵銷，因此規避了未來價格變動的風險。

2.多頭避險

在現貨市場未持有或需求現貨商品（現貨空頭部位），於期貨市場買進期貨（做多），稱為多頭避險（Long Hedge），同理，不論價格漲跌，避險者在兩個市場的損益亦可相抵而達到避險目的。

例如，小麥農民 A 先生 3 月 10 日播種完畢，預期 9 月 10 日可收成小麥 50,000 英斗，當時 9 月份小麥期貨價格是每英斗 4 美元，A 先生感到滿意，而且不想承受價格波動的風險，所以賣出 10 口（每口合 5000 英斗）做空頭避險，9 月到期時小麥價格果真下跌至 3.6 美元，A先生在現貨市場出售他收成的小麥將少賺（3.6－4）×50,000＝－20,000 美元，所幸期貨市場空頭部位平倉可獲利（4－3.6）×50,000＝20,000 美元，兩個市場中的損益恰可相抵；反之，若 9 月到期時小麥價格上漲至 4.5 美元，A 先生在現貨市場出售小麥將比預期多賺（4.5－4）×50,000＝25,000 美元，但期貨空頭部位平倉時損失（4－4.5）×50,000＝－25,000 美元，損益亦可相抵。

另有麵粉廠老闆 B 先生以小麥為生產麵粉的原料，B 先生不希望小麥價格波動造成生產成本的不確定，因而不敢接受遠期的麵粉訂單，由於他是小麥現貨市場的需求者，B 先生會在期貨市場做多頭避險，可以事先鎖定小麥的進貨價格，達到控管成本的效果。

3.基　差

基差（Basis）是同一時點現貨價格與期貨價格的差，亦即

基差＝現貨價格－期貨價格

也可表為　　b＝S－F　　　　　　　　　　（*17-5*）

從一般的持有成本理論看來，期貨價格大於現貨價格應屬正常現象，故稱正常市場（Nomal Market）或正價差，此時基差為負值；反之，期貨價格小於現貨價格稱為逆價市場（Inverted Market）或逆價差，此時基差為正值。期貨到期日（T日）當天，期貨價格會等於現貨價格，亦即 $F_T = S_T$，利用這個原理，產生基差避險策略。以下以 S_t、F_t 分表 t 時的現貨價格、期貨價格。

⑴正價差時，買進現貨，賣出期貨，到期日結算損益

亦即　t 時以 S_t 買進現貨，以 F_t 賣出期貨；

　　　T 時以 S_T 賣出現貨，以 F_T 買進期貨

$$
\begin{aligned}
\text{兩個市場損益合計}\quad &(S_T - S_t) + (F_t - F_T) \qquad\qquad (17\text{-}6)\\
&= -(S_t - F_t) \qquad \because\ S_T = F_T\\
&= -b_t
\end{aligned}
$$

$\quad -b_t > 0 \qquad \because\quad$ 正價差時基差為負值

⑵逆價差時，買進期貨，賣出現貨，到期日結算損益

亦即　t 時以 S_t 賣出現貨，以 F_t 買進期貨；

　　　T 時以 S_T 買進現貨，以 F_T 賣出期貨

$$
\begin{aligned}
\text{兩個市場損益合計}\quad &(S_t - S_T) + (F_T - F_t) \qquad\qquad (17\text{-}7)\\
&= S_t - F_t \qquad \because\ S_T = F_T\\
&= b_t
\end{aligned}
$$

$$b_t > 0 \qquad \because \quad 逆價差時基差為正值$$

　　假設交易成本不計，上述避險操作可以獲得相當於基差的利潤，但是實務上包含4個買賣交易的成本，不一定有套利空間。如果以相同操作策略，在到期日前之 w 時平倉了結，分析如下：

(1)正價差時

$$損益結算 = (S_w - S_t) + (F_t - F_w) \qquad\qquad (17\text{-}8)$$
$$= b_w - b_t$$

(2)逆價差時

$$損益結算 = (S_t - S_w) + (F_w - F_t) \qquad\qquad (17\text{-}9)$$
$$= b_t - b_w$$

　　（17-8）的涵義為現貨市場的多頭者，在 t 時買進做多，其後在 w 時賣出了結，所要面對的價格風險為（$S_w - S_t$），若能利用期貨市場避險，亦即 t 時賣出期貨，w 時買進期貨平倉，則價格風險轉換成基差風險（$b_w - b_t$）。

　　（17-9）的涵義則為現貨市場的空頭者，在 t 時賣出做空，其後在 w 時買進了結，所要面對的價格風險為（$S_t - S_w$），若能利用期貨市場避險，亦即 t 時買進期貨，w 時賣出期貨平倉，則價格風險轉換成基差風險（$b_t - b_w$）。

　　由於期貨價格與現貨價格變動方向相同，二者高度相關，基差風險通常小於價格風險，亦即採用基差避險策略可以降低投資人所承受的風險，當期貨價格與現貨價格的變動完全一致時，避險者所承受的基差風險將為零，亦即完全將價格風險排除。然若引進的期貨，價格波動非常劇烈，基差風險甚至大於原有的價格風險，也就喪失了避險

功能。

4.股價指數期貨避險

機構投資者在證券市場持有證券投資組合，股價指數期貨成為他們良好的風險管理工具，可以用來機動調整投資組合的風險（β 值），確保投資組合價值不至於跌落到預設的最低水準之下，股價指數期貨避險模式如下：

$$N = \frac{V}{I \times m}(\beta^* - \beta_P) \qquad (17\text{-}10)$$

其中　N：正值表示應買進指數期貨契約數，負值表示應賣
　　　　　出指數期貨契約數
　　　V：投資組合價值
　　　I：期貨指數
　　　m：契約乘數，亦即每點價值
　　　β^*：目標 β 值
　　　β_P：投資組合 β 值

舉例　某美國股票共同基金的淨資產價值為 5,000 萬美元，β 值為 1.10，基金經理人想用 S＆P 500 指數期貨將 β 值降為 0.5，該指數期貨目前為 1,000 點，每點代表 250 美元，則應買賣多少口契約？

解　$\frac{50,000,000}{1,000 \times 250} \times (0.5 - 1.1) = -120$
故應賣出 120 口契約

許多退休基金或人壽保險公司，其首要的資產管理目標是確保資

產組合在一特定的市值之上，因而發展出組合保險（Portfolio Insurance）的投資策略，又稱為動態避險（Dynamic Hedging），就是避險者根據最新行情，不斷調整資產組合的避險水位，主要也在於股價指數期貨避險的巧妙運用。

二、投機策略

投機者在期貨市場上的目的是賺取差價利潤，他們通常並沒有現貨部位，所以**基本的投機策略就是「低買高賣」**，換言之，就是尋找錯誤定價的標的，對於被高估的期貨應賣出，對於被低估的期貨應買進，若期貨價格走勢恰如預期時，便進行平倉（Close Out）以獲利了結，然若預期錯誤導致虧損，也應善用停損（Stop Loss）觀念，避免虧損無謂的擴大。

三、價差交易

價差交易（Spread Trade）是指買進（賣出）某種期貨的同時，賣出（買出）另一種期貨的交易策略，上述兩種不同的期貨應存有高度的相關性，因此價格之間有一定的合理關係，當二者的**市場價格偏離這種合理關係時，就買進「相對便宜」者，同時賣出「相對昂貴」**者，如果判斷正確，就能從兩種期貨相對價格的變化上獲取利潤。

價差交易的類別如下：

1. 同市場內價差交易

在同一市場內，買進某到期月份的期貨契約，同時賣出相同商品但不同到期月份的期貨契約，稱為同市場內價差交易（Intra-market Spread），例如買進 6 月份到期歐洲美元期貨，同時賣出 9 月份到期歐洲美元即屬之。

2.市場間價差交易

在不同交易市場同時買進並賣出相同商品稱為市場間價差交易（Inter-market Spread），這種操作的產生，主要是因為各交易所的特性，使得同種商品在不同市場有不同的價格。

3.商品間價差交易

商品間價差交易（Inter-commodity Spread）是指同時在市場上買進並賣出不同但相關的期貨。某些商品彼此具有替代或互補性，價格也往往有相當的關聯，當市場價格偏離合理的相對價格時，當然存在獲利機會，例如摩根台股指數期貨和 TAIFEX 加權股價指數期貨。

註釋

註 1：部位限制（Position Limit）的目的乃為避免單一交易者大量進出市場而影響行情，但對真正的避險者（Bona Fide Hedger），則不受此限制，美國聯邦期貨交易委員會（CFTC）對此有嚴格的定義，詳見 CFTC 條款 1.3（E0）。

考題集錦

一、選擇題

_____ 1. 下列有關期貨契約保證金之敘述中，何者最正確？

(A) 投資人若繳納「原始保證金」後，就不須每日計算追繳金額

(B) 只要契約市價低於成交價，投資人便須補繳保證金

(C) 當「原始保證金」扣除虧損後之餘額低於「維持保證金」，須補繳保證金

(D) 「逐日結算」是計算現貨與期貨價格的差額，以追繳保證金

(E) 當投資人處於獲利狀態，期貨交易所就不會「逐日結算」保證金　　　　　　　　　　　　　　　　　　　【91.1 分析人員】

_____ 2. 以下關於期貨交易之敘述何者正確？

(A) 期貨交易保證金之計算分為起始保證金以及維持保證金，而當保證金帳戶餘額低於維持保證金水準，為避免部位遭強制平倉，投資人須補足之金額稱為變動保證金

(B) 新加坡交易所（SIMEX）的摩根台股指數期貨合約與台灣證券交易所的台股加權指數期貨合約走勢若偏離達一定幅度，將吸引套利者進場，但由於標的指數、匯率以及結算日的不同，此套利仍存在相當的風險

(C) 期貨交易具有高風險、高報酬的特性，即使如此，期貨市場卻是規避市場風險非常重要的一環，少了期貨市場，整體證券市場的活絡程度恐大打折扣

(D) 以上皆是　　　　　　　　　　　　　　　　　　　【90.3 分析人員】

_____ 3. 何老於 6 月 1 日買進一口台股指數期貨，成交指數為 9,000 點，其原始保證金為 12 萬元。而在 6 月 10 日，何老以 9,200 點的價格賣出該口台股指數期貨，則

(A) 何老此一交易淨賺 2 萬元

(B)持有期貨契約期間，除原始保證金 12 萬以外，何老不可能再追加任何資金繳入保證金帳戶

(C)指數期貨之投資報酬率為 25%

(D)指數期貨之槓桿比例約 15 倍 【90.1 分析人員】

____ 4. The clearinghouse at a futures exchange is best described by which of the followings?

(A)It is the seller to every buyer　(B)It is the buyer to every seller

(C)It delivers on defaulted contracts　　(D)all of the above

(E)none of the above 【90.成大財金所】

____ 5. SGX-DT（新加坡國際商業交易所）之台股指數期貨是以何者為合約標的？

(A)摩根台灣股價指數　(B)台灣加權指數　(C)台灣不含金融指數

(D)台指 200 【89.4 券商高業】

____ 6. 5 月 1 日時，若新加坡摩根台指五月期貨指數為 355.0，現貨指數為 350.0，試問下列何者為正確描述？

(A)正常市場　(B)持有成本（Carrying Charge）市場　(C)基差為負值

(D)以上皆正確 【90.文化財金系】

____ 7. 下列何者不是執行期貨「避險功能」？

(A)種植黃豆的農夫在收割期三個月前，怕黃豆價格下跌，賣出黃豆期貨

(B)玉米進口商在買進現貨的同時，賣出玉米期貨

(C)投資外國房地產因怕該國貨幣貶值，賣出該國貨幣期貨

(D)預期股市下跌，賣出股價指數期貨 【90.文化財金系】

____ 8. 美國 T-Bond 每 1/32 點之合約值為 US$31.25，原始保證金為 US$3,000，維持保證金為 US$2,200，若交易人存入 US$10,000，並在 112 8/32 賣出 2 口，請問若 T-Bond 漲至 115 18/32，則該交易人應補繳多少保證金？

(A)US$2,625　(B)US$1,025　(C)US$6,625　(D)US$3,312.5

【90.文化財金系】

____9.摩根台指期貨 0.1 之合約值為 US$10，原始保證金為 US$3,500，維持保證金為 US$2,600，若交易人存入 US$10,000，並在 315.2 賣出 2 口，請問當摩根台指期貨跌至 343.2 時，則交易人應補繳多少保證金？

(A)US$2,800　(B)US$5,600　(C)US$4,400　(D)US$2,600

【90.實踐財金系】

____10.馬克期貨原始保證金為$2,000，維持保證金為$1,500，某投資者存入保證金$10,000，買進 5 口馬克期貨，價位為$0.5540，之後，馬克期貨結算價為$0.5580，投資者並未平倉，他可以提領的金額為：（佣金不計，馬克期貨契約值 125,000 馬克）

(A)$500　(B)$1,000　(C)$2,500　(D)不能提領　【89.證基會題庫】

____11.某甲認為 A 股票將優於大盤走勢，卻又無法預知大盤之漲跌方向，為了凸顯 A 股之優勢，並消除整體股市之風險，在買進 A 股時，應同時在股價指數期貨上採取：

(A)買方部位　(B)賣方部位　(C)買方及賣方部位均可　(D)買方及賣方部位均無助益　【89.證基會題庫】

____12.在逆價市場中（inverted market），以賣期貨避險者，會希望基差（basis）之絕對值：

(A)變大　(B)變小　(C)不變　(D)無影響　【90.文化財金系】

____13.某投資組合之 β 值為 0.8，市值為 4,000 萬，期貨指數目前為 10,000 點，每點乘數為 200，欲使投資組合之 β 值增為 1.0，須：

(A)買進 16 個契約　(B)賣出 16 個契約　(C)賣出 4 個契約　(D)買進 4 個契約　【90.文化財金系】

____14.民國 86 年 3 月通過的期貨交易法所稱期貨交易不包括：

(A)指數期貨　(B)股票買權　(C)指數期貨選擇權　(D)海外基金
(E)債券保證金　【86.台大財金所】

二、計算題

1. 假設目前你持有價值新台幣 3 千萬元的投資組合，此投資組合與台股指數期貨過去 5 年的報酬率分別如下：

年度	投資組合	台股期數期貨
1994	30%	15%
1995	20%	10%
1996	−15%	−10%
1997	−10%	−5%
1998	10%	5%

有鑑於市場風險甚高，你想透過台股指數期貨對目前價值新台幣 3 千萬元的投資組合進行避險。現在台股指數期貨的契約價值為每點新台幣 2 佰元，且台股指數為 7 千 5 百點。試問根據最小變異數法（Minimum Variance Approach）所計算而得之避險比率，你應購買多少個台股指數期貨契約來進行避險？（請把契約數目四捨五入到個位數）

【88.政大國貿所】

2. 某基金經理人持有淨值 2 億元之股票，其投資組合之 Beta 為 1.3，在指數期貨價格為 9,500 點時，進場交易指數期貨而將 Beta 調整為 0.8，若指數期貨一點為 200 元，則該經理應買或賣出幾口期貨？

【87.台大財金所】

3. 某股票共同基金之淨資產價值為 3150 萬元，β 值為 1.10，其經理人欲以 S & P 500 指數期貨將 β 值降為 0.50，該指數期貨目前為 1000 點，每點代表 250 元，則經理人應買賣多少口契約？　　　　　　　　　　【90.文化財金系】

4. 台灣發行量加權股價指數期貨（TX）之規格為每點 200 元，目前該指數期貨為 7,500 點，現貨為 7,400 點。

(1)某投資人持有相當分散之台股投資組合，市價 2 億元，希望以 TX 避險，他應該如何操作？（所需口數請四捨五入）

(2)一個月後，現貨指數為 7,000 點，期貨為 7,080 點，請問期貨部位之

損益為何？

(3)設該投資人之股票投資組合價值走勢與現貨指數完全一致，則避險一個月後，其持股價值與期貨避險損益之合計為多少？

【89.證基會題庫】

第 *18* 章　選擇權

第一節　選擇權的基本概念

選擇權（Option）是一種衍生性契約，契約的買方支付價格（Option Price），也稱為權利金（Premium），即取得權利（Right），有權在未來某一特定日或其以前，以特定之價格向賣方買進或賣出一定數量的標的物。此權利如為買進的權利，稱為買入選擇權或買權（Call）；此權利如為賣出的權利，稱為賣出選擇權或賣權（Put）。

買方支付價格取得的是權利，他可以行使或不行使（放棄）該項權利，簡言之，未來行使會對買方有利，買方就會行使；若行使反而對買方不利，買方就不行使。相對地，**賣方收取權利金就承擔義務**（Obligation），即使對賣方不利，只要買方行使權利，就有義務履行契約。

和期貨一樣，選擇權契約也有到期日（Expiration Date 或 Maturity Date）。如果買方的權利只能在到期日當天行使，則該選擇權稱為歐式選擇權（European Option）；如果買方在到期日當天及之前的任何

一天都可以行使權利，則該選擇權為美式選擇權（American Option）。
買方行使權利的日期稱為選擇權的履約日（Exercise Date），事先決定
的商品價格稱為履約價格（Striking Price 或 Exercise Price）。

那麼，什麼時候買方有機會行使權利？什麼狀況迫使買方放棄行
使權利呢？當標的物市價高於履約價格時，買權的買方可以行使權利
以較低的履約價向賣方購入標的物，再以較高的市價在市場上賣出而
獲利；或是當標的物市價低於履約價格時，賣權的買方可以在市場上
以較低的市價購入標的物，再行使權利以較高的履約價格賣給賣方而
獲利。反之，標的物市價低於履約價格時，買權的買方寧可在市場上
買進，所以不行使權利；標的物市價高於履約價格時，賣權的買方寧
可在市場上賣出，所以也不行使權利。以 S 表標的物市價，K 表履約
價格，綜合以上所述彙整如下：

1. Call：S＞K；Put：S＜K　　選擇權可以行使，稱為價內（In-the-
money）。

2. Call：S＜K；Put：S＞K　　選擇權不可以行使，稱為價外（Out-
of-the-money）。

3. S＝K　　稱為價平（At-the-money）。

一、選擇權與意外保險

選擇權契約的原理與意外保險契約類似，請如火災險、汽車險、
旅遊險等，投保人（買方）繳付保險費（權利金）給保險公司（賣
方），即取得權利，在未來某一特定日（到期日）以前若發生保險契
約中約定的損害事件，投保人有權要求保險公司給付金額，金額大小
與損害程度輕重有關。要言之，保險契約其實是投保人支付價格而與
保險公司「對賭」是否發生損害事件，若未發生，表示保險公司賭贏
了，投保人最大損失是保險費；若發生損害，表示投保人賭贏了，保
險公司有義務就損害程度理賠，相對於保險費而言，可能是一筆金額

極大的理賠款。

選擇權契約則是買方與賣方「對賭」未來標的物的價格，call 是買方賭未來價格會漲到履約價格之上，而且漲的愈高，賣方給付愈多；put 是買方賭未來價格會跌到履約價格之下，而且跌的愈低，賣方給付愈多，所以履約價格是買賣雙方認定輸贏的標準。既然是對賭，買賣雙方就是零和（Zero-sum）遊戲，此方之所得為彼方之所失，而且得失相加為零，不同的是，保險投保人未必希望賭贏，因為那表示他發生損害，理賠款只是用來減輕損害程度而已；選擇權的買方可就絕對希望賭贏，而且贏的愈多愈好。

二、歐式選擇權與美式選擇權

歐式選擇權（European Option）是指買方只能在到期日當天行使履約的權利；美式選擇權是指買方在到期日及到期日以前契約存續期間的任一天皆可行使履約權利。在其他條件都相同的情況下，美式選擇權的價值較歐式選擇權高，價格自然要高一些。

三、標的物市價與選擇權損益

以標的物市價（S）變動為橫軸，選擇權契約產生的損益（π）變化為縱軸，在這樣的平面上分析 call 的買方、call 的賣方、put 的買方、put 的賣方四種基本選擇權交易的型態，如圖 18-A 所示，其中 K 表履約價格，C 表買權的權利金，P 表賣權的權利金。

1. 買進買權

當市價小於履約價格時（S<K），亦即價外，因行使不利益所以放棄行使，故僅損失權利金（-C）；當市價大於履約價格時（S>K），亦即價內，不但有行使利益（S-K），而且市價每漲 1 元，利益就增加 1 元，故成 45°角向上（斜率為 1），損益兩平點為 S＝K＋C 時。

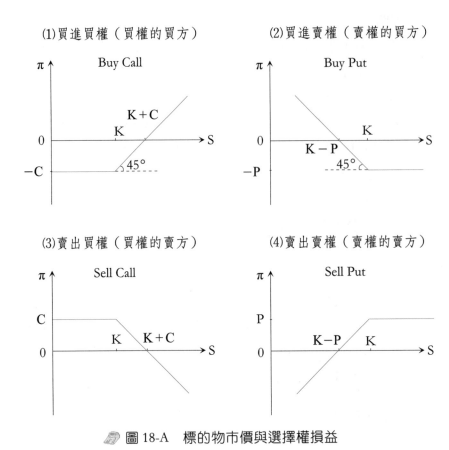

(1)買進買權（買權的買方）　　　　(2)買進賣權（賣權的買方）

(3)賣出買權（買權的賣方）　　　　(4)賣出賣權（賣權的賣方）

🔖 圖 18-A　標的物市價與選擇權損益

2.買進賣權

當市價大於履約價格時（S>K），亦即價外，因行使不利益所以放棄行使，故僅損失權利金（−P）；當市價小於履約價格時（S<K），亦即價內，不但有行使利益（K−S），而且市價每跌 1 元，利益就增加 1 元，故成 135°角向上（斜率為−1），損益兩平點為 S＝K−P 時。

3.賣出買權與賣出賣權

若為同一筆交易買進買權和賣出買權為零和遊戲，圖 18-A (1)與

圖 18-A (3)上，相同 S 所對應的點，相加之和為零，如同以橫軸為軸心，將圖 18-A(1)旋轉 180°即成為圖 18-A(3)。同理，買進賣權（圖 18-A(2)）與賣出賣權（圖 18-A(4)）也有類似之關係。

四、選擇權的價值

美式選擇權即使為價內狀況，買方不一定急著行使，可能會等待最大的獲利機會，這就是選擇權的時間價值（Time Value），所以選擇權的總價值，亦即選擇權的價格應包含內在價值（Intrintic value）與時間價值兩部分。

$$選擇權總價值 ＝內在價值＋時間價值 \qquad (18\text{-}1)$$

$$對於買權而言，買權價格 C = \max\,(0,\,S{-}K) + 時間價值 \qquad (18\text{-}2)$$

$$對於賣權而言，賣權價格 P = \max\,(0,\,K{-}S) + 時間價值 \qquad (18\text{-}3)$$

隨著時間的消逝，當選擇權愈來愈接近到期日時，時間價值應逐漸變小，而在到期日那天，時間價值為零，選擇權的價值將等於內在價值。在圖 18-B中，美式買權在標的物價格極高時，其時間價值極小或甚趨近於零，理由是當標的物價格如果過高，即使再花時間等待，價格再創新高的可能性亦極低，因此時間價值很低，亦即買權之價值應幾乎等於履約價值；反之，當標的物價格極低時，此買權固然沒有履約價值，而且此時即使標的物價格小幅上揚，對買權權利之行使也無甚影響，因此時間價值應極小；隨著標的物價格之逐漸上漲，買權買方花時間等待買權變為價內的可能性極高，因此時間價值也逐漸增加，而在履約價格附近，買權之時間價值應最大。圖 18-C所顯示的賣權價值，其時間價值部分亦可做相同的推理。

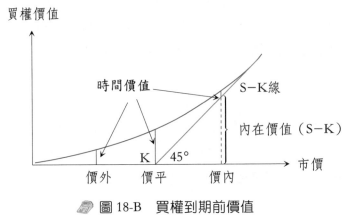

圖 18-B　買權到期前價值

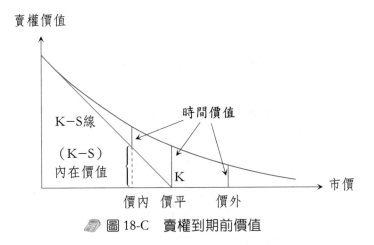

圖 18-C　賣權到期前價值

第二節　選擇權定價模式

　　選擇權的價格也稱為權利金，那麼買方應支付多少權利金，以取得未來可能獲利的權利，才算是合理呢？賣方又應收取多少權利金，而能無怨無悔地承擔未來可能的支出義務，才算公平呢？1997 年諾貝

爾經濟學獎得主修斯（Myron Scholes）和當時已過世而無緣得獎的美國財務經濟學家布萊克（Fischer Black），於 1973 年共同提出布萊克—修斯選擇權定價模式（Black-Scholes Option Pricing Model，簡稱 B-S 模式），正是為了解答這個問題，在不考慮配發股利的歐式選擇權中，B-S 模式認為會影響選擇權價格的因素有五項：(1)標的物價格（S）；(2)履約價格（K）；(3)標的物的預期變動率（σ）；(4)無風險利率（r）；(5)到期日之遠近（t）。

一、買權價格的影響因素

1. 標的物價格

如果 $S_1 > S_2$，則 C（S_1）$\geqq$ C（S_2）。

買權的價值包括內在價值與時間價值兩部分，其中內在價值為標的物的現貨價格減去履約價格。在其他條件不變下（包括時間價值），標的物價格愈高，該買權之內在價值也愈高，所以當買方欲行使其權利時，其利潤也愈大，買權的價格也應較高。

2. 履約價格

如果 $K_1 > K_2$，則 C（S,K_1）$\leqq$ C（S,K_2）。

買權履約價格愈高，買權之內在價值愈低，因此其價格應較低。

3. 標的物價格之預期變動率

如果 $\sigma_1 > \sigma_2$，則 C（S,K,σ_1）$\geqq$ C（S,K,σ_2）。

標的物價格之預期變動率愈高，表示該標的物價格在未來漲過履約價格或跌破履約價格的可能性愈大。由於買權的買方付出權利金後所取得的是行使買進標的物之權利，因此當標的物價格跌破履約價格時，他可以選擇不履約而不必承擔損失；當標的物價格高於履約價格

時，他則可以行使履約之權利而獲利。所以標的物價格預期變動率愈高，買權的買方愈有可能獲取較高的利潤，也因為如此，選擇權之價格自然也應較高。

4.無風險利率水準

如果 $r_1 > r_2$，則 $C(S, K, \sigma, r_1) \geqq C(S, K, \sigma, r_2)$。

在其他情況不變下，利率愈高，買權買方在行使購入權利時所付出的履約價格折合成現值將較低，因此其作用就等於履約價格降低一樣。而我們在前面的分析中指出，當履約價格較低時，買權的價格會較高，因此當利率較高時，買權的價格也會較高。

5.到期日之遠近

如果 $t_1 > t_2$，則 $C(S, K, \sigma, r, t_1) \geqq C(S, K, \sigma, r, t_2)$。

當買權距離到期日愈遠，標的物之未來價格愈可能發生變化，因此對取得買入權利的買方愈有利。同時，若買權離到期日愈遠，則買方在行使買進標的物之權利所付出之履約價格在折合成現值時將愈低，因此對買方更是有利。所以距到期日較遠之買權，其權利金就應該較高。

二、賣權價格的影響因素

1.標的物價格

如果 $S_1 > S_2$，則 $P(S_1) \leqq P(S_2)$。

標的物價格愈高，則其內在價值愈低，因此賣權之價格也應較低。

2.履約價格

如果 $K_1 > K_2$，則 $P(S, K_1) \geqq P(S, K_2)$。

賣權履約價格愈高,內在價值愈高,所以其價格也應較高。

3.標的物價格之預期變動率

如果 $\sigma_1 > \sigma_2$,則 $P(S, K, \sigma_1) \geqq P(S, K, \sigma_2)$。

與買權一樣,標的物價格變動率愈高,表示該標的物價格在未來漲過履約價格或跌破履約價格的可能性愈大。當標的物價格超過履約價格時,賣權的買方可以不必行使權利以避免損失,而當標的物價格低於履約價格時,則可行使履約權利而獲利,因此當標的物價格預期變動率愈高時,賣權的買方愈有可能獲取較高的利潤,所以其價格自然也應較高。

4.無風險利率水準

如果 $r_1 > r_2$,則 $P(S, K, \sigma, r_1) \leqq P(S, K, \sigma, r_2)$。

利率愈高,賣權買方在行使權利時所收取之履約價格的折現值愈低,對其不利,因此賣權價格應較低。

5.到期日之遠近

如果 $t_1 > t_2$,則 $P(S, K, \sigma, r, t_1) \geqq P(S, K, \sigma, r, t_2)$。

賣權距離到期日愈遠,標的物價格在未來愈有可能發生變化,對賣權的買方固然較有利;然而賣權離到期日愈遠,買方在行使權利時所收到的履約價格在折合成現值後將愈小,對其反而不利,因此到期日之遠近,對賣權價格的影響方向是不確定的。

此外,B-S 模式並非僅針對股票選擇權而已,故不將配發股利納入影響因素考量,但是對股票選擇權或認股權證而言,假使標的公司發放股票股利,交易所會對履約價格進行相等比例的調整,因此對選擇權的價格將不會有影響;然若發放的是現金股利,通常交易所不會調整履約價格,現金股利的發放會使得股價下跌($S\downarrow$),而選擇權

持有者無法參與股利分配,故對買權持有者不利,對賣權持有者有利,所以會使得買權的價格下跌,相反地,賣權的價格會上漲。

以上分析的結論彙整如表 18-D:

表 18-D　選擇權價格的影響因素及方向

影響價格之因素	對買權權利金之影響	對賣權權利金之影響
標的物價格↑	增　加	減　少
履約價格↑	減　少	增　加
標的物價格變動率↑	增　加	增　加
利率↑	增　加	減　少
到期日遠近↑	增　加	增加（美式） 不確定（歐式）
現金股利↑	減　少	增　加

三、B-S 模式

Black 和 Scholes 考量上述五項因素,運用物理學中的熱傳導理論,導出買權的定價公式:

$$C = S \cdot N\ (d_1) - K\ (1+r)^{-t} N\ (d_2) \quad (\textbf{18-4})$$

$$d_1 = \frac{\ln\dfrac{S}{K} + (r + 0.5\sigma^2)\,t}{\sigma\sqrt{t}}$$

$$d_2 = \frac{\ln\dfrac{S}{K} + (r - 0.5\sigma^2)\,t}{\sigma\sqrt{t}} = d_1 - \sigma\sqrt{t}$$

其中　C,S,K,r,t 如本章先前之定義

σ 為股票年報酬率之標準差

ln(‧)為自然對數（Natural Logarithm）

N(‧)為標準常態變數的累積機率分配函數（Cumulative Probability Distribution Function）

　　B-S 公式看起來非常複雜，實際應用上並不困難，茲舉一例說明計算步驟。

舉例　華碩目前股價為 100 元，其股票年報酬率的標準差為 0.6，若無風險利率為 6%，則到期日距今一年，履約價格為 100 元的華碩買權之合理價格是多少？

解：　根據上述資料可知 S＝100，K＝100，σ＝0.6，t＝1，r＝6%

步驟 1：先求出 d_1

$$d_1 = \frac{\ln\frac{100}{100} + (6\% + 0.5 \times 0.6^2) \times 1}{0.6 \times \sqrt{1}} = \frac{0 + 0.06 + 0.18}{0.6} = \frac{0.24}{0.6} = 0.4$$

步驟 2：求 N（d_1）

　　　　　N（d_1）可由統計標準累積機率表查到

　　　　　N（d_1）＝N（0.4）＝0.655

步驟 3：求 d_2

$$d_2 = d_1 - \sigma\sqrt{T} = 0.4 - 0.6\sqrt{1} = -0.2$$

步驟 4：求 N（d_2）

　　　　　查表得 N（d_2）＝N（－0.2）＝0.421

步驟 5：求出買權價值

買權合理價格為：

$$S \cdot N(d_1) - K(1+r)^{-t} \cdot N(d_2)$$

$$= 100 \times 0.655 - 100 \ (1+0.06)^{-1} \times 0.421$$

$$= 25.78$$

四、買權賣權平價關係式

B-S 模式求出歐式買權的定價之後，其相對應的歐式賣權，定價公式可從買權賣權平價關係式（Put-Call Parity）導出。

對於標的物、履約價格、到期日都完全相同的買權和賣權，他們的均衡價格必定存在下式之關係，否則將有套利行為發生。

$$P + S = C + PV \ (K) \qquad\qquad (18\text{-}5)$$

其中　P 為賣權之價格

C 為買權之價格

S 為股票之市價（這裡把數量定為 1000 股）

PV（K）為履約價格之折現值，亦即

$$PV \ (K) = Ke^{-rt} = K \ (1+r)^{-t}$$

（18-5）的等號兩邊，分別表示一種現在可行的投資策略，至到期日其投資結果相等。

策略一：買進一口賣權及 1000 股股票，此時取得成本為 P + S。

策略二：買進一口買權並在銀行存入 PV（K）的存款，此時必須支出 C + PV（K）。

上述兩種策略在選擇權到期日（T）之價值如下：

1. 如果股票價值大於履約價格，此時賣權之買方不會行使權利，

賣權價值為零,因此策略一之價值為其手中持有之股票市值S(T)。而如果投資者採取的是策略二,此時其便可將銀行存款領出(Ke⁻ʳᵗ·eʳᵗ=K),行使買權購入權利,取得股票,其價值為S(T)。因此策略一之價值等於策略二之價值。

2.如果股票價值小於或等於履約價格,此時採行策略一之投資者會行使其賣權權利,將手中之股票以履約價格賣給賣方而得款 K。採行策略二之投資者則不會行使其買權權利,但由於他在期初時在銀行存入Ke⁻ʳᵗ之款項,因此在期末,其本利和為(Ke⁻ʳᵗ)·eʳᵗ=K。所以策略一之價值亦與策略二之價值相等。

從以上分析我們得知,不管選擇權契約到期時之股票市值為多少,兩種策略之價值皆相等。因此在均衡情況下,兩種策略之期初取得成本也應相等,否則便會有套利機會產生。

從(18-5)可知,相同定義下的買權價格和賣權價格可以相互換算,再與 B-S 模式結合,可以求得賣權價格(P)如下:

$$P = -SN(-d_1) + Ke^{-rt}N(-d_2) \qquad (18\text{-}6)$$

第三節　選擇權的交易策略

一、簡單買賣(Outright Trading)

選擇權的交易策略靈活而多變化,但都是從四種最簡單的買賣方式搭配組合而成的,也就是 Buy Call、Buy Put、Sell Call 和 Sell Put,因此,必須先探討這四種簡單交易方式的涵義。

如果在以市價(S)為橫軸,損益(π)為縱軸的平面上,買進標的物現貨(買進價格為K),以及放空標的物現貨(賣出價格為K)

的交易顯示如圖 18-E 和圖 18-F，這裡假設交易成本為零。

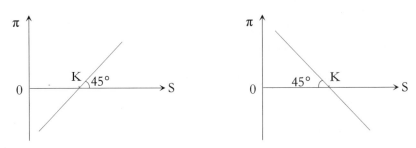

📠 圖 18-E　以價格 K 買進標的物現貨　📠 圖 18-F　以價格 K 放空標的物現貨

　　如果將圖 18-E、圖 18-F 與圖 18-A 的四個簡單買賣方式相對照，我們發現：

　　1. 當市價上漲且超過 K，Buy Call 和買進現貨在這個部分的圖形類似；市價下跌且小於 K，Sell Put 和買進現貨在這個部分的圖形類似。

　　2. 當市價上漲且超過 K，Sell Call 和放空現貨在這個部分的圖形類似；市價下跌且小於 K，Buy Put 和放空現貨在這個部分的圖形類似。

　　也可以說，當 S > K，Buy Call 和買進現貨一樣可享標的物市價上漲之利；在虧損方面，市價下跌愈多，買進現貨發生的損失愈大，Buy Call 則損失固定，而且就是所付出的權利金（買權價格）。當 S < K，Buy Put 和放空現貨一樣可享標的物下跌之利，然若市價不跌反升，市價愈高放空損失愈大，Buy Put 則損失固定，頂多就是權利金（賣權價格）。

　　在選擇權的賣方方面，Sell Call 最大利得就是權利金，損失面狀況如同放空現貨但市價上漲；Sell Put 的最大利得也是權利金，但損失面狀況如同買進現貨而市價下跌。

　　應用重點

　　雖然說買進選擇權（Buy Call 為做多，Buy Put 為做空）有「以小

博大」、「風險有限，獲利機會無窮」的效果，這是基於買進選擇權的權利金必然遠小於標的物價格，誠然，但別忘記選擇權有期效限制，到期無法行使就成一場空（價值為零），標的物若為股票，套牢仍可長期抗戰，只要公司未發生財務問題，股價不至於趨近零，而且會有股利收入。

二、合成交易（Synthetic Trading）

同一標的物的不同類選擇權（買權和賣權），若做一買一賣之交易為合成交易，但有合成多頭（Synthethic Long Position）和合成空頭（Synthethic Short Positon）之別，其交易策略為：

合成多頭 = Buy Call + Sell Put

合成空頭 = Buy Put + Sell Call

1. Call 和 Put 的履約價格相同

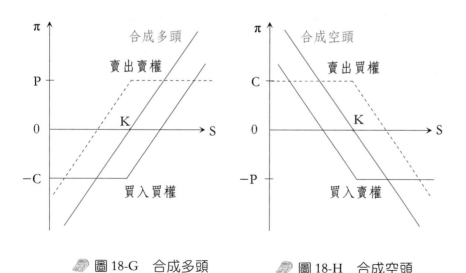

🖩 圖 18-G　合成多頭　　　🖩 圖 18-H　合成空頭

2. 柵欄（Fence）與逆柵欄（Reverse Fence）

柵欄和逆柵欄都是合成交易，但買權和賣權的履約價格不同，此外，買權和賣權權利金的大小，涉及柵欄位置的上下垂直移動，本處舉零成本（Zero Cost, P＝C）柵欄和逆柵欄為例，參見圖 18-I 和圖 18-J。

柵　欄＝Buy Call（K_c）＋Sell Put（K_p），$K_c > K_p$
逆柵欄＝Buy Put（K_p）＋Sell Call（K_c），$K_c > K_p$

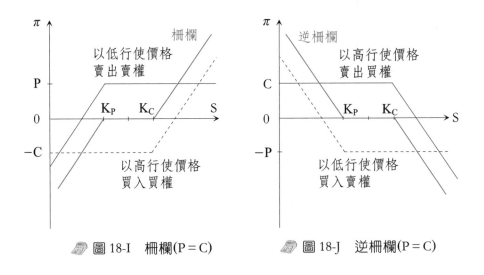

　　　圖 18-I　柵欄(P＝C)　　　　　　　圖 18-J　逆柵欄(P＝C)

應用重點

1. 合成多頭如同買進現貨，合成空頭如同放空現貨，如果現貨市場交易受到限制，例如股票漲停無量，或是欲放空而無券，可以在選擇權市場找到效果相同的替代策略予以執行。

2. 柵欄和逆柵欄都在兩個履約價格之間形成鎖定損益的無風險區間，兩個履約價格之外的損益情形分別和買進現貨或放空現貨相同。

無風險區間如果夠大，超過標的物市價可能的漲跌幅時，表示可以完全避險，但這表示K_p很小且K_c很大，這樣的買權和賣權價格都很高，也就是說，完全避險的保險費很昂貴。

三、價差交易（Spread Trading）

價差交易是指對於條件不同但同類的選擇權（同為買權或同為賣權）做一買一賣之交易。所謂條件不同，可分為履約價格不同的垂直價差（Vertical Spread），又稱價格價差（Price Spread）；與到期日不同的水平價差（Horizontal Spread），又稱時間價差（Time Spread）；還有履約價格和到期日都不同的對角價差（Diagonal Spread）。限於篇幅，這裡僅介紹垂直價差交易。

不論是用兩個履約價格不同的買權，或兩個履約價格不同的賣權，都能組成多頭式（Bullish）的價差交易或空頭式（Bearish）的價差交易，其要領如下：（履約價格$K_2 > K_1$）

1. 買權多頭價差：Buy Call（K_1）＋Sell Call（K_2）

2. 買權空頭價差：Buy Call（K_2）＋Sell Call（K_1）

3. 賣權多頭價差：Buy Put（K_1）＋Sell Put（K_2）

4. 賣權空頭價差：Buy Put（K_2）＋Sell Put（K_1）

應用重點

1. 其他條件皆相同，買權的履約價格愈低，買權價格愈高，反之亦真，亦即若$K_1 < K_2$，則$C（K_1）> C（K_2）$；其他條件皆相同，賣權的履約價格愈高，賣權價格愈高，反之亦真，亦即若$K_1 > K_2$，則$P（K_1）> P（K_2）$。

2. 本節討論的所有選擇權交易策略，當然包括價差交易在內，其合併結果應跨越橫軸的上下兩邊，如不然，其為必贏策略或必輸策略，在均衡的市場不應存在。

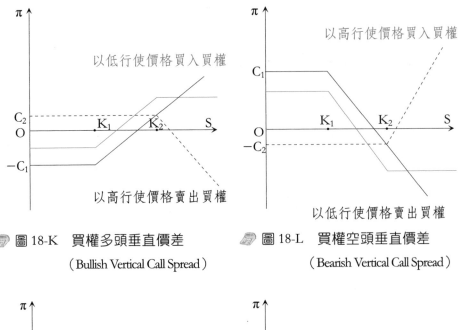

圖 18-K　買權多頭垂直價差
（Bullish Vertical Call Spread）

圖 18-L　買權空頭垂直價差
（Bearish Vertical Call Spread）

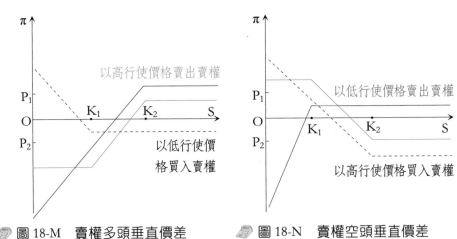

圖 18-M　賣權多頭垂直價差
（Bullish Vertical Put Spread）

圖 18-N　賣權空頭垂直價差
（Bearish Vertical Put Spread）

　　3.價差交易不論是多頭策略或空頭策略，皆避免暴利或大虧，他們都只在兩個履約價格之間展現有限度的多頭或空頭，適合不愛冒過度風險的中庸型投資人採用。

四、組合交易（Combination Trading）

　　組合交易又稱對敲交易，是指同時買入買權和賣權，或同時賣出買權和賣權，前者又稱下跨式部位（Bottom Straddle Position），後者又稱上跨式部位（Top Straddle Position）。買權和賣權的履約價格相同，其合併結果呈V形轉折圖形；買權和賣權的履約價格不同，轉折處呈平頂狀，表示兩個履約價格之間存在無風險區間。

　　下跨式部位 = Buy Call + Buy Put

　　上跨式部位 = Sell call + Sell Put

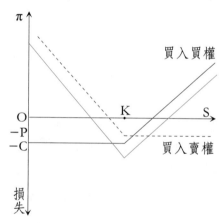

圖 18-O　下跨式部位
　　　　（履約價格相同）

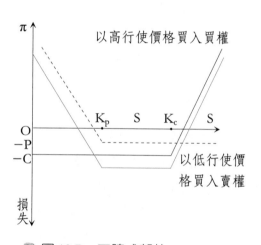

圖 18-P　下跨式部位
　　　　（履約價格不同）

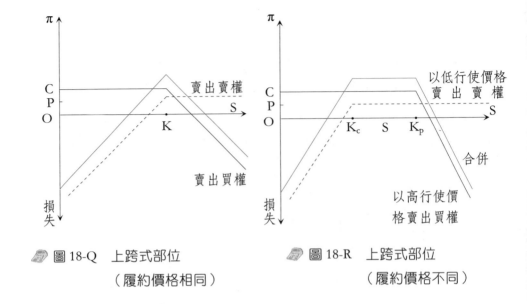

圖 18-Q 上跨式部位
（履約價格相同）

圖 18-R 上跨式部位
（履約價格不同）

應用重點

1.採下跨式部位的原因是預期標的物價格變動率大，而且不易研判漲跌趨勢，如然，不論漲跌皆可獲利，而且漲跌幅度愈大，獲利愈高，因此適用於投機性強的標的商品。

2.採上跨式部位的原因是預期標的物價格波動不大，可以坐享兩個權利金的收入，如不然，不論標的物是漲或是跌，都容易造成虧損，以股票而言，標的物若為所謂的「大牛股」，最適合使用這種策略。

第四節 認購權證

一、認購（售）權證

權證（Warrant）是一種權利契約，基本上分為認購權證（Call Warrant）和認售權證（Put Warrant）兩類，投資人支付權利金購買權證之後，有權利在履約期間內（美式）或特定的到期日（歐式），以約定的履約價格，向發行人購入一定數量的標的股票為認購權證，向發行人售出一定數量的標的股票為認售權證。所以認購權證類似股票買權，認售權證類似股票賣權。由於權證的發行券商無法賣空股票，台灣交易所尚未有認售權證的發行紀錄。而目前台灣發行上市的權證均為美式認購權證。

二、權益型與備兌型認購權證

認購權證依發行者的不同，一般可分為權益型認購權證（Equity Warrant）與備兌型認購權證（Covered Warrant）。權益型認購權證基本上是由公司企業所發行的，持有人有權利向該公司企業轉換成股票而成為該公司的股東。而備兌型認購權證，基本上由公司以外的第三者發行，台灣是由券商發行並在交易所掛牌交易，因此，券商發行認購權證需要買入股票來避險，以備未來股價上漲時，權證持有人要求認購股票，目前台灣券商所發行上市的認購權證，都是屬於備兌型認購權證。

三、單一型、組合型、指數型認購權證

依標的物的種類，可以將認購權證分為單一型認購權證、組合型

認購權證、指數型認購權證。單一型認購權證的標的資產為單一公司的股票；組合型認購權證通常其標的股票有數種；指數型的認購權證標的物為股價指數，早期外商投資銀行在台灣發行的權證大都是指數型權證，譬如野村證券在民國 85 年 6 月發行的台灣加權指數認購權證。台灣目前發行上市的認購權證多為單一型認購權證及組合型認購權證，直至目前並未有指數型認購權證的出現。

四、重設型與回顧型認購權證

標準認購權證的履約價格除了除權、除息等因素外，基本上是不調整的；重設型認購權證（Reset Warrant）的履約價格則視股價是否碰觸到某個界限（barrier）而作調整，通常是因股價下跌而將履約價格調低，希望藉以吸引投資人，但價格比標準型的權證高。回顧型認購權證（Lookback Warrant）則視過去某段時間，最低或最高股價來改變其履約價格。

此外，台灣的認購權證市場也出現了價差型的權證。所謂價差型認購權證（capped warrant）是指在標的證券收盤價到達設定的上、下限時，視同權證到期，自動辦理現金結算。一般而言，價差型權證可分為上限型認購權證及下限型認售權證。上限型認購權證是當標的證券的收盤價格到達或超過設定的上限（cap）時，即視同權證到期，自動辦理現金結算，其結算差價是設定的上限和履約價格之差。

寶來證券於民國 88 年 11 月 18 日發行聯電上限型認購權證，其履約價格為 90 元，而上限為 135 元，權證金額為 20.7 元，溢價比率為 23%。當聯電股價上漲到 135 元時，則權證自動到期，投資者可領回 45 元報酬。隨著金融創新的不斷進步，以及新奇選擇權（Exotic Option）的盛行，權證的設計也必然更加多樣化。

五、台灣認購權證市場

從民國 86 年 9 月 4 日起，認購權證正式在台灣集中市場掛牌交易，首先推出的是大華 01（標的股國巨）、大華 02（標的股太電）和寶來 01（地產組合，標的股有國建等 5 家），截至民國 90 年底止，總共發行 183 檔認購權證。民國 90 年發行權證數雖仍保持成長，但市場交易金額大幅萎縮，可見其市場榮枯，與股市行情非常相關，表 18-S 為台灣認購權證市場的發行、交易概況統計；表 18-T 為民國 89 年度認購權證的發行相關資料。

表 18-S　認購權證發行概況統計表

年度	已取得發行人資格家　數	發　行權證數	發　行單位數（千單位）	發行市值（億元）	成交量（千單位）	成交值（億元）
86	15	7	164,000	31.4	165,058	19.60
87	8	14	310,000	57.7	1,492,253	130.69
88	13	52	858,540	130.2	3,806,793	647.82
89	13	54	1,148,000	145.7	11,587,637	1,622.62
90	19	56	1,072,750	86.0	7,783,963	284.40

資料來源：台灣證券交易所

表 18-T 民國 89 年發行之認購權證資料

權證名稱	標的股票	上市日	權證價格（發行價）	原始履約價格	備　　註
金鼎 04	台達電	89/01/04	36.847	144.50	價平發行
日盛 07	中信銀	89/01/12	9.29	35.20	價平發行
元大 10	台化	89/01/17	8.17	52.13	價外發行
元富 05	中銀	89/01/18	9.64	36.50	價平發行
中信 03	南亞	89/01/18	6.20	132.30	價外發行
群益 07	太電	89/01/12	4.21	25.92	上限型，上限價 38.88；價外發行：89/2/19 到期
元大 11	宏電	89/01/19	24.19	105.60	價外發行
元大 12	東元	89/01/20	6.17	39.38	價外發行
中信 04	茂矽	89/01/21	11.30	70.20	價外發行
富邦 04	台泥	89/01/21	9.30	35.00	價平發行
建弘 05	太電	89/01/24	4.30	32.40	價外發行
群益 08	明電	89/01/24	20.03	201.00	價外發行
金鼎 05	開發	89/01/24	11.07	66.60	上限型，上限價 83.25；價外發行
元大 13	楠梓電	89/01/25	9.40	89.25	價外發行
統一 03	台化	89/01/26	5.50	62.10	價外發行
建弘 06	東元	89/01/26	5.70	41.30	價外發行
元大 14	台新銀	89/01/26	3.88	24.75	價外發行
群益 09	交銀	89/01/26	7.01	71.10	價外發行
富邦 05	聯電	89/01/27	24.10	136.80	價外發行
元富 06	國巨	89/01/31	10.63	40.40	價平發行
富邦 06	東元	89/02/01	6.88	39.36	價外發行
元富 07	台塑	89/02/09	14.88	66.50	價平發行
中信 05	南亞	89/02/09	14.00	110.25	價外發行
群益 10	宏電	89/02/09	14.61	138.75	價外發行
建弘 07	聯電	89/02/10	21.20	152.00	價外發行
中信 06	明電	89/02/10	27.00	195.30	價外發行

元大 15	國巨	89/02/10	7.61	64.20	價外發行
元大 16	福懋	89/02/15	5.15	31.13	價外發行
富邦 07	華泰	89/02/18	12.40	71.25	價平發行
統一 04	南亞	89/02/23	13.26	96.90	價外發行
元大 17	華邦電	89/03/04	16.59	98.75	價外發行
元大 18	台聚	89/03/10	6.673	36.75	價外發行
中信 07	台化	89/03/16	6.60	70.50	價外發行
元大 19	震旦行	89/03/23	15.696	90.00	價外發行
元大 20	遠紡	89/04/08	16.491	86.25	25%價外發行
群益 11	華新	89/04/14	7.04	37.00	25%價外發行
寶來 13	台積電	89/05/02	38.75	245.70	30%價外發行
群益 12	震旦行	89/05/31	18.25	77.55	10%價外發行
元大 21	台積電	89/05/31	32.275	203.75	25%價外發行
中信 08	國巨	89/06/01	9.80	82.50	50%價外發行
寶來 14	華新	89/06/29	6.10	30.48	15%價外發行
寶來 15	華邦	89/07/04	24.11	112.70	15%價外發行
元富 08	矽品	89/07/11	18.96	71.00	價平發行
大華 11	華邦	89/09/02	23.50	85.50	重設型；價平發行
富邦 08	宏電	89/09/06	12.00	44.30	價平發行
元大 22	東元	89/10/13	3.854	35.25	50%價外發行
元大 23	中環	89/10/16	13.77	51.00	價平發行
元大 24	華新	89/10/31	2.755	25.20	50%價外發行
美林 01	仁寶	89/11/06	12.24	56.10	10%價外發行
富邦 09	華新	89/11/17	3.8	20.04	20%價外發行
富邦 10	聯電	89/11/27	15.60	73.70	10%價外發行
建弘 08	東元	89/11/27	4.66	29.12	30%價外發行
寶來 16	聯電	89/11/28	13.04	73.80	20%價外發行

資料來源：「衍生性金融商品──選擇權、期貨與交換」，陳威光著，智勝文化，2001 年 7 月，pp.250-252。

考題集錦

一、選擇題

_____ 1. 下列有關認股權證（warrant）之敘述，何者為正確？

(A)備兌認股權證（convered warrant）是由發行股票公司所發行，持有人兌現時，公司必須發行新股票支應，因此會造成股權的稀釋。

(B)認股權證是選擇權（options）之一種，認股權較一般選擇權擁有較短的期限。

(C)在到期日當日才能執行的認股權證稱之為美式認股權證。

(D)若無風險利率上漲，利用 Black-Scholes 定價模式，我們可以知道認股權證之價值亦會上漲。

(E)以上敘述有兩者為正確。　　　　　　　　　　　　【88.台大財金所】

_____ 2. 若成功公司股票現在之價格為$40，同時該股票執行價格為$40 之賣權（一個月後到期）之價格為$3.10，執行價格為$40 之買權（一個月後到期）之價格為$3.5。試問無風險報酬率（年利率，名義）為多少？

(A)6.06%　(B)9.09%　(C)10.10%　(D)12.12%　(E)12.90%

【88.台大財金所】

_____ 3. 假設選擇權沒有保護現金股利的條款，則下列有關執行選擇權時機的敘述中，何者為真？

(A)在除息日之前，投資人應擇機將握有之股票買權和賣權執行掉

(B)在除息日之前，投資人應擇機將握有之股票買權執行掉，但不必執行賣權

(C)在除息日之前，投資人應擇機將握有之股票賣權執行掉，但不必執行買權

(D)以上皆非　　　　　　　　　　　　　　　　　　【88.政大國貿所】

_____ 4. 慶隆證券公司於上環公司股價為$82 時，以$18 發行一年期，履約

價$80 之上環認購權證：

Ⅰ.上環股價為$98 時才有履約價值。

Ⅱ.上環股價為$100 時才有履約價值。

Ⅲ.該權證之溢價比為 19.51%。

Ⅳ.該權證之槓桿倍數（gearing）為 4.4。

(A)Ⅰ, Ⅳ　(B)Ⅲ　(C)Ⅱ, Ⅳ　(D)Ⅰ, Ⅲ　(E)Ⅱ

【87.台大財金所】

_____5.金鑫公司於年初發行了二億元，五年期債券，到期時一次還本付息。利息給付為$(S_T-S_0)/S_0$，其中 S_T 和 S_0 分別為到期日與發行日之收盤股價指數；本金則為 100%償還。該公司此種融資方式係：

(A)發行了附認股權證公司債

(B)發行了零息債券，並賣股價指數買權

(C)發行了零息債券，並買股價指數賣權

(D)發行了高收益債券，並買股價指數買權

(E)發行了高收益債券，並賣股價指數賣權 【87.台大財金所】

_____6.前題中，可採何種策略規避其利率風險？

Ⅰ.買股價指數期貨。

Ⅱ.賣股價指數期貨。

Ⅲ.買公債期貨。

Ⅳ.賣公債期貨。

(A)Ⅰ　(B)Ⅲ　(C)Ⅱ　(D)Ⅳ　(E)Ⅱ, Ⅲ 【87.台大財金所】

_____7.當其他因素不變，投資者預期央行為了股市降溫，可能調高重貼現率，則他或她可能採取的投資策略是

(A)買進公債　(B)買進債券買權（call options）　(C)出售債券期貨

(D)出售債券賣權（put options）　(E)買進債券期貨

【86.台大財金所】

_____8.一般在標準 Black-Scholes 選擇權訂價模型所做的假設中將不包括：

(A)股票報酬率遵行對數常態（log normal）分配

(B)沒有稅與交易成本

(C)沒有發放股利

(D)買權為歐式

(E)股票報酬率的變異數是隨機的（stochastic）

【86.台大財金所】

____9.在買方執行賣出期貨選擇權（put options on futures）時，賣方將：

(A)有義務買進期貨　(B)有義務賣出期貨　(C)有權利買進賣權

(D)有義務賣出買權　(E)有義務買進買權　【86.台大財金所】

____10.有關認購權證，以下說明何者為真？

(A)標的股收盤價小於執行價稱之為價內

(B)標的股收盤價大於執行價稱之為價外

(C)其他發行條件相同下，價內認購權證之內含價值大於價外之認
購權證權利金

(D)其他發行條件相同下，價內認購權證之內含價值大於價外之認
購權證內含價值　【91.1分析人員】

____11.下列有哪些變數增加，理論上會使認購權證價格上漲？

Ⅰ.標的股票價格　Ⅱ.標的股票價格波動性

Ⅲ.標的股票現金股利　Ⅳ.利率水準

(A)Ⅰ、Ⅱ和Ⅲ　(B)Ⅰ、Ⅱ和Ⅳ　(C)Ⅲ和Ⅳ　(D)Ⅱ和Ⅲ

【90.4分析人員】

____12.融券之投資者可採用下述之何種策略進行避險？

(A)買進認購權證　(B)買進股價指數期貨　(C)賣出認售權證

(D)以上皆是　【90.2分析人員】

____13.以下何者為關於衍生性產品之正確敘述？

(A)認購權證之賣方有按照執行價格賣出標的物之義務

(B)認購權證之買方有按照執行價格買入標的物之權利

(C)期貨之賣方有依照契約價格賣出標的物之權利與義務

(D)以上皆是　【90.2分析人員】

_____14.下列有哪些變數增加，會使賣權（put）價格上漲？

　　Ⅰ.標的資產價格　Ⅱ.標的資產價格波動性

　　Ⅲ.到期期間　　　Ⅳ.利率水準

　　(A)Ⅰ、Ⅱ和Ⅲ　(B)Ⅱ、Ⅲ和Ⅳ　(C)Ⅲ和Ⅳ　(D)Ⅱ和Ⅲ

【90.1 分析人員】

_____15.目前我國認購權證其發行人為：A.標的證券發行公司　B.標的證

　　券發行公司以外之第三者（符合資格之證券商及金融機構），何

　　者正確？

　　(A)A　(B)B　(C)A、B 皆是　(D)A、B 皆非　　【90.4 券商高業】

_____16.假設聯電之價格八十元，若聯電普通股配發股票股利二點五元，

　　則該認購權證之履約價為八十元應於除權日調整為：

　　(A)六十　(B)六十四　(C)七十七點五　(D)八十

【90.4 券商高業】

二、問答題

*1.*請列出並說明影響美國式買權（American Call）價格的因素及其效果。

【88.政大國貿所】

*2.*何謂賣權買權平價式（Put-Call parity）？請解釋之。

【88.政大國貿所】

*3.*甲公司有 striking price 50 之 call option，其 premiums 為 3 元，另有 striking price 45 之 put option，premium 為 2 元，二 option 之到期日相同。若你同時購買上述之 call 1 個和 put 2 個，則此投資組合之損益兩平點為何？並請畫出其獲利圖形。（請畫在同一個圖形裡，並標明相關座標、刻度等）。

【86.銘傳金融所】

*4.*台灣證券交易所交易之認購權證（warrant），和一般買權（call）有何差異？為何券商發行認售權證的情形不普遍，其理由可能為何？又權證之發行，可能對標的股票價格有助漲、助跌效果的原因為何？

【90.1 分析人員】

5. 假設某一股票 A 目前的市價為$35。若你以權利金$2.0，買入一單位執行價為$40 的 A 股票的買權（選擇權），而同時又以權利金$1.5，賣出一單位執行價為$45 的 A 股票的買權（選擇權）。在不考慮交易成本下，你在不同情況下的損益為何？亦請繪圖說明之？

【91.1 分析人員】

參考文獻

一、中文部分

鐘朝宏，投資學，國立編譯館，民國 81 年 5 月。

謝德宗、俞海琴，現代投資學，華泰文化事業公司，2001 年 5 月。

徐俊明，投資學：理論與實務，新陸書局，民國 90 年 9 月。

謝劍平，現代投資學：分析與管理，智勝文化事業有限公司，2001 年 8 月。

柯憲榮，證券交易法規，李健出版社，民國 90 年 2 月。

劉玉珍等，證券市場理論與實務，財團法人中華民國證券暨期貨市場發展基金會，2001 年 4 月。

史綱等，期貨交易理論與實務，財團法人中華民國證券暨期貨市場發展基金會，2001 年 5 月。

李存修，選擇權交易之理論與實務，財團法人中華民國證券暨期貨市場發展基金會，民國 88 年 8 月。

黃昱程，現代金融市場，華泰文化事業公司，2001 年 9 月。

陳威光，衍生性金融商品：選擇權、期貨與交換，智勝文化事業有限公司，2001 年 7 月。

朱浩民，衍生性金融商品，智勝文化事業有限公司，2000 年 3 月。

財團法人保險事業發展中心，投資型保險商品，民國 90 年 6 月。

曾詩如，台灣認購權證報酬率與標的股票報酬率之關連性研究，中興大學企管所碩士論文，1998 年 6 月。

楊景舜，價值投資法之探討及其在台灣之實證研究，東吳大學國貿所碩士論文，1999 年 6 月。

李建慧，動態利率結構與債券組合避險策略之研究，政治大學國貿所碩士論文，1991年6月。

楊明栽，資本資產訂價理論在台灣之實證研究，淡江大學財金所碩士論文，1997年6月。

蔡漢珉，套利訂價理論之研究──台灣股票市場之實證研究，台灣科技大學管理技術研究所碩士論文，1997年6月。

辜炳珍，台灣地區景氣循環指標之研究，台灣銀行季刊，36卷3期，pp. 79-98。

郭祥兆、彭淑美，投資組合選擇與評估之研究：簡單排列模式應用於台灣證券市場，證券管理，7卷12期，pp.2-19。

二、英文部分

Jones, C. P., *Investments: Analysis and Management.* John Wiley & Sons Inc., 1993.

Connolly, K. B., *Pricing Convertible Bonds.* John Wiley & Sons Inc., 1998.

Copeland, T., Koller, T., & Murrin, J., *Valuation: Measuring and managing the value of companies.* McKinsey & Company, Inc., 2000.

Sharpe, W. F., *Portfolio Theory and Capital Markets.* McGraw Hill, 1970.

Sharpe, W. F. & Alexander, G. J., *Investments.* Prentice-Hall, Inc., 1990.

Fabozzi, F. J. & Modigliani, F., *Capital Market: Institutions And Instruments.* Prentice-Hall, Inc., 1996.

Fabozzi, F. J., *Bond Markets; Analysis and Strategies.* Prentice-Hall, Inc., 1996.

Reilly, F. K. & Norton, E. A., *Investments.* The Dryden Press, 1990.

Revsine, Lawrence, Collins, Daniel W., & Johnson, W. Bruce, *Financial Reportion & Analysis.* Prentice Hall, 2001.

Fama, E. F., *Foundations of Financial.* Basic Books, 1976.

Fama, E. F. "Efficient Capital Market: A Review of Theory and Empirical Work," *Journal of Finance, 25.* 1970, pp.383-417.

Miller, M. H. & Modigliani, F. "Dividend Policy, Growth, and the Valuation of Share," *Journal of Business*, 1963, pp.411-433.

Focardi, S. "From Equilibrium to Non-Linear Dynamics in Investment Management," *Journal of Portfolio Management*, Summer 1996, pp.19-30.

Derman, E. "Valuing Models and Modeling Value," *Journal of Portfolio Management*, Spring 1996, pp.106-114.

Modigliani, F. & Modigliani, L. "Risk-Adjusted Performance," *Journal of Portfolio Management*, Winter 1997, pp.45-54.

Stein, D. M. "Measuring and Evaluating Portfolio Performance After Taxes," *Journal of Portfolio Management*, Winter 1998, pp.117-124.

Ross, S. A. "The Arbitrage Theory of Capital Asset Pricing," *Journal of Economic Theory 13*, 1976, pp.341-360.

Bechers, C. E. "Variance of Security Price-Returns Based on High, Low and Closing Prices," *Journal of Business 56*, 1980, pp.97-122.

Campbell, J. Y. & Shiller, R. J. "Valuation Ration and the Long-Run Stock Market Outlook," *Journal of Portfolio Management*, Winter 1998, pp.11-26.

Thorley, S. R. "The Time-Diversification Controversy," *Financial Analyst Journal*, May/June 1995, pp.68-76.

Markowitz, H. "portfolio Selection," *Journal of Finance*, 1952, pp.77-91.

Wu, Chunchi "A Certainty Equivalent Approach to Municipal Bond Default Risk Estimation," *Journal of Financial Research*, vol. XIV no. 3, Fall 1991, pp. 241-247.

考題集錦解答

第一章

一、1. B　2. A　3. D　4. C　5. E　6. D

第二章

一、1. B　2. B　3. B　4. C　5. B　6. C　7. B　8. B　9. A　10. D
11. B　12. A　13. C　14. A　15. A　16. D　17. C　18. D　19. D　20. C
21. B　22. A　23. B　24. C　25. E　26. E　27. B　28. C　29. C　30. D
31. B　32. A

二、1. 1.67 元　2. 0.45 元　3. 13.75 元　4.(1) 7%　(2) 5%　5.(1) 20.58
(2) 29.4

第三章

一、1. B　2. C　3. C　4. C　5. A　6. A　7. B　8. C　9. D　10. D
11. C　12. B　13. C　14. D　15. B　16. A　17. D　18. C　19. B　20. D
21. C　22. C　23. B

二、1. A：−13.40%；B：0%　2. 4/20：1%；4/21：1.32%；8/2：3.54%
3.不一定　4. B 計畫；−20%

第四章

一、1. E　2. A　3. D　4. A　5. B　6. D　7. A　8. A　9. C　10. C
11. D　12. C　13. C　14. E　15. A　16. B　17. A　18. D　19. D　20. C

二、 *1.* E(A)=P；E(B)=2(1−P)　　*2.*(1)W$_A$ = 82.61%；W$_B$ = 17.39%　　(2) 13.92%

(3) 11.39%　　*3.*(1) 8.8%　　(2) 0.002212　　(3)W$_A$ = 5/9；W$_B$ = 4/9　　*4.* 1.103448

第五章

一、 *1.* C　*2.* C　*3.* D　*4.* C　*5.* C　*6.* A　*7.* C　*8.* D　*9.* D　*10.* A

11. B　*12.* B　*13.* D　*14.* D　*15.* D　*16.* D　*17.* B　*18.* B　*19.* C　*20.* D

21. D　*22.* B　*23.* D　*24.* E　*25.* C　*26.* C　*27.* C　*28.* C　*29.* B　*30.* A

二、 *1.* 0.833　　*2.* 1.2；27.2%　　*3.* 15.7%

第六章

一、 *1.* B　*2.* A　*3.* B　*4.* A　*5.* C　*6.* C　*7.* B　*8.* C　*9.* D　*10.* A

11. A　*12.* B　*13.* C　*14.* C　*15.* C　*16.* B　*17.* A

第七章

一、 *1.* A　*2.* A　*3.* A　*4.* D　*5.* A　*6.* B　*7.* C　*8.* A　*9.* D　*10.* A

11. B　*12.* A　*13.* B　*14.* C　*15.* D　*16.* A　*17.* C　*18.* C　*19.* A　*20.* C

21. D　*22.* C　*23.* B　*24.* B　*25.* C　*26.* C

第八章

一、 *1.* B　*2.* C　*3.* A　*4.* D　*5.* B　*6.* C　*7.* C　*8.* D　*9.* B　*10.* B

11. B　*12.* C　*13.* D　*14.* D　*15.* D　*16.* B　*17.* D　*18.* A　*19.* A　*20.* C

21. C　*22.* C　*23.* B　*24.* A　*25.* B　*26.* B

第九章

一、 *1.* D　*2.* B　*3.* B　*4.* A　*5.* D　*6.* C　*7.* D　*8.* D　*9.* B　*10.* C

11. C　*12.* C　*13.* D　*14.* E　*15.* D　*16.* D　*17.* A　*18.* B　*19.* A　*20.* A

第十章

一、1. C　2. B　3. B　4. D　5. B　6. A　7. A　8. B　9. D　10. D
　　11. A　12. C　13. A

二、(1) VWI：以基期市值為權值之指數 = 184.84；以計算期市值為權值
　　　之指數 = 224.59
　　(2) PWI：以基期市價為權值之指數 = 130；以計算期市價為權值之指
　　　數 = 153.85
　　(3) EWI：199.99

第十一章

一、1. D　2. C　3. D　4. E　5. A　6. E　7. E　8. B　9. D　10. D
　　11. C　12. D　13. A　14. C　15. C　16. C　17. A　18. C　19. B　20. D
　　21. A　22. B　23. E　24. E　25. D　26. C　27. B　28. A　29. A　30. C
　　31. C　32. B

二、1. (1) 1.15, 1.32, 1.52, 1.75, 2.01　(2) 5　(3) 14.94　(4) 20
　　2. (1) 45　(2) 40.67

第十二章

一、1. D　2. E　3. B　4. B　5. E　6. B　7. A　8. B　9. C　10. B
　　11. A　12. A　13. B　14. D　15. A　16. D　17. B

第十三章

一、1. E　2. E　3. D　4. D　5. A　6. C　7. C　8. A　9. B　10. C
　　11. A　12. A　13. D　14. B　15. A　16. D　17. B　18. D　19. C　20. D
　　21. A　22. D　23. C　24. B　25. C　26. D　27. D　28. C　29. D　30. B
　　31. C　32. D　33. A　34. C　35. A　36. A　37. C　38. D　39. A

第十四章

一、 *1.* B　*2.* A　*3.* B　*4.* B　*5.* D　*6.* C　*7.* A　*8.* B

第十五章

一、 *1.* D　*2.* C　*3.* C　*4.* C　*5.* B　*6.* B　*7.* A　*8.* D

二、 *1.* (1) 971,261；994,252　(2) 973,762；981,346　(3) 976,749

　　2. (1) 6.75%　(2) 6.53%；6.75%　(3) 3.6%

第十六章

一、 *1.* E (−2.5%)　*2.* C　*3.* B　*4.* A　*5.* D　*6.* B　*7.* B　*8.* D　*9.* B

　　10. C　*11.* B　*12.* C　*13.* A　*14.* A　*15.* A　*16.* D　*17.* A　*18.* B　*19.* B

　　20. D　*21.* E　*22.* D　*23.* A　*24.* B　*25.* E　*26.* C　*27.* A　*28.* C　*29.* E

　　30. D　*31.* C　*32.* A　*33.* A　*34.* D

二、 *1.* 4.55 年　*2.* 15 元　*3.* 2.705

第十七章

一、 *1.* C　*2.* D　*3.* D　*4.* C　*5.* A　*6.* D　*7.* D　*8.* A　*9.* D　*10.* C

　　11. B　*12.* A　*13.* D　*14.* D

二、 *1.* 放空 37 口　*2.* 賣出 53 口　*3.* 賣出 75.6 口（76 口）　*4.* (1) 賣出 133 口　(2) 獲利 11,172,000 元　(3) 200,361,189 元

第十八章

一、 *1.* D　*2.* D　*3.* B　*4.* B　*5.* B　*6.* A　*7.* C　*8.* E　*9.* A　*10.* D

　　11. B　*12.* D　*13.* D　*14.* D　*15.* B　*16.* B

索引

國家圖書館出版品預行編目資料

投資學／武志亮 著.
--三版.--臺北市：五南，2009.10
面；　公分
ISBN 978-957-11-5774-0（平裝）
1.投資學
563.5　　　　　　　　　98015767

1FD2
投資學

作　　者 — 武志亮(147.2)
發 行 人 — 楊榮川
總 經 理 — 楊士清
主　　編 — 侯家嵐
責任編輯 — 侯家嵐
封面設計 — 盧盈良
出 版 者 — 五南圖書出版股份有限公司
地　　址：106台北市大安區和平東路二段339號4樓
電　　話：(02)2705-5066　傳　　真：(02)2706-6100
網　　址：http://www.wunan.com.tw
電子郵件：wunan@wunan.com.tw
劃撥帳號：01068953
戶　　名：五南圖書出版股份有限公司
法律顧問　林勝安律師事務所　林勝安律師
出版日期　2002年 9 月初版一刷
　　　　　2006年 3 月二版一刷
　　　　　2009年10月三版一刷
　　　　　2017年 9 月三版五刷
定　　價　新臺幣550元